SAMMLUNG GUTTENTAG

205 a

Kleine Aktienrechtsreform

Gesetz über die Kapitalerhöhung aus Gesellschaftsmitteln und über die Gewinn- und Verlust-Rechnung

Gesetz über steuerrechtliche Maßnahmen bei Erhöhung des Nennkapitals aus Gesellschaftsmitteln

zugleich Nachtrag zu Godin-Wilhelmi, Aktiengesetz

erläutert von

Dr. Hans Wilhelmi
Rechtsanwalt und Notar
in Frankfurt a. M.

Dr. Werner Friedrich
Rechtsanwalt und Fachanwalt
für Steuerrecht in München

BERLIN 1960

WALTER DE GRUYTER & CO.

vormals G. J. Göschen'sche Verlagsbuchhandlung / J. Guttentag, Verlagsbuchhandlung / Georg Reimer / Karl J. Trübner / Veit & Comp.

Archiv-Nr. 21 1 205a/60

Satz und Druck: Deutsche Zentraldruckerei AG., Berlin SW 61

Vorwort

Die in diesem Buch erläuterten beiden Gesetze werden vielfach unter der Bezeichnung „Kleine Aktienrechtsreform" zusammengefaßt, obwohl sich ihre Bestimmungen zum größeren Teil nicht nur auf Aktiengesellschaften, sondern auch auf alle anderen Kapitalgesellschaften beziehen. Trotzdem hat diese Bezeichnung ihre innere Berechtigung, denn alle Bestimmungen beider Gesetze greifen in das geltende Aktienrecht ein, teils, indem sie bisher umstrittene Fragen gesetzlich regeln, so durch die Bestimmungen über die Kapitalerhöhung aus Gesellschaftsmitteln und die dazu gehörigen steuerlichen Bestimmungen, teils, indem sie das Aktienrecht ergänzen durch Zulassung des Erwerbs von eigenen Aktien, die unter steuerlich begünstigten Bedingungen an die Belegschaftsmitglieder ausgegeben werden, und teils durch Änderung wie die des bisherigen § 132 Akt.G. über die Gewinn- und Verlustrechnung.

Es schien uns deshalb richtig, das an sich selbständig benutzbare Buch gleichzeitig als „Nachtrag zum Kommentar eines Aktiengesetzes von Godin-Wilhelmi" zu bezeichnen.

Wir haben uns bemüht, die Gesetzestexte als Praktiker für den Praktiker zu erläutern und die sich aus dem Gesetzeswortlaut ergebenden Fragen zu lösen. Wir sind uns dabei im klaren, daß diese Aufgabe in einem unmittelbar nach dem Erlaß der Gesetze erscheinenden Kommentar nicht vollständig gelingen kann.

Das Gesetz über die Kapitalerhöhung aus Gesellschaftsmitteln und über die Gewinn- und Verlustrechnung ist in erster Linie von dem Linksunterzeichnenden, das Gesetz über steuerrechtliche Maßnahmen bei Erhöhung des Nennkapitals aus Gesellschaftsmitteln und bei Überlassung von eigenen Aktien an Arbeitnehmer von dem Rechtsunterzeichnenden kommentiert worden. Beide haben sich jedoch gegenseitig unterstützt, so daß die gesamte Arbeit als Gemeinschaftsarbeit anzusehen ist.

An dieser Stelle möchten wir Herrn Referendar Sylvester Wilhelmi für seine Hilfe, insbesondere für das Erstellen des Sachverzeichnisses und Literaturverzeichnisses danken.

Dr. Wilhelmi
Rechtsanwalt und Notar
Frankfurt am Main

Dr. Friedrich
Rechtsanwalt, Fachanwalt
für Steuerrecht
München

Inhaltsverzeichnis

Seite

Vorwort III

Literatur- und Abkürzungsverzeichnis VII

Gesetzestexte 1

Gesetz über die Kapitalerhöhung aus Gesellschaftsmitteln und über die Gewinn- und Verlustrechnung vom 23. Dezember 1959 1

Gesetz über steuerrechtliche Maßnahmen bei Erhöhung des Nennkapitals aus Gesellschaftsmitteln und bei Überlassung von eigenen Aktien an Arbeitnehmer vom 30. Dezember 1959 15

Kommentar 18

Gesetz über die Kapitalerhöhung aus Gesellschaftsmitteln und über die Gewinn- und Verlustrechnung vom 23. Dezember 1959 18

Erster Abschnitt: Kapitalerhöhung aus Gesellschaftsmitteln 18

Zweiter Abschnitt: Erwerb eigener Aktien. Gewinn- und Verlustrechnung 83

Dritter Abschnitt: Strafvorschrift. Übergangs- und Schlußvorschriften 108

Gesetz über steuerrechtliche Maßnahmen bei Erhöhung des Nennkapitals aus Gesellschaftsmitteln und bei Überlassung von eigenen Aktien an Arbeitnehmer vom 30. Dezember 1959 110

Sachverzeichnis 142

Literatur- und Abkürzungsverzeichnis

AcP	= Archiv für zivilistische Praxis (Band und Seite).
Adler	= Adler-Düring-Schmalz, Rechnungslegung und Prüfung der Aktiengesellschaft, 3. Aufl., Stuttgart 1957.
Aktien-Gesellschaft	= Die Aktiengesellschaft (Jahr und Seite).
Ballerstedt	= Ballerstedt: Kapital, Gewinn und Ausschüttung bei Kapitalgesellschaften, Tübingen 1949.
Baumbach	= Baumbach-Hueck, Gesetz betr. die Gesellschaft mit beschränkter Haftung, 8. Aufl., München und Berlin 1957.
Baumbach-Hueck	= Baumbach-Hueck, Aktiengesetz, 10. Aufl., München und Berlin 1959.
BB	= Der Betriebsberater (Jahr und Seite).
Betrieb	= Der Betrieb (Jahr und Seite).
BGH	= Entscheidungen des Bundesgerichtshofs in Zivilsachen (Band und Seite).
Böttcher	= Böttcher-Meilicke-Silcher, Dividendenabgabeverordnung, Kommentar, Berlin 1941.
Brodmann	= Brodmann, Das Aktienrecht, Berlin 1938.
DStZ	= Deutsche Steuerzeitung (Jahr und Seite).
FR	= Finanzrundschau (Jahr und Seite).
Gadow	= Gadow-Heinichen-Eb. Schmidt-W. Schmidt-Weipert, Großkommentar zum Aktiengesetz, 2. Aufl., Berlin 1957.
Geiler	= Geiler-Stehlik-Veit, Kommentar zum D-Mark-Bilanzgesetz, München und Berlin 1950.
Gessler	= Schmölder-Gessler-Merkle, D-Mark-Bilanz-Gesetz, Stuttgart 1950.
GmbHR	= GmbH-Rundschau (Jahr und Seite).
Godin-Wilhelmi	= Godin-Wilhelmi, Kommentar zum Aktiengesetz, 2. Aufl., Berlin 1950.

Hachenburg	=	Hachenburg-Schilling-W. Schmidt, Kommentar zum Gesetz betr. die Gesellschaft mit beschränkter Haftung, 6. Aufl., Berlin 1957.
Herold	=	Teilnahme von Vorzugsaktien an einer Kapitalerhöhung, Sozialistische Praxis 1942.
HRR	=	Höchstrichterliche Rechtssprechung (Band und Nummer).
JR	=	Juristische Rundschau (Jahr und Seite).
JW	=	Juristische Wochenschrift (Jahr und Seite).
KG	=	Kammergericht.
Kreditwesen	=	Zeitschrift für das gesamte Kreditwesen (Jahr und Seite).
Meyer	=	Betriebswirtschaftliche Forschung und Praxis 1955, Heft 11, S. 629.
NJW	=	Neue Juristische Wochenschrift (Jahr und Seite).
Rauch	=	Rauch, Kapitalerhöhung aus Gesellschaftsmitteln, 3. Aufl., Graz 1947.
Recht d. A.	=	Recht der Arbeit (Jahr und Seite).
RFH	=	Reichsfinanzhof.
RG	=	Entscheidung des Reichsgerichts in Zivilsachen (Band und Seite).
RGRKom	=	Kommentar von Reichsgerichtsräten zum HGB.
RuW	=	Rechts- und Wirtschaftspraxis.
Schl Qu	=	Schlegelberger - Quassowski - Gessler - Hefermehl, Kommentar zum Aktiengesetz, 3. Aufl., Berlin 1939.
StB J B	=	Steuerberater-Jahrbuch (Jahr und Seite).
StW	=	Steuer und Wirtschaft (Jahr und Seite).
TK	=	Teichmann-Köhler, Kommentar zum Aktiengesetz, 1937.
Volkswirt	=	Volkswirt (Jahr und Seite).
WM	=	Wertpapiermitteilung (Jahr und Seite).
Wpfg	=	Die Wirtschaftsprüfung (Jahr und Seite).
Würdinger	=	Würdinger, Aktienrecht, eine systematische Darstellung, Karlsruhe 1959.
ZAK	=	Zeitschrift der Akademie für Deutsches Recht (Jahr und Seite).

Gesetzestexte

Gesetz über die Kapitalerhöhung aus Gesellschaftsmitteln und über die Gewinn- und Verlustrechnung

Vom 23. Dezember 1959

(BGBl. 1959 I S. 789)

Der Bundestag hat das folgende Gesetz beschlossen:

Erster Abschnitt

Kapitalerhöhung aus Gesellschaftsmitteln

§ 1

(1) Eine Kapitalgesellschaft (Aktiengesellschaft, Kommanditgesellschaft auf Aktien, Gesellschaft mit beschränkter Haftung) kann ihr Nennkapital durch Umwandlung von Rücklagen in Nennkapital erhöhen.

(2) Für den Beschluß über die Erhöhung des Nennkapitals und für die Anmeldung des Beschlusses gelten bei Aktiengesellschaften § 149 Abs. 1, § 151 Abs. 1 des Aktiengesetzes, bei Kommanditgesellschaften auf Aktien § 149 Abs. 1, § 151 Abs. 1, § 219 Abs. 3 und § 225 Nr. 1 des Aktiengesetzes und bei Gesellschaften mit beschränkter Haftung § 53 Abs. 1 und 2, § 54 Abs. 1 des Gesetzes betreffend die Gesellschaften mit beschränkter Haftung sinngemäß.

(3) Die Erhöhung des Nennkapitals kann erst beschlossen werden, nachdem der Jahresabschluß für das letzte vor der Beschlußfassung über die Kapitalerhöhung abgelaufene Geschäftsjahr (letzter Jahresabschluß) festgestellt und über die Verteilung des Reingewinns dieses Geschäftsjahrs Beschluß gefaßt ist.

(4) Dem Beschluß über die Erhöhung des Nennkapitals ist eine Bilanz zugrunde zu legen.

§ 2

(1) Die Rücklagen, die in Nennkapital umgewandelt werden sollen, müssen in der letzten Jahresbilanz, wenn dem Beschluß eine andere Bilanz zugrunde gelegt wird, auch in dieser Bilanz unter „Rücklagen" ausgewiesen sein. Vorbehaltlich der Absätze 2 und 3 können in Nennkapital umgewandelt werden

1. bei Aktiengesellschaften und Kommanditgesellschaften auf Aktien freie Rücklagen in voller Höhe, die gesetzliche Rücklage nur, soweit sie den zehnten oder den in der Satzung bestimmten höheren Teil des bisherigen Grundkapitals übersteigt,
2. bei Gesellschaften mit beschränkter Haftung freie Rücklagen sowie die Sonderrücklage nach § 35 Abs. 3 Satz 1, § 47 Abs. 1 des D-Markbilanzgesetzes.

(2) Die Rücklagen können nicht umgewandelt werden, soweit in der zugrunde gelegten Bilanz ein Verlust, einschließlich eines Verlustvortrags, oder ein anderer Gegenposten zum Eigenkapital ausgewiesen ist. Ferner können nicht umgewandelt werden:

1. Eine ausdrücklich als „Rücklage für die Lastenausgleichs-Vermögensabgabe" bezeichnete Rücklage;
2. Beträge, die infolge der Erhöhung der Sozialversicherungsrenten nach den Versicherungs-Neuregelungsgesetzen aus der Auflösung von Rückstellungen für laufende Pensionen und für Anwartschaften auf Pensionen frei geworden sind;
3. unter Rücklagen ausgewiesene Posten, die auf Grund steuerlicher Vorschriften erst bei ihrer Auflösung zu versteuern sind.

(3) Freie Rücklagen, die einem bestimmten Zweck zu dienen bestimmt sind, dürfen nur umgewandelt werden, soweit dies mit ihrer Zweckbestimmung vereinbar ist.

§ 3

(1) Dem Beschluß kann die letzte Jahresbilanz zugrunde gelegt werden, wenn die Jahresbilanz geprüft und die festgestellte Jahresbilanz mit dem uneingeschränkten Bestätigungsvermerk der Abschlußprüfer versehen ist und wenn ihr Stichtag höchstens sieben Monate vor der Anmeldung des Beschlusses zur Eintragung in das Handelsregister liegt

(2) Bei Gesellschaften mit beschränkter Haftung kann die Prüfung auch durch vereidigte Buchprüfer erfolgen; die Abschlußprüfer müssen von der Versammlung der Gesellschafter gewählt sein.

§ 4

(1) Wird dem Beschluß nicht die letzte Jahresbilanz zugrunde gelegt, so muß die Bilanz den Vorschriften über die Gliederung der Jahresbilanz und über die Wertansätze der Jahresbilanz entsprechen. Der Stichtag der Bilanz darf höchstens sieben Monate vor der Anmeldung des Beschlusses zur Eintragung in das Handelsregister liegen.

(2) Die Bilanz ist, bevor über die Erhöhung des Nennkapitals Beschluß gefaßt wird, durch einen oder mehrere Prüfer darauf zu prüfen, ob sie dem Absatz 1 entspricht. Sind nach dem abschließenden Ergebnis der Prüfung keine Einwendungen zu erheben, so haben die Prüfer dies durch einen Vermerk zu bestätigen. Die Erhöhung des Nennkapitals kann nicht ohne diese Bestätigung der Prüfer beschlossen werden.

(3) Die Prüfer werden von der Hauptversammlung (Versammlung der Gesellschafter) gewählt; falls nicht andere Prüfer gewählt werden, gelten die Prüfer als gewählt, die für die Prüfung des letzten Jahresabschlusses von der Hauptversammlung (Versammlung der Gesellschafter) gewählt oder vom Gericht bestellt worden sind. Im übrigen sind, soweit sich aus der Besonderheit des Prüfungsauftrags nichts anderes ergibt, § 136 Abs. 1 Satz 3, §§ 137 bis 139, 141 des Aktiengesetzes anzuwenden. Bei Gesellschaften mit beschränkter Haftung können auch vereidigte Buchprüfer zu Prüfern bestellt werden.

(4) Absatz 3 gilt nicht für Versicherungsaktiengesellschaften. Bei diesen werden die Prüfer vom Aufsichtsrat bestimmt; falls nicht andere Prüfer bestimmt werden, gelten die Prüfer als bestimmt, die für die Prüfung des letzten Jahresabschlusses bestimmt worden sind. Im übrigen sind, soweit sich aus der Besonderheit des Prüfungsauftrags nichts anderes ergibt, §§ 59 bis 61, 63 des Gesetzes über die Beaufsichtigung der privaten Versicherungsunternehmungen und Bausparkassen anzuwenden.

§ 5

(1) Bei Aktiengesellschaften und Kommanditgesellschaften auf Aktien ist in den Fällen des § 4 die Bilanz, die dem Beschluß zugrunde gelegt werden soll, mindestens während der letzten zwei Wochen vor dem Tage der Hauptversammlung, die über die Erhöhung des Nennkapitals beschließt, in dem Geschäftsraum der Gesellschaft zur Einsicht der Aktionäre auszulegen. Auf Verlangen ist jedem Aktionär spätestens zwei Wochen vor dem Tage der Versammlung eine Abschrift der Vorlage zu erteilen. An die Stelle des Tages der Versammlung tritt, wenn die Teilnahme an der Versammlung oder die Ausübung des Stimm-

rechts von der Hinterlegung der Aktien abhängig ist, der Tag, bis zu dessen Ablauf die Aktien zu hinterlegen sind.

(2) Bei Gesellschaften mit beschränkter Haftung sind in den Fällen des § 4 die Bestimmungen des Gesellschaftsvertrags über die vorherige Bekanntgabe der Jahresbilanz an die Gesellschafter entsprechend anzuwenden.

§ 6

(1) Aktiengesellschaften und Kommanditgesellschaften auf Aktien können die Kapitalerhöhung vorbehaltlich des Absatzes 2 und des § 12 Abs. 2 nur durch Ausgabe neuer Aktien ausführen. Die neuen Aktien können auf jeden durch zehn teilbaren Betrag gestellt werden, auf Beträge unter einhundert Deutsche Mark jedoch nur, wenn noch Aktien der Gesellschaft auf Beträge unter einhundert Deutsche Mark lauten. Die Ausgabe neuer Mehrstimmrechtsaktien und die Erhöhung des Stimmrechts von Mehrstimmrechtsaktien auf Grund des § 13 Abs. 1 bedürfen keiner Genehmigung nach § 12 Abs. 2 des Aktiengesetzes.

(2) Hat die Gesellschaft Aktien, die nicht auf einhundert Deutsche Mark oder ein Vielfaches dieses Betrages lauten, kann die Kapitalerhöhung auch durch Erhöhung der Nennbeträge ihrer Aktien ausgeführt werden. Die Aktien, deren Nennbetrag erhöht wird, können auf jeden durch zehn teilbaren Betrag gestellt werden.

(3) Gesellschaften mit beschränkter Haftung können die Kapitalerhöhung vorbehaltlich des § 12 Abs. 2 durch Bildung neuer Geschäftsanteile und durch Erhöhung des Nennbetrages der Geschäftsanteile ausführen. Die neuen Geschäftsanteile und die Geschäftsanteile, deren Nennbetrag erhöht wird, können auf jeden durch zehn teilbaren Betrag, müssen jedoch auf mindestens fünfzig Deutsche Mark gestellt werden.

(4) Der Beschluß über die Erhöhung des Nennkapitals muß die Art der Erhöhung angeben. Soweit die Kapitalerhöhung durch Erhöhung des Nennkapitals der Anteile ausgeführt werden soll, ist sie so zu bemessen, daß durch sie auf keinen Anteil, dessen Nennbetrag erhöht wird, Beträge entfallen, die durch die Erhöhung des Nennbetrags des Anteils nicht gedeckt werden können.

§ 7

(1) Der Anmeldung des Beschlusses über die Erhöhung des Nennkapitals zur Eintragung in das Handelsregister ist die der Kapitalerhöhung zugrunde gelegte, mit dem Bestätigungsvermerk der Prüfer ver-

sehene Bilanz, in den Fällen des § 4 außerdem die letzte Jahresbilanz, sofern sie noch nicht eingereicht ist, beizufügen. Die Anmeldenden haben dem Registergericht gegenüber zu erklären, daß nach ihrer Kenntnis seit dem Stichtag der zugrunde gelegten Bilanz bis zum Tag der Anmeldung keine Vermögensminderung eingetreten ist, die der Kapitalerhöhung entgegenstünde, wenn sie am Tag der Anmeldung beschlossen worden wäre.

(2) Das Registergericht darf den Beschluß nur eintragen, wenn die der Kapitalerhöhung zugrunde gelegte Bilanz für einen höchstens sieben Monate vor der Anmeldung liegenden Zeitpunkt aufgestellt und eine Erklärung nach Abs. 1 Satz 2 abgegeben worden ist.

(3) Zu der Prüfung, ob die Bilanzen den gesetzlichen Vorschriften entsprechen, ist das Gericht nicht verpflichtet.

(4) Bei der Eintragung des Beschlusses ist anzugeben, daß es sich um eine Kapitalerhöhung aus Gesellschaftsmitteln handelt.

(5) Die eingereichten Schriftstücke werden beim Gericht in Urschrift, Ausfertigung oder öffentlich beglaubigter Abschrift aufbewahrt.

§ 8

(1) Mit der Eintragung des Beschlusses über die Erhöhung des Nennkapitals ist das Nennkapital erhöht.

(2) Die neuen Anteilsrechte gelten als voll eingezahlt.

§ 9

Die neuen Anteilsrechte stehen den Aktionären (Gesellschaftern) im Verhältnis ihrer Anteile am bisherigen Nennkapital zu. Ein entgegenstehender Beschluß der Hauptversammlung (Versammlung der Gesellschafter) ist nichtig.

§ 10

(1) Führt die Kapitalerhöhung dazu, daß auf einen Anteil am bisherigen Nennkapital nur ein Teil eines neuen Anteilsrechts entfällt, so ist dieses Teilrecht selbständig veräußerlich und vererblich.

(2) Die Rechte aus einem neuen Anteilsrecht, einschließlich des Anspruchs auf Ausstellung einer Urkunde über das neue Anteilsrecht, können nur ausgeübt werden, wenn Teilrechte, die zusammen ein volles Anteilsrecht ergeben, in einer Hand vereinigt sind oder wenn sich mehrere Berechtigte, deren Teilrechte zusammen ein volles Anteilsrecht

ergeben, zur Ausübung der Rechte (§ 63 des Aktiengesetzes, § 18 des Gesetzes betreffend die Gesellschaften mit beschränkter Haftung) zusammenschließen.

§ 11

(1) Nach der Eintragung des Beschlusses über die Erhöhung des Grundkapitals haben Aktiengesellschaften und Kommanditgesellschaften auf Aktien unverzüglich die Aktionäre aufzufordern, die neuen Aktien abzuholen. Die Aufforderung ist in den Gesellschaftsblättern bekanntzumachen. In der Bekanntmachung ist anzugeben,

1. um welchen Betrag das Grundkapital erhöht worden ist,
2. in welchem Verhältnis auf die alten Aktien neue Aktien entfallen.

In der Bekanntmachung ist ferner darauf hinzuweisen, daß die Gesellschaft berechtigt ist, Aktien, die nicht innerhalb eines Jahres seit der Bekanntmachung der Aufforderung im Bundesanzeiger abgeholt werden, nach dreimaliger Androhung für Rechnung der Beteiligten zu verkaufen.

(2) Nach Ablauf eines Jahres seit der Bekanntmachung der Aufforderung im Bundesanzeiger hat die Gesellschaft den Verkauf der nicht abgeholten Aktien anzudrohen. Die Androhung ist dreimal in Abständen von mindestens einem Monat in den Gesellschaftsblättern bekanntzumachen; die letzte Bekanntmachung muß vor dem Ablauf von achtzehn Monaten seit der Bekanntmachung der Aufforderung im Bundesanzeiger ergehen.

(3) Nach Ablauf eines Jahres seit der letzten Bekanntmachung der Androhung im Bundesanzeiger hat die Gesellschaft die nicht abgeholten Aktien für Rechnung der Beteiligten zum amtlichen Börsenpreis durch Vermittlung eines Kursmaklers und beim Fehlen eines Börsenpreises durch öffentliche Versteigerung zu verkaufen. § 179 Abs. 3 Satz 2 bis 6 des Aktiengesetzes gilt sinngemäß.

(4) Die Absätze 1 bis 3 gelten sinngemäß für Aktiengesellschaften und Kommanditgesellschaften auf Aktien, die keine Aktienurkunden ausgegeben haben; die Gesellschaften haben die Aktionäre aufzufordern, sich die neuen Aktienrechte zuteilen zu lassen.

§ 12

(1) Eigene Anteile nehmen an der Erhöhung des Nennkapitals teil.

(2) Teileingezahlte Anteile nehmen entsprechend ihrem Nennbetrag an der Erhöhung des Nennkapitals teil. Bei ihnen kann die Kapital-

erhöhung nur durch Erhöhung des Nennbetrags der Anteile ausgeführt werden. Sind neben teileingezahlten Anteilen volleingezahlte Anteile vorhanden, so kann bei diesen die Kapitalerhöhung durch Erhöhung des Nennbetrages der Anteile und durch Ausgabe neuer Aktien (Bildung neuer Geschäftsanteile) ausgeführt werden. Die Anteile, deren Nennbetrag erhöht wird, können auf jeden durch fünf teilbaren Betrag gestellt werden.

§ 13

(1) Das Verhältnis der mit den Anteilen verbundenen Rechte zueinander wird durch die Kapitalerhöhung nicht berührt.

(2) Soweit sich einzelne Rechte teileingezahlter Anteile, insbesondere die Beteiligung am Gewinn oder das Stimmrecht, nach der je Anteil geleisteten Einlage bestimmen, stehen diese Rechte den Aktionären (Gesellschaftern) bis zur Leistung der noch ausstehenden Einlagen nur nach der Höhe der geleisteten Einlage, erhöht um den auf den Nennbetrag des Nennkapitals berechneten Hundertsatz der Erhöhung des Nennkapitals, zu; werden weitere Einzahlungen geleistet, so erweitern sich diese Rechte entsprechend. Im Falle des § 212 Abs. 3 des Aktiengesetzes gelten die Erhöhungsbeträge als voll eingezahlt.

(3) Der wirtschaftliche Inhalt vertraglicher Beziehungen der Gesellschaft zu Dritten, die von der Gewinnausschüttung der Gesellschaft, dem Nennbetrag oder Wert ihrer Anteile oder ihres Nennkapitals oder in sonstiger Weise von den bisherigen Kapital- oder Gewinnverhältnissen abhängen, wird durch die Kapitalerhöhung nicht berührt. Gleiches gilt für Nebenverpflichtungen der Aktionäre (§ 50 des Aktiengesetzes).

§ 14

(1) Die neuen Anteilsrechte nehmen, wenn nichts anderes bestimmt ist, am Gewinn des ganzen Geschäftsjahres teil, in dem die Erhöhung des Nennkapitals beschlossen worden ist.

(2) Im Beschluß über die Erhöhung des Nennkapitals kann bestimmt werden, daß die neuen Anteilsrechte bereits am Gewinn des letzten vor der Beschlußfassung über die Kapitalerhöhung abgelaufenen Geschäftsjahrs teilnehmen. In diesen Fällen ist die Erhöhung des Nennkapitals abweichend von § 1 Abs. 3 zu beschließen, bevor über die Verteilung des Reingewinns des letzten vor der Beschlußfassung abgelaufenen Geschäftsjahrs Beschluß gefaßt ist. Der Beschluß über die Verteilung des Reingewinns des letzten vor der Beschlußfassung über die Kapitalerhöhung abgelaufenen Geschäftsjahrs wird erst wirksam, wenn das Nennkapital erhöht ist. Der Beschluß über die Erhöhung des Nenn-

kapitals und der Beschluß über die Verteilung des Reingewinns des letzten vor der Beschlußfassung über die Kapitalerhöhung abgelaufenen Geschäftsjahrs sind nichtig, wenn der Beschluß über die Kapitalerhöhung nicht binnen drei Monaten nach der Beschlußfassung in das Handelsregister eingetragen worden ist; der Lauf der Frist ist gehemmt, solange eine Anfechtungs- oder Nichtigkeitsklage rechtshängig oder eine zur Kapitalbildung beantragte staatliche Genehmigung noch nicht erteilt ist.

§ 15

Bedingtes Kapital (§§ 159 ff. des Aktiengesetzes) erhöht sich im gleichen Verhältnis wie das Grundkapital. Ist das bedingte Kapital zum Zweck der Gewährung von Umtauschrechten an Gläubiger von Wandelschuldverschreibungen beschlossen worden, so ist zur Deckung des Unterschieds zwischen dem Ausgabebetrag der Schuldverschreibungen und dem höheren Gesamtnennbetrag der für sie zu gewährenden Bezugsaktien eine Sonderrücklage zu bilden, soweit nicht Zuzahlungen der Umtauschberechtigten vereinbart sind.

§ 16

Vor der Eintragung des Beschlusses über die Erhöhung des Nennkapitals in das Handelsregister dürfen bei Aktiengesellschaften und Kommanditgesellschaften auf Aktien neue Aktien und Zwischenscheine nicht ausgegeben, bei Gesellschaften mit beschränkter Haftung neue Geschäftsanteile nicht gebildet werden.

§ 17

Als Anschaffungskosten der vor der Erhöhung des Nennkapitals erworbenen Anteilsrechte und der auf sie entfallenen neuen Anteilsrechte gelten die Beträge, die sich für die einzelnen Anteilsrechte ergeben, wenn die Anschaffungskosten der vor der Erhöhung des Nennkapitals erworbenen Anteilsrechte auf diese und auf die auf sie entfallenen neuen Anteilsrechte nach dem Verhältnis der Nennbeträge verteilt werden. Der Zuwachs an Anteilsrechten ist nicht als Zugang auszuweisen.

§ 18

Sind Aktien einer Gesellschaft, die vor der Erhöhung des Grundkapitals ausgegeben sind, an einer deutschen Börse zum amtlichen Handel zugelassen, so gilt die Zulassung auch für die auf sie entfallenen neuen Aktien.

Zweiter Abschnitt

Erwerb eigener Aktien
Gewinn- und Verlustrechnung

§ 19

Das Aktiengesetz wird wie folgt geändert:

1. § 65 Abs. 1 erhält die folgende Fassung:

„(1) Die Gesellschaft darf eigene Aktien nur erwerben, wenn

1. der Erwerb notwendig ist, um einen schweren Schaden von der Gesellschaft abzuwenden,
2. die Aktien den Arbeitnehmern der Gesellschaft zum Erwerb angeboten werden sollen oder
3. auf die Aktien der Nennbetrag oder der höhere Ausgabebetrag voll geleistet ist und der Erwerb unentgeltlich geschieht oder die Gesellschaft mit dem Erwerb eine Einkaufskommission ausführt.

Der Gesamtnennbetrag der zu den Zwecken nach Nummer 1 und 2 erworbenen Aktien darf jedoch zusammen mit dem Betrag anderer Aktien der Gesellschaft, die die Gesellschaft oder ein abhängiges Unternehmen bereits zu diesen Zwecken erworben hat und noch besitzt, zehn vom Hundert des Grundkapitals nicht übersteigen."

2. § 132 erhält die folgende Fassung:

„§ 132

Gliederung der Gewinn- und Verlustrechnung

(1) Für die Gewinn- und Verlustrechnung kann entweder die Kontoform oder die Staffelform verwandt werden.

(2) Bei Verwendung der Kontoform sind, wenn der Geschäftszweig keine abweichende Gliederung bedingt, die gleichwertig sein muß, unbeschadet einer weiteren Gliederung folgende Posten gesondert auszuweisen:

I. Auf der Seite der Aufwendungen:

1. Verminderung des Bestandes an fertigen und halbfertigen Erzeugnissen;
2. Aufwendungen für Roh-, Hilfs- und Betriebsstoffe, für diesen gleichzusetzende Fremdleistungen und für bezogene Waren;
3. Löhne und Gehälter;
4. soziale Abgaben;

5. soziale Aufwendungen, soweit sie nicht unter anderen Posten auszuweisen sind;
6. Abschreibungen und Wertberichtigungen auf die in § 131 Abs. 1 A II Nr. 1 bis 5 bezeichneten Gegenstände des Anlagevermögens;
7. Abschreibungen und Wertberichtigungen auf die in § 131 Abs. 1 A II Nr. 6 und 7 bezeichneten Gegenstände des Anlagevermögens;
8. Abschreibungen und Wertberichtigungen auf die in § 131 Abs. 1 A III Nr. 4 bis 16 bezeichneten Gegenstände des Umlaufvermögens;
9. Verluste aus dem Abgang von Gegenständen des Anlagevermögens;
10. Zinsen und ähnliche Aufwendungen;
11 Steuern
   a) vom Einkommen, vom Ertrag und vom Vermögen,
   b) sonstige;
12. Lastenausgleichsvermögensabgabe;
13. Aufwendungen aus Verlustübernahmeverträgen;
14. sonstige Aufwendungen;
15. auf Grund eines Gewinnabführungsvertrages abgeführte Gewinne;
16. Verlustvortrag aus dem Vorjahr;
17. Einstellungen in Rücklagen
   a) in die gesetzliche Rücklage,
   b) in freie Rücklagen;
18. Reingewinn.

II. Auf der Seite der Erträge:

1. Umsatzerlöse;
2. Erhöhung des Bestandes an fertigen und halbfertigen Erzeugnissen;
3. andere aktivierte Eigenleistungen;
4. Erträge aus Gewinnabführungsverträgen;
5. Erträge aus Beteiligungen;
6 Erträge aus anderen Wertpapieren des Anlagevermögens;
7. sonstige Zinsen und ähnliche Erträge;

8. Erträge aus dem Abgang von Gegenständen des Anlagevermögens und aus Zuschreibungen zu Gegenständen des Anlagevermögens;
9. Erträge aus der Auflösung von Wertberichtigungen, soweit sie nicht unter Nummer 8 aufzuführen sind;
10. Erträge aus der Auflösung von Rückstellungen;
11. sonstige Erträge;
12. Erträge aus Verlustübernahmeverträgen;
13. Gewinnvortrag aus dem Vorjahr;
14. Entnahmen aus Rücklagen
    a) aus der gesetzlichen Rücklage,
    b) aus einer freien Rücklage;
15. Reinverlust.

(3) Bei Verwendung der Staffelform sind, wenn der Geschäftszweig keine abweichende Gliederung bedingt, die gleichwertig sein muß, unbeschadet einer weiteren Gliederung folgende Posten gesondert auszuweisen.

1.	Umsatzerlöse	....	
2.	Erhöhung oder Verminderung des Bestandes an fertigen und halbfertigen Erzeugnissen	....	....
3.	andere aktivierte Eigenleistungen		....
4.	Gesamtleistung		....
5.	Aufwendung für Roh-, Hilfs- und Betriebsstoffe, für diesen gleichzusetzende Fremdleistungen und für bezogene Waren		....
6.	Rohertrag / Rohaufwand		....
7.	Erträge aus Gewinnabführungsverträgen	....	
8.	Erträge aus Beteiligungen	....	
9.	Erträge aus anderen Wertpapieren des Anlagevermögens	....	
10.	sonstige Zinsen und ähnliche Erträge	....	
11.	Erträge aus dem Abgang von Gegenständen des Anlagevermögens und aus Zuschreibungen zu Gegenständen des Anlagevermögens	....	
12.	Erträge aus der Auflösung von Wertberichtigungen, soweit sie nicht unter Nummer 11 aufzuführen sind	....	

13. Erträge aus der Auflösung von Rückstellungen
14. sonstige Erträge
15. Erträge aus Verlustübernahmeverträgen
16. Löhne und Gehälter
17. soziale Abgaben
18. soziale Aufwendungen, soweit sie nicht unter anderen Posten auszuweisen sind
19. Abschreibungen und Wertberichtigungen auf die in § 131 Abs. 1 A II Nr. 1 bis 5 bezeichneten Gegenstände des Anlagevermögens
20. Abschreibungen und Wertberichtigungen auf die in § 131 Abs. 1 A II Nr. 6 und 7 bezeichneten Gegenstände des Anlagevermögens
21. Abschreibungen und Wertberichtigungen auf die in § 131 Abs. 1 A III Nr. 4 bis 16 bezeichneten Gegenstände des Umlaufvermögens
22. Verluste aus dem Abgang von Gegenständen des Anlagevermögens
23. Zinsen und ähnliche Aufwendungen
24. Steuern
    a) vom Einkommen, vom Ertrag und vom Vermögen
    b) sonstige
25. Lastenausgleichsvermögensabgabe
26. Aufwendungen aus Verlustübernahmen
27. sonstige Aufwendungen
28. Auf Grund eines Gewinnabführungsvertrages abgeführte Gewinne
29. Jahresüberschuß / Jahresfehlbetrag
30. Gewinnvortrag / Verlustvortrag aus dem Vorjahr
31. Entnahme aus Rücklagen
    a) aus der gesetzlichen Rücklage
    b) aus einer freien Rücklage
32. Einstellungen in Rücklagen
    a) in die gesetzliche Rücklage
    b) in freie Rücklagen
33. Reingewinn / Reinverlust

(4) Bei der Ermittlung der Umsatzerlöse dürfen nur Preisnachlässe und zurückgewährte Entgelte abgesetzt werden.

(5) Sind am Abschlußstichtag keine Aktien der Gesellschaft an einer deutschen Börse zum amtlichen Handel zugelassen oder in den geregelten Freiverkehr einbezogen und ist auch nicht die Zulassung von Aktien zum amtlichen Handel an einer deutschen Börse beantragt,

so können bei Verwendung der Kontoform die Erträge unter Absatz 2 II Nr. 1 bis 3 mit den Aufwendungen unter Absatz 2 I Nr. 1 und 2 verrechnet werden; das Ergebnis ist als „Rohertrag" oder „Rohaufwand" an erster Stelle auszuweisen,

so brauchen bei Verwendung der Staffelform die Posten unter Absatz 3 Nr. 1 bis 5 nicht gesondert ausgewiesen zu werden,

wenn

1. die Bilanzsumme drei Millionen Deutsche Mark nicht übersteigt, oder

2. die Gesellschaft eine Familiengesellschaft ist und die Bilanzsumme zehn Millionen Deutsche Mark nicht übersteigt; als Familiengesellschaften gelten solche Aktiengesellschaften, deren Aktionär eine einzelne natürliche Person ist oder deren Aktionäre natürliche Personen sind, die untereinander im Sinne des § 10 Nr. 2 bis 5 des Steueranpassungsgesetzes vom 16. Oktober 1934 (Reichsgesetzbl. I S. 925) verwandt oder verschwägert sind.

Macht eine Familiengesellschaft von der Befugnis nach Satz 1 Gebrauch, so kann jeder Aktionär verlangen, daß ihm die Gewinn- und Verlustrechnung in der Form vorgelegt wird, die sie ohne Anwendung des Satzes 1 hätte.

Dritter Abschnitt

Strafvorschrift. Übergangs- und Schlußvorschriften

§ 20

Mitglieder des Vorstands oder des Aufsichtsrats einer Aktiengesellschaft, persönlich haftende Gesellschafter oder Mitglieder des Aufsichtsrats einer Kommanditgesellschaft auf Aktien sowie Geschäftsführer einer Gesellschaft mit beschränkter Haftung, welche die in § 7 Abs. 1 Satz 2 vorgeschriebene Erklärung vorsätzlich der Wahrheit zuwider abgeben, werden mit Gefängnis bestraft.

§ 21

(1) Die Vorschriften des § 19 Nr. 2 über die Neufassung des § 132 des Aktiengesetzes sind erstmals auf den Jahresabschluß für das am 31. Dezember 1960 endende oder laufende Geschäftsjahr anzuwenden; sie können auf Jahresabschlüsse für frühere Geschäftsjahre angewandt werden.

(2) Wo in anderen gesetzlichen Vorschriften auf § 132 oder auf § 132 Abs. 1 des Aktiengesetzes verwiesen wird, tritt an ihre Stelle § 132 des Aktiengesetzes in der Fassung dieses Gesetzes; wo nur auf § 132 Abs. 2 des Aktiengesetzes verwiesen wird, entfällt die Verweisung.

§ 22

Dieses Gesetz gilt nach Maßgabe des § 13 Abs. 1 des Dritten Überleitungsgesetzes vom 4. Januar 1952 (Bundesgesetzbl. I S. 1) auch im Land Berlin.

§ 23

Dieses Gesetz tritt am Tage nach seiner Verkündung in Kraft.

Gesetz
über steuerrechtliche Maßnahmen bei Erhöhung des Nennkapitals aus Gesellschaftsmitteln und bei Überlassung von eigenen Aktien an Arbeitnehmer

Vom 30. Dezember 1959
(BGBl. 1959 I S. 834)

§ 1

Steuern vom Einkommen und Ertrag der Gesellschafter

Erhöht eine Kapitalgesellschaft (Aktiengesellschaft, Kommanditgesellschaft auf Aktien, Gesellschaft mit beschränkter Haftung) das Nennkapital nach den Vorschriften des Gesetzes über die Kapitalerhöhung aus Gesellschaftsmitteln und über die Gewinn- und Verlustrechnung vom 23. Dezember 1959 (Bungesgesetzblatt I S. 789), so unterliegt der Erwerb der neuen Anteilsrechte nicht den Steuern vom Einkommen und Ertrag.

§ 2

Gesellschaftssteuer

In den Fällen des § 1 unterliegt der Erwerb der neuen Anteilsrechte durch die Gesellschafter nicht der Besteuerung nach § 2 Nr. 1 des Kapitalverkehrsteuergesetzes.

§ 3

Anschaffungskosten

Als Anschaffungskosten der vor der Erhöhung des Nennkapitals erworbenen Anteilsrechte und der auf sie entfallenden neuen Anteilsrechte gelten die Beträge, die sich für die einzelnen Anteilsrechte ergeben, wenn die Anschaffungskosten der vor der Erhöhung des Nennkapitals erworbenen Anteilsrechte auf diese und auf die auf sie entfallenden neuen Anteilsrechte nach dem Verhältnis der Nennbeträge verteilt werden.

§ 4

Mitteilung der Erhöhung des Nennkapitals an das Finanzamt

Die Kapitalgesellschaft hat die Erhöhung des Nennkapitals innerhalb von zwei Wochen nach der Eintragung des Beschlusses über die Erhöhung des Nennkapitals in das Handelsregister dem Finanzamt mitzuteilen und eine Abschrift des Beschlusses über die Erhöhung des Nennkapitals einzureichen.

§ 5

Herabsetzung des Nennkapitals

(1) Setzt eine Kapitalgesellschaft innerhalb von fünf Jahren nach einer Erhöhung des Nennkapitals (§ 1) das Nennkapital herab und zahlt sie die dadurch freiwerdenden Mittel ganz oder teilweise an die Gesellschafter zurück, so gelten die Rückzahlungen insoweit als Gewinnanteile (Dividenden), als sie den Betrag der Erhöhung des Nennkapitals nicht übersteigen. Als Gewinnanteile (Dividenden) gelten auch die Beträge, die die Kapitalgesellschaft innerhalb von 5 Jahren nach der Erhöhung des Nennkapitals für den Erwerb eigener Anteile aufwendet, soweit die Nennbeträge dieser Anteile den Betrag der Erhöhung des Nennkapitals nicht übersteigen. Satz 2 gilt nicht, soweit

1. der Erwerb notwendig ist, um einen schweren Schaden von der Gesellschaft abzuwenden,
2. die Anteile den Arbeitnehmern der Gesellschaft zum Erwerb angeboten werden sollen, oder
3. auf die Anteile der Nennbetrag oder der höhere Ausgabebetrag voll geleistet ist und der Erwerb unentgeltlich geschieht oder die Gesellschaft mit dem Erwerb eine Einkaufskommission ausführt.

Der Gesamtnennbetrag der zu den Zwecken nach Satz 3 Nr. 1 und 2 erworbenen Anteile darf jedoch zusammen mit dem Betrag anderer Anteile der Gesellschaft, die die Gesellschaft oder ein abhängiges Unternehmen bereits zu diesen Zwecken erworben hat und noch besitzt, 10 vom Hundert des Nennkapitals nicht übersteigen.

(2) Die auf die Gewinnanteile (Dividenden) im Sinne des Abs. 1 entfallenden Steuern vom Einkommen des Gesellschafters werden im Wege der Pauschbesteuerung erhoben. Die Steuer ist von der Kapitalgesellschaft zu entrichten. Sie beträgt 30 vom Hundert der Gewinnanteile. Sie ist bei der Ermittlung des Einkommens der Kapitalgesellschaft nicht abzugsfähig.

(3) § 4 gilt entsprechend. Die Mitteilung der Herabsetzung des Nennkapitals gilt als Steuererklärung im Sinne des § 166 der Abgabenordnung.

(4) Das Finanzamt setzt durch Steuerbescheid (§ 212 der AO) die Steuer fest. Die Steuer ist innerhalb eines Monats nach Bekanntgabe des Steuerbescheides zu entrichten.

(5) Als Anschaffungskosten der nach der Kapitalherabsetzung verbleibenden Anteilsrechte gelten die Beträge, die sich für die einzelnen Anteilsrechte ergeben, wenn die Anschaffungskosten der vor der Kapital-

herabsetzung vorhandenen gesamten Anteilsrechte auf die nach der Kapitalherabsetzung verbleibenden Anteilsrechte nach dem Verhältnis ihrer Nennbeträge verteilt werden.

§ 6

Einkommensteuer (Lohnsteuer) bei Überlassung von eigenen Aktien an Arbeitnehmer zu einem Vorzugskurs

Überläßt eine Aktiengesellschaft oder eine Kommanditgesellschaft auf Aktien ihren Arbeitnehmern eigene Aktien zu einem unter dem Börsenkurs liegenden Kurs (Vorzugskurs) und wird hierbei vereinbart, daß die Aktien innerhalb von 5 Jahren nicht veräußert werden dürfen (Sperrfrist), so gehört der Vorteil, der sich aus dem Unterschied zwischen dem am Tag der Beschlußfassung maßgebenden Börsenkurs und dem Vorzugskurs (Kursunterschied) errechnet, außer in den Fällen der Sätze 2 und 3, nicht zu den Einkünften aus nichtselbständiger Arbeit. Soweit der Unterschied höher ist als die Hälfte des Börsenkurses, gehört der Vorteil aus dem Kursunterschied in voller Höhe zu den Einkünften aus nichtselbständiger Arbeit. Das gleiche gilt, soweit der Vorteil aus den Kursunterschieden für den einzelnen Arbeitnehmer 500,— Deutsche Mark im Kalenderjahr übersteigt. Bei Aktien, die nicht zum Handel an der Börse oder im geregelten Freiverkehr zugelassen sind, tritt an die Stelle des Börsenkurses der gemeine Wert. Wird außer im Fall des Todes des Arbeitnehmers oder des Eintritts seiner völligen Erwerbsunfähigkeit die Sperrfrist nicht eingehalten, so wird nach Maßgabe einer Rechtsverordnung eine Nachversteuerung durchgeführt.

§ 7

Anwendung im Land Berlin

Dieses Gesetz gilt nach Maßgabe des § 12 Abs. 1 des Dritten Überleitungsgesetzes vom 4. Januar 1952 (Bundesgesetzbl. I S. 1) auch im Land Berlin. Rechtsverordnungen, die auf Grund dieses Gesetzes erlassen werden, gelten im Land Berlin nach § 14 des Dritten Überleitungsgesetzes.

§ 8

Inkrafttreten

Dieses Gesetz tritt am Tage nach seiner Verkündung in Kraft.

Kommentar

Gesetz über die Kapitalerhöhung aus Gesellschaftsmitteln und über die Gewinn- und Verlustrechnung

Vom 23. Dezember 1959

Der Bundestag hat das folgende Gesetz beschlossen:

Erster Abschnitt

Kapitalerhöhung aus Gesellschaftsmitteln

§ 1

(1) Eine Kapitalgesellschaft (Aktiengesellschaft, Kommanditgesellschaft auf Aktien, Gesellschaft mit beschränkter Haftung) kann ihr Nennkapital durch Umwandlung von Rücklagen in Nennkapital erhöhen.

(2) Für den Beschluß über die Erhöhung des Nennkapitals und für die Anmeldung des Beschlusses gelten bei Aktiengesellschaften § 149 Abs. 1, § 151 Abs. 1 des Aktiengesetzes, bei Kommanditgesellschaften auf Aktien § 149 Abs. 1, § 151 Abs. 1, § 219 Abs. 3 und § 225 Nr. 1 des Aktiengesetzes und bei Gesellschaften mit beschränkter Haftung § 53 Abs. 1 und 2, § 54 Abs. 1 des Gesetzes betreffend die Gesellschaften mit beschränkter Haftung sinngemäß.

(3) Die Erhöhung des Nennkapitals kann erst beschlossen werden, nachdem der Jahresabschluß für das letzte vor der Beschlußfassung über die Kapitalerhöhung abgelaufene Geschäftsjahr (letzter Jahresabschluß) festgestellt und über die Verteilung des Reingewinns dieses Geschäftsjahrs Beschluß gefaßt ist.

(4) Dem Beschluß über die Erhöhung des Nennkapitals ist eine Bilanz zugrunde zu legen.

I. Wesen der Kapitalerhöhung aus Gesellschaftsmitteln .... Anm. 1

II. Der Kapitalerhöhungsbeschluß

1. Allgemeine Voraussetzungen

a) Änderung der Satzung (Gesellschaftsvertrages) .... Anm. 2

b) Einberufung d. Hauptversammlung (Gesellschafterversammlung) Anm. 3

c) Beschlußfassung .... Anm. 4

2. Besondere Voraussetzungen .... Anm. 5
3. Zeitliche Voraussetzung .... Anm. 6
III. Anmeldung des Kapitalerhöhungsbeschlusses .... Anm. 7

1. Die **Kapitalerhöhung aus Gesellschaftsmitteln** war bisher gesetzlich nicht geregelt; der Vorgang ist aber seit langem bekannt. In den Inflationsjahren nach dem ersten Weltkrieg ist eine Reihe sogenannter „Gratisaktien" ausgegeben worden. Das Reichsgericht hat sich in seiner Entscheidung vom 20. 2. 1923 (Bd. 107, S. 168, 169) mit der Rechtsproblematik solcher Aktienausgaben befaßt. Es stellte zunächst durchaus zutreffend fest: „Die Bezeichnung ‚Gratisaktien' ist irreführend. Freie Aktien im Sinne von ‚Mitgliedschaft ohne Leistungspflicht' sind mit dem Wesen des Aktienrechts nicht vereinbar." Weiterhin stellte es sich auf den Standpunkt, daß eine derartige Kapitalerhöhung nur möglich sei, wenn den Aktionären, die selbst nichts aufzubringen hätten, durch die Gesellschaft die Beträge zur Verfügung gestellt würden, die auf die neu geschaffenen Aktien durch den Kapitalerhöhungsbeschluß eingezahlt werden müssen. Diese Beträge könnten nur aus den vom bilanzmäßigen Reingewinn der früheren Jahre zurückgestellten Reserven oder aus dem Gewinnvortrag des Vorjahres entnommen werden. Das Reichsgericht hat sich damit dem schon vorher vom Reichsfinanzhof entwickelten Begriff der sogenannten Doppelmaßnahme angeschlossen. Damit wird der Vorgang in zwei Einzelvorgänge zerlegt, einmal in eine Ausschüttung des Gewinns an die Aktionäre und zum anderen in die Wiedereinziehung des Bezugspreises von den Aktionären mit der Folge, daß der Reichsfinanzhof, und ihm folgend später der Bundesfinanzhof, den Vorgang der Ausschüttung des Gewinns mit Steuern aus Einkommen und Ertrag und die Entstehung des neuen Anteilsrechts der Besteuerung nach dem Kapitalverkehrsteuergesetz unterwarf (im einzelnen vergleiche hierzu die Anmerkung zu § 1 des Gesetzes über steuerrechtliche Maßnahmen bei Erhöhung des Nennkapitals aus Gesellschaftsmitteln).

Gegen diese Aufteilung eines einheitlichen Vorganges in zwei verschiedene Vorgänge wurden von Beginn an erhebliche Einwendungen in der Literatur erhoben. Einmal wurde darauf hingewiesen, daß es sich bei der „Kapitalerhöhung aus Gesellschaftsmitteln" und der damit im Zusammenhang stehenden Ausgabe von „Gratisaktien" nicht um eine echte Kapitalerhöhung handelt, bei der neue Mittel der Gesellschaft zufließen, sondern nur um eine Kapitalberichtigung, da sich das Vermögen der Gesellschaft nicht ändere. Auf der anderen Seite wurde darauf hingewiesen, daß mit der Einführung des Begriffs der Doppelmaßnahme der im Steuerrecht geltende Grundsatz der wirtschaftlichen

Betrachtungsweise verlassen würde, da der Vorgang von den Beteiligten als einheitlicher wirtschaftlicher Vorgang angesehen und behandelt werde.

Der Gesetzgeber hat sich erstmalig in der Dividenden-Abgabeverordnung vom 12. 6. 1941 (RGBl. I, Seite 323) mit der Berichtigung des Gesellschaftskapitals befaßt. In dieser Verordnung trägt der 2. Abschnitt bezeichnenderweise die Überschrift „Berichtigung des Gesellschaftskapitals". Der Inhalt dieses Abschnittes entspricht in seinen Grundzügen der „Kapitalerhöhung aus Gesellschaftsmitteln", wie jetzt dieser Vorgang bezeichnet wird. Der Gesetzgeber ist bei dem vorliegenden Gesetz davon ausgegangen, daß es sich um eine besondere Art der Kapitalerhöhung handelt. Das ist insofern zutreffend, als formal gesehen eine Erhöhung des Nennkapitals der Gesellschaft erfolgt. Materiell handelt es sich aber nur um eine Berichtigung des Nennkapitals. Bei jeder der bisher im Aktien- und GmbH-Gesetz geregelten Kapitalerhöhung fließen der Gesellschaft neue Mittel zu. Im heute geltenden Aktiengesetz stehen die für Kapitalerhöhungen verschiedenster Art geltenden Bestimmungen (§§ 149 bis 173 Akt.G.) in einem Abschnitt, der die Überschrift trägt: „Maßnahmen der Kapitalbeschaffung". Gerade darum handelt es ich bei der sogenannten Kapitalerhöhung aus eigenen Mitteln aber nicht. Es wird kein Kapital beschafft, sondern es wird, wie es im Gesetz zutreffend ausgedrückt ist, „Nennkapital durch Umwandlung von Rücklagen in Nennkapital" erhöht. Die Bestimmungen des Gesetzes ermöglichen keine neuen „Maßnahmen der Kapitalbeschaffung", sondern es soll das Nennkapital der tatsächlich vorhandenen Finanzkraft der Gesellschaft angepaßt werden, also materiell eine Kapitalberichtigung durchgeführt werden und keine Kapitalbeschaffung. Rau hat in seinem Buch „Kapitalerhöhung aus Gesellschaftsmitteln" (3. Auflage, Seite 126) bereits darauf hingewiesen, daß diese Art der Änderung des Grundkapitals wesensverwandt ist mit der vereinfachten Kapitalherabsetzung bei der A.G. (§ 182—191 Akt.G.). In beiden Fällen handelt es sich um eine Kapitalangleichung, im letzteren Fall nach unten, in dem uns beschäftigenden Fall nach oben (so auch von Godin in AzP 145, Seite 69 bis 86 und ZAK 1942, 283; Baumbach-Hueck, Einführung 2 vor § 149 und Würdinger, Seite 240, dagegen Boesebeck, NJW 48, 98).

Praktisch wirkt sich die hier vertretene Auffassung dahin aus, daß, wenn nur eine Berichtigung des Nennkapitals durchgeführt wird, auch nur eine Berichtigung der Anteile, in die dieses Nennkapital zerlegt ist, erfolgen kann. Es sind keine neuen Anteile vorhanden, die bei der Aktiengesellschaft und Kommanditgesellschaft auf Aktien gezeichnet

(§ 153 Akt.G.) und bei der GmbH übernommen (§ 55 GmbH.G.) werden müßten. Es kann auch nicht die Frage des Bezugsrechts der bisherigen Anteilseigner auftreten, weil die neuen oder in ihrem Nennwert erhöhten Anteilsrechte mit der Eintragung des Erhöhungsbeschlusses in der Person der bisherigen Anteilseigner automatisch entstehen (§ 8 und Anmerkung dort). Infolgedessen ist es auch nicht möglich, etwa durch einen qualifizierten Mehrheitsbeschluß ein solches überhaupt nicht bestehendes Bezugsrecht zu beseitigen und es ist darüber hinaus auch nicht möglich, die Bestimmungen für die Beseitigung des Bezugsrechts analog anzuwenden. Im Gesetz kommt diese rechtliche Natur des Erhöhungsbeschlusses an verschiedenen Stellen zum Ausdruck, vor allem in § 9 (siehe Anmerkung dort), in dem bestimmt wird, daß die neuen Anteilsrechte den Aktionären (Gesellschaftern) im Verhältnis ihrer Anteile am bisherigen Nennkapital zustehen und daß ein entgegenstehender Beschluß der Hauptversammlung (Gesellschafterversammlung) nichtig ist.

Zahlreiche weitere Bestimmungen des Gesetzes tragen diesem Grundsatz Rechnung:

a) § 6, Abs. 1: Die Ausgabe neuer Mehrstimmrechtsaktien bedarf nicht der Genehmigung des § 12, Abs. 2, Akt.G.,

b) § 10: Entstehen sogenannte Spitzen, auf die nur ein Teil eines neuen Anteilsrechts entfällt, so sind diese für den Inhaber des alten Anteilsrechts veräußerlich und vererblich.

c) § 12, Abs. 1: Eigene Anteile nehmen an der Erhöhung teil.

d) § 13, Abs. 1: Das Verhältnis verschiedener Aktiengattungen zueinander darf nicht abgeändert werden.

e) § 15: Das bedingte Kapital (§§ 159 ff. Akt.G.) nimmt an der Erhöhung teil.

f) § 17: Bei bilanzpflichtigen Anteilseignern ist der Zuwachs an Anteilsrechten nicht als Zugang auszuweisen.

Wenn somit jedenfalls in diesem Gesetz (im Gegensatz zur Regierungsvorlage eines Aktiengesetzes, § 200, Abs. 2) eindeutig anerkannt ist, daß es sich materiell um eine Kapitalberichtigung bei der Gesellschaft und um eine Berichtigung der Anteilsrechte bei den Anteilseignern handelt, so ist doch nicht zu verkennen, daß mit dem Beschluß, durch den Rücklagen in Nennkapital umgewandelt werden, auch eine Erhöhung des Nennkapitals erfolgt. Dem trägt das Gesetz in den Bestimmungen über die Beschlußfassung und Anmeldung des Beschlusses Rechnung.

2. Jede Kapitalberichtigung ist gleichzeitig eine **Änderung der Satzung** oder des **Gesellschaftsvertrages,** denn der Nennbetrag des haftenden Kapitals ist sowohl nach den Bestimmungen des Aktiengesetzes (§ 16 Abs. 3 Ziffer 4, Akt.G.) wie nach dem GmbH.G. (§ 3 Abs. 1 Ziffer 3) notwendiger Bestandteil der Satzung bzw. des Gesellschaftsvertrages. Der Kapitalerhöhungsbeschluß kann bei der Aktiengesellschaft und Kommanditgesellschaft auf Aktien nur in einer Hauptversammlung gefaßt werden, die in ihrer Durchführung den Bestimmungen des Aktiengesetzes unterliegt, insbesondere der Bestimmung des § 111 Akt.G., wonach ein Beschluß zu seiner Gültigkeit der Beurkundung durch eine über die Verhandlung gerichtlich oder notarisch aufgenommene Niederschrift bedarf.

Bei der Gesellschaft mit beschränkter Haftung kann der Beschluß ebenfalls nur in einer Gesellschafterversammlung gefaßt werden. Hier genügt aber, wenn der Beschluß selbst und ein etwaiger weiterer Beschluß, der ausdrücklich die entsprechende Bestimmung der Satzung über das Grundkapital ändert, gerichtlich oder notariell nach § 53, Abs. 2, GmbH.G. beurkundet wird. Etwa zu gleicher Zeit gefaßte andere Beschlüsse, z. B. Feststellung der Bilanz und Gewinnverteilung, bedürfen nicht der notariellen Form, auch wenn sie in derselben Gesellschafterversammlung gefaßt sind.

3. Für die **Einberufung,** den **Ort** und die **Bekanntgabe der Tagesordnung** gelten bei der A.G. und K.G. a. A. die Bestimmungen der §§ 105 bis 109 Akt.G. und, da es sich um eine Satzungsänderung handelt, des § 145 Abs. 2 Akt.G. Dieser Vorschrift würde eine Ankündigung genügen: „Beschlußfassung über Kapitalerhöhung aus Gesellschaftsmitteln". Es empfiehlt sich der Zusatz: „und Änderung des § . . . der Satzung" (Grundkapital) oder „und Ermächtigung des Aufsichtsrats zur entsprechenden Änderung des § . . . der Satzung" (Grundkapital).

Eine Ankündigung, die nur auf eine Abänderung des das Grundkapital enthaltenden Paragraphen hinweist, genügt nicht, da die Erhöhung des Grundkapitals aus Gesellschaftsmitteln den wesentlichen Inhalt der beabsichtigten Satzungsänderung im Sinne des § 145, Abs. 2 darstellt. Eine Verletzung der Vorschrift des § 145 Abs. 2 Akt.G. macht den Beschluß anfechtbar (vgl. Godin-Wilhelmi, § 145 Anm. 4).

Bei der GmbH erfolgt die Berufung der Gesellschafterversammlung nach § 51 GmbH.G. durch Einladung der Gesellschafter mittels eingeschriebenen Briefen. Der Zweck der Versammlung soll jederzeit bei der Berufung angekündigt werden (§ 51, Abs. 2 GmbH.G.). Auch hier gilt das für die Aktiengesellschaften und Kommanditgesellschaften auf

Aktien Gesagte entsprechend. Ein Verstoß gegen § 51 Abs. 2, GmbH.G. macht den Beschluß anfechtbar.

4. Für die **Beschlußfassung** gelten bei der Aktiengesellschaft und bei der Kommanditgesellschaft auf Aktien die Bestimmungen über die Kapitalerhöhung, allerdings mit erheblichen Einschränkungen. Es hätte näher gelegen, die Bestimmungen über Satzungsänderungen, die — mangels besonderer Vorschrift für die Kapitalerhöhung im GmbH-Gesetz — für die GmbH gelten, auch für die A.G. u. K.G. a.A. anzuwenden. Die Bestimmungen über Kapitalerhöhung des Aktiengesetzes passen für den vorliegenden Fall nicht. Dies ist daraus zu ersehen, daß nur der § 149 Abs. 1 Akt.G. anzuwenden ist. Diese Bestimmung deckt sich inhaltlich mit der des § 145 Akt.G. über die Satzungsänderung. Der § 149, Abs. 2 Akt.G. findet keine Anwendung, da die vorhandenen Gattungen von Aktien durch die Kapitalberichtigung in keiner Weise berührt werden, was sich schon aus dem Wesen der Kapitalberichtigung (vgl. Anm. 1) ergibt und durch § 13, Abs. 1 nochmals ausdrücklich gesetzlich bestimmt wird.

Alle anderen Bestimmungen über die Kapitalerhöhung kommen hier nicht in Frage, mit Ausnahme des § 151, Abs. 1, Akt.G. (hierüber siehe Anmerkung 7).

Der Beschluß der Hauptversammlung bei der A. G. bedarf nach § 149, Abs. 1, Akt.G. einer Mehrheit, die mindestens $^3/_4$ des bei der Beschlußfassung vertretenen Grundkapitals umfaßt. Wenn die Satzung diese gesetzliche Kapitalmehrheit geändert hat, so ist die Satzungsbestimmung maßgebend. Die Satzung kann sowohl eine geringere als auch eine größere Kapitalmehrheit vorschreiben. Immer ist jedoch eine Stimmenmehrheit erforderlich. Schreibt die Satzung daneben noch andere Erfordernisse vor, so sind auch diese einzuhalten.

Bei der K. G. a. A. bedarf der Hauptversammlungsbeschluß nach § 227 Abs. 2 Akt.G. der Zustimmung der persönlich haftenden Gesellschafter, da es sich um eine Änderung des Gesellschaftsvertrages handelt, für die bei einer K.G. das Einverständnis aller Gesellschafter erforderlich ist (so auch Gessler in WM 1960, Sonderbeilage Nr. 1, Seite 17).

Für die GmbH gilt § 53, Abs. 2 GmbH.G. Danach bedarf der Beschluß einer Mehrheit von $^3/_4$ der abgegebenen Stimmen. Die Satzung kann noch andere Erfordernisse aufstellen. Sie kann diese Mehrheit aber nicht verringern. Sind andere Erfordernisse in der Satzung aufgestellt, so sind auch diese zu beachten.

5. **Besondere Voraussetzung des Erhöhungsbeschlusses** ist, daß ihm eine geprüfte Bilanz zugrunde zu legen ist. Dies wird in der

Regel die letzte Jahresbilanz sein (§ 3). Liegt deren Stichtag so weit zurück, daß die Anmeldung des Kapitalerhöhungsbeschlusses nicht innerhalb von sieben Monaten, vom Stichtag der Bilanz gerechnet, beim Handelsregister erfolgen kann und will man mit der Kapitalerhöhung nicht bis zur nächsten ordentlichen Gesellschafterversammlung warten, so muß nach den Bestimmungen der §§ 4 und 5 eine besondere Bilanz erstellt werden (vgl. im einzelnen Anm. zu §§ 3—5).

Ein Erhöhungsbeschluß, dem keine Bilanz zugrunde liegt, ist nichtig.

6. Zeitlich kann der Kapitalberichtigungsbeschluß erst von der Hauptversammlung bzw. Gesellschafterversammlung gefaßt werden, nachdem für das letzte, vor der Beschlußfassung abgelaufene Geschäftsjahr der Jahresabschluß festgestellt ist, d. h. es muß eine Jahresbilanz und die Gewinn- und Verlustrechnung vorliegen (§ 125 Akt.G. und § 41 Abs. 2 GmbH.G.). Es muß weiter der Jahresabschluß festgestellt sein. Das bedeutet für die A.G. und die K.G.a.A., daß eine ordnungsgemäße Prüfung nach §§ 135—142 Akt.G. vorausgegangen sein muß. Die Feststellung des Jahresabschlusses ist bei der A. G. erfolgt, wenn der Aufsichtsrat den ihm vom Vorstand vorgelegten Jahresabschluß billigt (§ 125 Abs. 2 Akt.G.). Billigt der Aufsichtsrat den Jahresabschluß nicht oder entscheiden sich Aufsichtsrat und Vorstand für die Feststellung durch die Hauptversammlung, so stellt diese den Jahresabschluß fest.

Bei der K. G. a. A. erfolgt die Feststellung des Jahresabschlusses nach § 228 Akt.G. durch die Hauptversammlung mit Zustimmung der persönlich haftenden Gesellschafter nach § 227 Abs. 2, Akt.G.

Bei der GmbH wird der Jahresabschluß durch die Gesellschafter festgestellt (§ 46, Ziff. 1 GmbH.G.).

Grundsätzlich soll der Gewinnverteilungsbeschluß ebenfalls vor dem Kapitalerhöhungsbeschluß gefaßt werden. Dies deshalb, weil die Hauptversammlung beim Gewinnverteilungsbeschluß in der Lage ist, Rücklagen zu bilden, die alsdann noch zur Kapitalberichtigung benutzt werden können. Dieser Grundsatz wird jedoch durch die Bestimmung des § 14, Abs. 2 durchbrochen. Danach kann im Beschluß über die Erhöhung des Nennkapitals bestimmt werden, daß die neuen Anteilsrechte bereits am Gewinn des letzten, vor der Beschlußfassung über die Kapitalerhöhung abgelaufenen Geschäftsjahres teilnehmen. In diesem von dem Gesetz als Ausnahme behandelten Fall, der in der Praxis vermutlich die Regel bilden wird, geht der Erhöhungsbeschluß dem Gewinnverteilungsbeschluß voran.

Wenn eine **A.G. oder K.G.a.A.** in einer ordentlichen Hauptversammlung eine Kapitalerhöhung aus Gesellschaftsmitteln vornehmen will, bei der die neuen Aktien am Gewinn des abgelaufenen Geschäftsjahres teilnehmen, so müssen die Beschlüsse, soweit sie für die Kapitalerhöhung aus Gesellschaftsmitteln von Bedeutung sind, in der folgenden Reihenfolge gefaßt werden:

1. Feststellung des Jahresabschlusses. (Falls die Feststellung durch Vorstand und Aufsichtsrat erfolgt ist, Vorlage des Jahresabschlusses.)
2. Erhöhung des Nennkapitals der Gesellschaft auf ... DM durch Umwandlung von Rücklagen in Höhe von ... DM.
3. Die Erhöhung wird ausgeführt durch Ausgaben neuer Aktien (es folgt Stückelung) im Verhältnis .. zu .. an die bisherigen Aktionäre § 6, Abs. 4, Satz 1 und Anm. 4 sowie § 9).
4. Die neuen Aktien nehmen an dem Gewinn des am ... abgelaufenen Geschäftsjahres (letztes abgelaufenes Geschäftsjahr) teil.
5. Gewinnverteilungsbeschluß.
6. Satzungsänderungen: § ... (Grundkapital) wird wie folgt geändert: ....

Wenn die neuen Aktien nicht am Gewinn des letzten Geschäftsjahres teilnehmen sollen, muß der Beschluß zu 5. vor den Beschlüssen zu 2. und 3. erfolgen. Wird im Beschluß nicht bestimmt, von wann ab die neuen Anteile am Gewinn teilnehmen, so nehmen sie voll am Gewinn des Jahres teil, in dem die Kapitalerhöhung beschlossen wird (§ 14 Abs. 1).

Bei der GmbH erfolgt nach § 46, Abs. 1, Ziffer 1 GmbH.G. die Feststellung der Jahresbilanz durch die Gesellschafter. Im übrigen gilt für den Inhalt der Beschlüsse das gleiche wie bei der Aktiengesellschaft, und der K.G.a.A. mit der Maßgabe, daß bei der GmbH es nicht grundsätzlich erforderlich ist, daß die Kapitalerhöhung durch Schaffung neuer Anteile ausgeführt wird. Man hat hier die Wahl, ob man neue Anteile schaffen oder die Nennwerte erhöhen oder beides nebeneinander vornehmen will (§ 6 Abs. 3). Eine A.G. oder K.G.a.A. hat dieses Wahlrecht nur, wenn sie Aktien hat, die nicht über 100,— DM oder ein Vielfaches dieses Betrages lauten (vgl. § 6 Abs. 2 und die Ausnahme des § 12, Abs. 2 für teileingezahlte Aktien). Über die Stückelung siehe Anmerkung zu § 6 und § 12.

Ist der Jahresabschluß für das letzte vor der Beschlußfassung über die Kapitalerhöhung abgelaufene Geschäftsjahr festgestellt und über die Verteilung des Reingewinns dieses Geschäftsjahres Beschluß gefaßt worden, so kann jederzeit eine neu einberufene Hauptversammlung (Gesellschafterversammlung) auf Grund des bereits durch eine andere Hauptversammlung (Gesellschafterversammlung) verabschiedeten Jahresabschlusses den Kapitalerhöhungsbeschluß fassen. Sie kann aber in diesem Fall nicht mehr von § 14 Abs. 2 Gebrauch machen, d. h. es können die neuen Anteile nicht am Ergebnis des bereits abgelaufenen Geschäftsjahres teilnehmen, weil in diesem Falle bereits ein Gewinnverteilungsbeschluß vorliegt und somit nicht nach der Sonderbestimmung des § 14 Abs. 2 verfahren werden kann. Weitere Voraussetzung ist, daß die zweite Hauptversammlung, die auf Grund des letzten Jahresabschlusses den Kapitalerhöhungsbeschluß fassen will, so zeitig stattfindet, daß die Siebenmonatsfrist zwischen dem Stichtag des Jahresabschlusses und der Anmeldung des Erhöhungsbeschlusses eingehalten werden kann. Ist dies nicht mehr möglich, so muß dem Erhöhungsbeschluß eine nach §§ 4 und 5 neu aufgestellte besondere Bilanz für einen Stichtag zugrunde gelegt werden, der die Einhaltung der Frist möglich macht. Auch in diesem Fall kann vom § 14 Abs. 2 nicht mehr Gebrauch gemacht werden.

Für die Zukunft gibt es für die Kapitalerhöhung aus Gesellschaftsmitteln keine zeitliche Begrenzung. Der Wunsch des Bundesrats, die Steuerfreiheit nach dem Gesetz über steuerrechtliche Maßnahmen bei Erhöhung des Nennkapitals aus Gesellschaftsmitteln auf drei Jahre zu begrenzen und entsprechende Anträge im Bundestag sind nicht zum Zuge gekommen. Es kann also die Kapitalerhöhung aus Gesellschaftsmitteln stets dann vorgenommen oder wiederholt werden, wenn die Kapitalstruktur der Gesellschaft dies zweckmäßig erscheinen läßt. Zu beachten ist jedoch, daß in dem Regierungsentwurf eines Aktiengesetzes die Kapitalerhöhung aus Gesellschaftsmitteln neu geregelt ist und insofern eine für die Praxis nicht unerhebliche Abweichung gegenüber dem vorliegenden Gesetz enthält, als im § 200 Abs. 2 die Schaffung von Belegschaftsaktien ausdrücklich ermöglicht wird.

7. Für die **Anmeldung des Beschlusses** gelten bei der A.G. und der K.G.a.A. die Bestimmungen für die Anmeldung eines Kapitalerhöhungsbeschlusses, das sind § 151 Abs. 1 Akt.G. (bei der K.G.a.A. in Verbindung mit § 225 Nr. 1 Akt.G.) Danach haben bei der A.G. der Vorstand (bei der K.G.a.A. die persönlich haftenden Gesellschafter) und der Vorsitzer des Aufsichtsrats oder dessen Stellvertreter den Beschluß über die Erhöhung des Grundkapitals zur Eintragung in das Handelsregister anzumelden. Diese Bestimmung weicht insofern von der korrespondierenden Bestimmung des § 148 Abs. 1 Satz 1 Akt.G. bei der Anmeldung einer Satzungsänderung ab, als dort nur der Vorstand anzumelden hat. Diese wahrlich sachlich geringfügige und praktisch nicht ins Gewicht fallende Abweichung rechtfertigt es m. E. nicht, daß man

für diesen rein formellen Vorgang der Anmeldung an Stelle der Bestimmung der Satzungsänderung diejenige für die Kapitalerhöhung für anwendbar erklärt hat. Bei allen materiellen Bestimmungen des Gesetzes ist der Gedanke der Kapitalberichtigung und der Berichtigung der Anteilsrechte streng durchgeführt. Es hätte deshalb auch hier genügt, auf die Bestimmung des § 148 Abs. 1 Satz 1 Akt.G. zu verweisen, zumal hier im Gegensatz zu allen anderen Kapitalerhöhungen eine Anmeldung der Durchführung der Kapitalerhöhung (§ 155 Akt.G.) entfällt.

Bei der GmbH mußte schon aus dem Grunde auf die Bestimmung für Satzungsänderung (§ 54 Abs. 1 GmbH.G.) verwiesen werden, weil es Sonderbestimmungen für die Anmeldung von Kapitalerhöhungsbeschlüssen im GmbH.G. nicht gibt. Danach erfolgt die Anmeldung durch die Geschäftsführer.

Vom Vorstand, den persönlich haftenden Gesellschaftern und den Geschäftsführern haben so viele die Anmeldung zu unterzeichnen, wie zur Vertretung der Gesellschaft erforderlich sind (§§ 71 und 219, Abs. 3 Akt.G. und §§ 35 und 78 GmbH.G.).

Die Anmeldenden haben dem Registergericht gegenüber zu erklären, daß nach ihrer Kenntnis seit dem Stichtag der zugrunde gelegten Bilanz bis zum Tage der Anmeldung keine Vermögensminderung eingetreten ist, die der Kapitalerhöhung entgegenstünde, wenn sie am Tage der Anmeldung beschlossen worden wäre. Der Anmeldung sind beizufügen die mit dem Bestätigungsvermerk der Prüfer versehene Bilanz, die dem Erhöhungsbeschluß zugrunde liegt und, wenn dies nicht die letzte Jahresbilanz war, auch diese, sofern sie noch nicht eingereicht ist (vgl. § 7 und Anm. dort).

§ 2

(1) Die Rücklagen, die in Nennkapital umgewandelt werden sollen, müssen in der letzten Jahresbilanz, wenn dem Beschluß eine andere Bilanz zugrunde gelegt wird, auch in dieser Bilanz unter „Rücklagen" ausgewiesen sein. Vorbehaltlich der Absätze 2 und 3 können in Nennkapital umgewandelt werden

1. **bei Aktiengesellschaften und Kommanditgesellschaften auf Aktien freie Rücklagen in voller Höhe, die gesetzliche Rücklage nur, soweit sie den zehnten oder den in der Satzung bestimmten höheren Teil des bisherigen Grundkapitals übersteigt,**
2. **bei Gesellschaften mit beschränkter Haftung freie Rücklagen sowie die Sonderrücklage nach § 35 Abs. 3 Satz 1, § 47 Abs. 1 des D-Markbilanzgesetzes.**

(2) Die Rücklagen können nicht umgewandelt werden, soweit in der zugrunde gelegten Bilanz ein Verlust, einschließlich eines Verlustvortrags, oder ein anderer Gegenposten zum Eigenkapital ausgewiesen ist. Ferner können nicht umgewandelt werden:

1. Eine ausdrücklich als „Rücklage für die Lastenausgleichs-Vermögensabgabe" bezeichnete Rücklage;

2. Beträge, die infolge der Erhöhung der Sozialversicherungsrenten nach den Versicherungs-Neuregelungsgesetzen aus der Auflösung von Rückstellungen für laufende Pensionen und für Anwartschaften auf Pensionen frei geworden sind;

3. unter Rücklagen ausgewiesene Posten, die auf Grund steuerlicher Vorschriften erst bei ihrer Auflösung zu versteuern sind.

(3) Freie Rücklagen, die einem bestimmten Zweck zu dienen bestimmt sind, dürfen nur umgewandelt werden, soweit dies mit ihrer Zweckbestimmung vereinbar ist.

1. Welche Gesellschaftsmittel stehen zur Kapitalerhöhung zur Verfügung:
   a) Freie Rücklagen der Aktiengesellschaft und K.G.a.A. .... Anm. 1
   b) Gesetzliche Rücklagen der Aktiengesellschaft und K.G.a.A. ...... Anm. 2
   c) Freie Rücklagen der GmbH .... Anm. 3
   d) Satzungsmäßige Rücklagen und Sonderrücklage der GmbH ...... Anm. 4
2. Besondere Voraussetzungen für die Kapitalerhöhung:
   a) Gesellschaftsmittel müssen wirtschaftlich frei zur Verfügung stehen Anm. 5
   b) Umfang der Kapitalerhöhung, wenn diese durch Erhöhung des Nennbetrages der Anteile durchgeführt wird .... Anm. 6
3. Nichtigkeit und Anfechtbarkeit des Beschlusses .... Anm. 7
4. Rücklagen, die nicht umgewandelt werden können:
   a) Rücklagen für die Lastenausgleichsvermögensabgabe .... Anm. 8
   b) Rücklagen aus der Auflösung von Pensionsrückstellungen .... Anm. 9
   c) Rücklagen, die noch nicht versteuert sind .... Anm. 10
5. Rücklagen, die nicht umgewandelt werden dürfen: zweckgebundene Rücklagen .... Anm. 11
6. Anderweitige Verwendung der von der Umwandlung in Nennkapital ausgeschlossenen Rücklagen .... Anm. 12

1. Der § 2 bestimmt, **welche Gesellschaftsmittel für die Kapitalerhöhung verwendet werden können.** Zunächst müssen die zur Umwandlung bestimmten Gesellschaftsmittel in der letzten Jahresbilanz unter **„Rücklagen"** ausgewiesen sein. Das bedeutet zunächst einmal rein formell, daß die Beträge, die zur Umwandlung herangezogen werden sollen, in der Bilanz, die die Grundlage für die Umwandlung bildet, als „Rücklagen" bezeichnet werden. Das kann sowohl eine gesetzliche Rücklage als auch eine freie Rücklage sein. Immer muß aber die Bezeichnung „Rücklage" in dieser Bilanz gebraucht werden. Das gilt auch für die GmbH, obwohl das GmbH-Gesetz den Begriff „Rücklage" nicht kennt, es erwähnt nur den „Reservefond" in § 42 Nr. 4 GmbH.G.

In materieller Beziehung bedeutet dies, daß der Umwandlungsbeschluß in der gleichen Hauptversammlung (Gesellschafterversammlung) gefaßt wird, der die letzte Jahresbilanz zur Kenntnis oder zur Beschlußfassung vorgelegt wird, und daß in dieser Jahresbilanz erstmalig Gesellschaftsmittel unter Rücklagen ausgewiesen werden können. Es ist nicht erforderlich, daß diese Beträge etwa schon in der vorausgegangenen Bilanz enthalten waren. Nur dann, wenn der Erhöhungsbeschluß nicht auf Grund einer Jahresbilanz erfolgt, sondern auf Grund einer besonderen Bilanz nach §§ 4 und 5, müssen sowohl in dieser zu einem späteren Stichtag erstellten Bilanz, als auch in der vorangegangenen letzten Jahresbilanz die Gesellschaftsmittel unter „Rücklagen" ausgewiesen sein. Zweck dieser Bestimmung ist, insbesondere bei Aktiengesellschaften, eine gewisse Sicherheit für das Vorhandensein der Rücklagen zu schaffen, da der Jahresabschluß der Aktiengesellschaften der Pflichtprüfung unterliegt (vgl. amtliche Begründung, Bundestagsdrucksache 416).

Damit können s t i l l e R ü c k l a g e n oder R ü c k s t e l l u n g e n ebensowenig in Nennkapital umgewandelt werden wie ein G e w i n n - v o r t r a g oder d e r R e i n g e w i n n d e s J a h r e s. Das schließt nicht aus, daß bei der A.G. Vorstand und Aufsichtsrat bei der Aufstellung und Feststellung des Jahresabschlusses nach § 125 Akt.G. bisherige stille Rücklagen als offene ausweisen und frei gewordene Rückstellungen einer Rücklage zuführen. Diese Rücklagen sind dann umwandlungsfähig, soweit nicht die Ausnahmen des § 2, Abs. 2 und 3 dem entgegenstehen.

Die Frage, ob Vorstand und Aufsichtsrat bei der Feststellung des Jahresabschlusses den Gewinnvortrag des vergangenen Jahres zu Rücklagen verwenden können, ist streitig (bejahend: Godin-Wilhelmi zu § 126, Anm. 7). Für diejenigen, die auf dem Standpunkt stehen, daß der Gewinnvortrag aus dem Vorjahr lediglich zur Verfügung der Hauptversammlung steht, ergibt sich zunächst die Notwendigkeit, die Bilanzfeststellung der Hauptversammlung zu überlassen. Alsdann tritt die Frage auf, ob der Gewinnverteilungsbeschluß in der Weise aufgespalten werden kann, daß zunächst die Hauptversammlung beschließt, daß ein alter Gewinnvortrag oder auch ein Teil des Reingewinns in Rücklagen umgewandelt werden, sodann die Umwandlung dieser Rücklagen in Nennkapital beschließt und nunmehr den Beschluß nach § 14 Abs. 2 faßt, daß die neuen Anteile bereits am Gewinn des letzten, vor der Beschlußfassung über die Kapitalerhöhung abgelaufenen Geschäftsjahres teilnehmen. Eine solche Aufteilung des Gewinnverteilungsbeschlusses ist sachlich unbedenklich. Es gibt keine zwingende Vorschrift, die besagt, daß der Gewinnverteilungsbeschluß ein einheitlicher sein muß. Er zerfällt sachlich immer dann in zwei Teile, wenn ein Teil des Gewinns nicht zur Verteilung kommt. Der eine Teil des Beschlusses besteht dann in der Zuweisung eines Teils des Gewinns an Rücklagen oder Bildung eines Gewinnvortrags, in dem anderen Teil wird festgestellt, welcher Betrag vom Reingewinn als Dividende an die Aktionäre verteilt wird. Es können deshalb auch hier keine Bedenken bestehen, den Gewinnverteilungsbeschluß in zwei verschiedene Beschlüsse aufzuspalten, was mit Rücksicht auf die Bestimmung des § 14 notwendig ist, wenn man die neuen Anteile am Gewinn des letzten Geschäftsjahres teilnehmen lassen will. Ist das nicht beabsichtigt, so tritt das Problem nicht auf, da nach § 1 Ziffer 3 in diesem Fall der Gewinnverteilungsbeschluß vor dem Beschluß über die Erhöhung des Nennkapitals zu fassen ist.

Haben Vorstand und Aufsichtsrat einen Jahresabschluß festgestellt, der einen Reingewinn ausweist, so ist die Hauptversammlung an diesen Jahresabschluß nach § 126 Abs. 3 Akt.G. gebunden. Will sie diesen Jahresgewinn in R ü c k l a g e n umwandeln, so muß sie den Anspruch des einzelnen Aktionärs auf den Reingewinn nach § 52 Akt.G. beachten. Nach der umstrittenen Entscheidung des BGH vom 24. 1. 1957 (BGH 23, 150) ist ein den § 52 Akt.G. nicht beachtender Beschluß anfechtbar, wenn nicht — was allerdings meistens der Fall ist — die Hauptversammlung durch die Satzung ermächtigt ist, über den festgestellten Reingewinn nach Berücksichtigung der Tantiemeansprüche frei zu verfügen. Gegenüber dem sich aus § 126 Abs. 3 Satz 2 Akt.G. ergebenden Recht der Hauptversammlung, den Reingewinn ganz oder teilweise von der Verteilung auszuschließen, hat nach der zitierten Entscheidung des Bundesgerichtshofs der Gesichtspunkt des § 52 Akt.G. den Vorrang (vgl. die Kritik von Godin in JR 58, 138). Verletzt die Hauptversammlung den § 52 Akt.G., so ist die Anfechtung des Beschlusses insoweit eingeschränkt, als nicht jeder Aktionär zur Anfechtung berechtigt ist, sondern nur eine Minderheit, deren Anteile zusammen den 20. Teil des Grundkapitals erreichen (§ 198 Abs. 2 Akt.G.).

Stellt die Hauptversammlung den Jahresabschluß fest, so ist sie völlig frei, was sie in Rücklagen stellen will und was sie als Reingewinn ausweisen will. Das ergibt sich schon aus § 131, Abs. 2 Akt.G. (vgl. die Kommentare zu § 126 Akt.G., insbesondere Baumbach-Hueck, Anm. 3 A).

2. Zu den in der Jahresbilanz unter „Rücklagen" ausgewiesenen Beträgen gehören auch diejenigen, die in der Bilanz unter dem Posten

„gesetzliche Rücklage" erscheinen. Diese Beträge können jedoch zur Umwandlung nur insoweit herangezogen werden, als sie den zehnten oder den in der Satzung bestimmten höheren Teil des bisherigen Grundkapitals übersteigen. Diese Bestimmung trägt dem in § 130 Abs. 2 Ziff. 1 zum Ausdruck kommenden Grundsatz über die Höhe der gesetzlichen Rücklage Rechnung. Sind Beträge nach § 130 Abs. 2 Ziff. 2 bis 4 Akt.G. in die gesetzliche Rücklage eingestellt worden, so stehen sie ebenso wie die Beträge, die bei einer Kapitalherabsetzung nach den §§ 185, 192 Abs. 5 Akt.G. in die gesetzliche Rücklage einzustellen waren (§ 130 Abs. 2 Satz 1), zur Umwandlung zur Verfügung und selbstverständlich auch die Beträge, die etwa ohne jede gesetzliche Verpflichtung dem Posten „gesetzliche Rücklage" zugewiesen wurden. Diese weitgehende Auflockerung der gesetzlichen Rücklage ist deshalb unbedenklich, weil durch die Umwandlung dieser Beträge in Nennkapital die bisherige Bindung, der sie als gesetzliche Rücklage unterworfen waren, nicht verringert, sondern verschärft wird. Schöpft eine Gesellschaft die Umwandlungsmöglichkeiten bei der gesetzlichen Rücklage voll aus, so ist zu beachten, daß alsdann § 130 Abs. 2 Ziff. 1 Akt.G. für die Zukunft gilt. Sie muß nunmehr den Betrag, der mindestens dem 20. Teil des jährlichen Reingewinns entspricht, solange wie die Rücklagen nicht den zehnten oder den in den Satzungen bestimmten höheren Teil des neuen Grundkapitals erreicht, der gesetzlichen Rücklage zuführen.

Soweit die Satzung einen höheren Betrag als 10 % des Grundkapitals für die gesetzliche Rücklage vorschreibt, könnte die Satzung durch satzungsändernden Beschluß der Hauptversammlung abgeändert werden. Zu beachten ist aber, daß dies nicht in der Hauptversammlung erfolgen kann, die die Umwandlung dieses über 10 % des Grundkapitals hinausgehenden Teils der Rücklagen in Nennkapital beschließen will, denn die Satzungsänderung ist zum Zeitpunkt des Beschlusses noch nicht wirksam. Sie wird dies erst mit der Eintragung in das Handelsregister. Es müßte also eine besondere Hauptversammlung, die diese Satzungsänderung vornimmt, der Hauptversammlung, die den Erhöhungsbeschluß faßt, vorausgehen und es müßte vorher die Eintragung des satzungsändernden Beschlusses erfolgt sein. Denn für die Zulässigkeit des Umwandlungsbeschlusses ist die Rechtslage maßgebend, die zu der Zeit besteht, in der der Beschluß gefaßt wird. Die durch eine gleichzeitig beschlossene Satzungsänderung etwa freiwerdenden Beträge der gesetzlichen Rücklage können deshalb nicht in der gleichen Hauptversammlung in Nennkapital umgewandelt werden.

3. Bei der **GmbH** gilt für die Umwandlung **freier Rücklagen** in Nennkapital das gleiche wie bei der A.G. und K.G.a.A. (Anm. 1 und 2). Da die Feststellung der Jahresbilanz nach § 46 GmbH.G. der Bestimmung der Gesellschafter unterliegt, können diese bei der Feststellung der Jahresbilanz die Bildung von freien Rücklagen beschließen, insbesondere können sie als Gesellschafter ohne weiteres Gewinnvorträge aus früheren Jahren und den Gewinn des laufenden Geschäftsjahres freien Rücklagen zuweisen und diese dann zur Umwandlung heranziehen. Auch hier ist zu beachten, daß nach § 29 GmbH.G. die Gesellschafter einen Anspruch auf den nach der jährlichen Bilanz sich ergebenden Reingewinn haben, soweit nicht im Gesellschaftsvertrag etwas anderes bestimmt ist. Eine Verletzung dieser Bestimmung gibt jedem einzelnen Gesellschafter das Recht zur Anfechtung. Die einschränkende Vorschrift des § 198 Abs. 2 Akt.G., wonach die Anfechtung des Jahresabschlusses wegen zu hoher Abschreibungen, Rücklagen oder Rückstellungen nur dann vorgenommen werden kann, wenn Aktionäre, die mindestens 1/20 des Grundkapitals vertreten, anfechten, kann für die GmbH nicht übernommen werden (so Hachenburg, § 29, Anm. 2 b). Im übrigen gelten für das Anfechtungsrecht bei der GmbH die Vorschriften des Aktienrechts sinngemäß (vgl. im einzelnen die Kommentare zum GmbH-Gesetz, z. B. Hachenburg zu § 45, Anm. 15 ff., Baumbach, Anhang nach § 47).

Mit Rücksicht darauf, daß nach § 3 die Jahresbilanz, die die Grundlage zum Umwandlungsbeschluß bildet, durch einen Abschlußprüfer geprüft und mit dem Bestätigungsvermerk versehen sein muß, empfiehlt es sich, für die Geschäftsführung von vornherein die Bilanz so aufzustellen, daß freie Rücklagen ausgewiesen werden, wenn deren Umwandlung beabsichtigt ist.

4. Eine gesetzliche Rücklage kennt das GmbH-Gesetz nicht, wohl aber ist es denkbar, daß durch die **Satzung eine Rücklage** geschaffen ist mit einer Zweckbindung, die der des § 130 Abs. 3 Akt.G. entspricht. Man wird hier nicht sagen können, daß es sich lediglich um eine zweckbestimmte freie Rücklage handelt, die umgewandelt werden darf, soweit dies mit ihrer Zweckbestimmung vereinbar ist. Denn wenn eine GmbH sich durch Satzungsbestimmung eine Rücklage schafft, die dem Wesen der gesetzlichen Rücklage bei der Aktiengesellschaft entspricht, so wird man diese auch ebenso behandeln müssen wie die gesetzliche Rücklage bei der Aktiengesellschaft, solange die Satzung nicht geändert ist. Es bedürfte also einer Satzungsänderung, um die dort eingestellten Beträge zur Kapitalerhöhung verwenden zu können (siehe oben, Anm. 3). Die nach § 35 Abs. 3 Satz 1, § 47 Abs. 1 des DM-Bilanz-Gesetzes geschaffene **Sonderrücklage** kann in voller Höhe nach der ausdrücklichen Bestimmung des Gesetzes zur Umwandlung in Kapital herangezogen werden. Auch hier kommt wieder der gleiche Gedanke zum Ausdruck, daß die Bindung der bisherigen Sonderrücklage durch die Umwandlung in Nennkapital nicht verringert, sondern verstärkt wird.

5. Die in der Bilanz unter Rücklagen ausgewiesenen Beträge können nur dann in Nennkapital umgewandelt werden, wenn sie nicht nur formell in der Bilanz als solche ausgewiesen sind, sondern auch **wirtschaftlich noch in voller Höhe vorhanden sind.** Die Umwandlung ist deshalb ausgeschlossen, wenn die zu Grunde gelegte Bilanz einen Verlust einschließlich eines Verlustvortrags oder einen anderen Gegenposten zum Eigenkapital aufweist. Nach der amtlichen Begründung des Gesetzes (Bundestagsdrucksache 416) ist hierbei gedacht an das Kapitalverlustkonto nach § 38 DM-Bilanz-Gesetz, Kapitalentwertungskonten nach §§ 9, 36, 37 DM-Bilanz-Gesetz, soweit sie noch vorhanden sein sollten, obwohl sie schon getilgt sein müßten, und Lastenausgleichsgegenposten nach § 221 des Lastenausgleichsgesetzes, nicht aber an den Gegenwartswert der Lastenausgleichs-Vermögensabgabe, wenn dieser nicht in der Bilanz enthalten, sondern nach § 218 LAG. außerhalb der Bilanz vermerkt ist. Wenn neben diesen Posten Rücklagen ausgewiesen sind, so sind sie wirtschaftlich insoweit keine echten Rücklagen, als das Kapital der Gesellschaft um die Gegenposten vermindert ist. Waren solche Gegenposten in früheren Bilanzen enthalten, so müssen sie zunächst in der Bilanz, die der Kapitalerhöhung zugrunde liegt, ausgeglichen werden. Nur die nach diesem Ausgleich noch vorhandenen und als solche ausgewiesenen Rücklagen können zur Kapitalerhöhung herangezogen werden. Außenstehende Einlagen auf das Nennkapital, eigene Anteile und die aus Anlaß der Währungsumstellung den Geldinstituten und Versicherungsunternehmen gewährte Ausgleichsforderung gegen die öffentliche Hand sind dagegen nicht Gegenposten zum Eigenkapital im Sinne dieser Bestimmung.

6. In allen Fällen, in denen die **Kapitalerhöhung durch Erhöhung des Nennbetrages der Anteile** ausgeführt werden soll, was bei der A.G. und K.G.a.A. nur ausnahmsweise, bei der GmbH. aber stets zulässig ist, enthält der § 6 Abs. 4 eine besondere Vorschrift, die unmittelbare Auswirkung auf den möglichen Umfang der Kapitalerhöhung hat. In diesem Fall ist die Kapitalerhöhung so zu bemessen, daß durch sie auf keinen Anteil, dessen Nennbetrag erhöht wird, Beträge entfallen, die durch die Erhöhung des Nennbetrages des Anteils nicht gedeckt werden können. Es dürfen dort also keine Spitzen entstehen. Dabei sind die Bestimmungen des § 6 Abs. 2 Satz 2 und des § 12 Abs. 2 Satz 4 über die Festsetzung des Nennbetrages der erhöhten Anteile zu beachten (vgl. Anm. dort).

7. Die in **Absatz 2** zusammengefaßte Gruppe von Rücklagen kann nicht umgewandelt werden; ein **entgegenstehender Beschluß ist nichtig.** Inwieweit diese Bestimmung bei der A.G. die in § 195 Akt.G. abschließend aufgezählten Nichtigkeitsgründe erweitert, ist zweifelhaft. Das Verbot, die in § 2 Abs. 2 unter 1 und 3 aufgeführten Rücklagen umzuwandeln, ist eine Bestimmung zum Schutze der Gläubiger, und zwar hier des Steuerfiskus im Sinne des § 195 Ziffer 3 Akt.G. Bei Ziffer 2 kann dieser Gesichtspunkt jedoch nicht durchgreifen. Wenn Pensionsrückstellungen frei werden und in Rücklagen mit der dabei notwendigen Versteuerung umgewandelt werden, so ist kein Gläubiger vorhanden, der irgendwelchen Anspruch auf diese Beträge hätte. Man kann deshalb diese Bestimmungen nur dann unter § 195 Ziff. 3 Akt.G. fallend ansehen, wenn man sich auf den Standpunkt stellt, daß sie im öffentlichen Interesse gegeben ist. Die Bestimmung ist unter dem sozialpolitischen Gesichtspunkt in das Gesetz eingefügt worden, daß man die Beträge, die bisher in der Form von Rückstellungen für die Belegschaftsmitglieder bereitgestellt waren, auch künftig für diese bereithalten will. Ob dieses Gruppeninteresse dem öffentlichen Interesse gleichzusetzen ist, erscheint zweifelhaft (vgl. Forster u. Müller in „Aktiengesellschaft" 1960, S. 85). Verneint man dies, so erhebt sich die weitere Frage, ob § 2 Abs. 2 Nr. 2 im Verhältnis zu § 195 Akt.G. als das neuere Gesetz neben den bisherigen Nichtigkeitsgründen einen neuen Nichtigkeitsgrund schafft. Durch die Einfügung der Bestimmung in den § 2 Abs. 2 sollte ein solcher neuer Nichtigkeitsgrund geschaffen werden. Die Bedenken, die Forster u. Müller a.a.O. gegen die Formulierung des Gesetzes geltend machen, erscheinen nicht durchschlagend.

In allen Fällen, in denen ein Beschluß nach Abs. 2 nichtig ist, also gleichgültig, ob der Beschluß seinem Inhalt nach gegen § 195 Ziff. 3 Akt.G. verstößt oder nicht, wird man die Bestimmungen des § 196 Abs. 2 für anwendbar halten müssen. Danach kann die Nichtigkeit nicht mehr geltend gemacht werden, wenn bei einer A.G. oder K.G.a.A. der Beschluß in das Handelsregister eingetragen worden ist und seitdem drei Jahre verstrichen sind. Auch für die GmbH ist die sinngemäße Anwendung des § 196 Abs. 2 durch die Rechtsprechung mit der Maßgabe anerkannt, daß an Stelle der gesetzlichen Frist des § 196 Abs. 2 Akt.G. eine angemessene Frist nach Eintragung der Kapitalerhöhung in das Handelsregister einzutreten hat. Streitig bleibt, wie bei jeder Kapitalerhöhung, so auch hier, bei einem nichtigen Umwandlungsbeschluß, ob die auf Grund dieses Beschlusses ausgegebenen neuen Anteilsrechte infolge der Eintragung des nichtigen Beschlusses in das Handelsregister als gültig anzusehen sind. Gessler (WM 1960, Sonderbeilage 1, Seite 15) vertritt die Auffassung, daß den Inhabern der neuen

Aktien, auch wenn es die alten Aktionäre sind, die Nichtigkeit ihrer Aktien aus Gründen der Verkehrssicherheit nicht entgegengehalten werden könne. Auch bei der GmbH müsse man diese aus der Verkehrssicherheit sich ergebende Einschränkung der Nichtigkeit ebenfalls dann annehmen, wenn die neuen Geschäftsanteile an Dritte abgetreten seien. Dagegen erscheine es zweifelhaft, ob bei unverändertem Gesellschafterbestand dieser Gesichtspunkt durchgreife, da eine Rückgängigmachung durchaus möglich sei. Dieser Auffassung kann nicht beigetreten werden. Vielmehr muß mit der früheren Rechtssprechung des Reichsgerichts (RG 120, 370; 143, 399; 144, 141) daran festgehalten werden, daß die Anteile so lange nichtig sind, als die Nichtigkeit des Erhöhungsbeschlusses geltend gemacht werden kann (vgl. Godin-Wilhelmi, § 150, Anm. 8; Baumbach-Hueck, § 159, Anm. 3).

Bei der zweiten Ausnahme für die Umwandlung von Rücklagen in Nennkapital in **Absatz 3** bedient sich der Gesetzgeber des Ausdrucks „dürfen nur umgewandelt werden". Es soll damit zum Ausdruck kommen, daß ein Verstoß gegen diese Bestimmung nur **Anfechtung des Beschlusses** zur Folge hat. Es wirft sich dabei die Frage auf, wer die Anfechtung eines solchen Beschlusses durchführen soll. Der Aktionär oder Gesellschafter wird selten ein Interesse daran haben. Bei der Aktiengesellschaft und der K.G.a.A. kann nach § 198 Ziff. 4 der Vorstand bzw. die persönlich haftenden Gesellschafter die Anfechtung durchführen. Liegt die Anfechtung im Interesse der Gesellschaft, so kann der Vorstand bzw. die persönlich haftenden Gesellschafter für die Unterlassung der Anfechtung haftbar gemacht werden.

Bei der GmbH ist lediglich der Gesellschafter zur Anfechtung berechtigt. Nach herrschender Auffassung finden die Bestimmungen des § 198 Abs. 1 Ziff. 4 Akt.G. keine Anwendung (vgl. Hachenburg, § 45 Anm. 22). Die Geschäftsführer der GmbH sind mithin nicht anfechtungsberechtigt.

8. Die **Lastenausgleichsvermögensabgabe** ist eine echte Schuld, die jedoch nach dem Lastenausgleichsgesetz nicht in die Bilanz selbst aufzunehmen ist. Vielmehr ist sie nur im Anschluß an die Bilanz aufzuführen (§ 218 LAG). Eine Reihe von Gesellschaften ist inzwischen dazu übergegangen, die Vermögensabgabe als solche zu passivieren oder für sie eine besondere Rückstellung in die Passiven aufzunehmen. Nach § 218 Abs. 2 LAG ist es aber auch zulässig, eine „Rücklage für die Lastenausgleichsvermögensabgabe" zu bilden. Wenn Beträge unter der ausdrücklichen Bezeichnung „Rücklage für die Lastenausgleichsvermögensabgabe" in eine Rücklage eingestellt sind, so ist diese von der Umwandlung ausgeschlossen, nicht aber, wenn etwa eine Gesellschaft

Rücklagen ohne besonderen Hinweis auf die Lastenausgleichsvermögensabgabe in die Bilanz aufgenommen oder durch besondere Mittel vorhandene Rücklagen verstärkt hat im Hinblick auf die Lastenausgleichsvermögensabgabe. Solche Rücklagenbeträge würden zur Umwandlung zur Verfügung stehen (Gessler in WM 1960, Sonderbeilage Nr. 1, S. 15). An sich würde eine solche „Rücklage für die Lastenausgleichsvermögensabgabe" bereits unter § 2 Abs. 3 fallen.

Bereits in der amtlichen Begründung des Gesetzes (Bundestagsdrucksache 416) ist ausgeführt, daß die Rücklage für den Lastenausgleich zur Vermögensabgabe nicht zur Kapitalerhöhung aus Gesellschaftsmitteln verwandt werden kann, weil sie nach § 218 Abs. 2 Satz 2 LAG nur zur Ablösung der Vermögensabgabe und zur Entrichtung der Vierteljahresbeträge sowie zum Ausgleich von Wertminderung und zur Deckung von sonstigen Verlusten verwandt werden darf. Man hat es trotzdem aus allgemeinen wirtschaftspolitischen Gründen für notwendig gehalten, die Gesellschaften ausdrücklich durch die Bestimmung der Ziffer 1 des Absatzes 2 auf die Lastenausgleichsvermögensabgabe hinzuweisen. Es wird zweckmäßig sein, daß die Verwaltungen der Gesellschaften bei ihrem Vorschlag über den Umfang der Kapitalerhöhung aus Gesellschaftsmitteln in Rechnung stellen, daß möglicherweise in absehbarer Zeit eine Änderung des Lastenausgleichsgesetzes dahin erfolgt, daß allgemein die *Passivierung der Lastenausgleichsvermögensabgabe* angeordnet wird.

Da man sich hier nicht mit der Bestimmung des Abs. 3 begnügt hat, sondern die Rücklage für die Lastenausgleichsvermögensabgabe ausdrücklich in Abs. 2 aufgenommen wurde, ist ein entgegenstehender Beschluß nicht nur anfechtbar, sondern nichtig.

9. Rücklagen aus freigewordenen Pensionsrückstellungen:

Dabei ist zu beachten, daß nicht alle Beträge, die aus Pensionsrückstellungen stammen und die einer Rücklage zugeführt werden, unter diese Bestimmung fallen. Sie greift nur Platz, wenn die Beträge infolge der Erhöhung der Sozialversicherungsrenten nach dem Versicherungsneuregelungsgesetz freigeworden sind. Sollte aus irgendwelchen anderen Gründen sich die Möglichkeit der ganzen oder teilweisen Auflösung von Pensionsrückstellungen ergeben, so können diese Beträge, wenn sie unter Rücklagen ausgewiesen sind, zur Kapitalerhöhung mitverwendet werden. Voraussetzung ist, daß die Beträge, die bisher als Rückstellungen unversteuert waren, bei ihrer Zuführung in eine Rücklage versteuert sind. Die Steuerpflicht entsteht zwangsläufig bei ihrer Auflösung als Rückstellung und Überführung in die Rücklage. Selbstverständlich ist nicht Voraussetzung für die Verwendung der neuen Rücklagebeträge zur Kapitalerhöhung, daß deren Steuern etwa schon bezahlt sind. Es genügt ihre Berücksichtigung in der Bilanz, die der Kapitalerhöhung zugrunde gelegt wird.

10. Rücklagen, die erst bei ihrer Auflösung zu versteuern sind.

Sie können nicht zur Kapitalerhöhung herangezogen werden. Dies trägt dem Gedanken Rechnung, daß grundsätzlich nur versteuerte Rücklagen zur Umwandlung in Nennkapital geeignet sind. Bei diesen Rücklagen handelt es sich mindestens nicht in voller Höhe um echte freie Rücklagen. Es bleibt ungewiß, welcher Betrag zu versteuern ist. Mindestens in Höhe der zu erwartenden Steuerbeträge haben sie Rückstellungscharakter. Um Unklarheiten zu vermeiden, sind deshalb diese Rücklagen in voller Höhe von der Umwandlung ausgeschlossen. Hier kann man also nicht, wie im Fall der Anm. 9, die Steuern zurückstellen und den Restbetrag als „freie" Rücklagen verwenden.

11. Nur die **zweckgebundenen Rücklagen,** die in der Bilanz, die dem Erhöhungsbeschluß zugrunde gelegt wird, noch als zweckgebundene Rücklagen bezeichnet sind, fallen unter die Bestimmung des Absatz 3. Ist die Zweckbindung vor oder bei Feststellung des Jahresabschlusses aufgehoben worden, so können sie zur Umwandlung verwandt werden. Die Aufhebung der Zweckbindung kann nur durch die Gesellschaftsorgane erfolgen, die den Jahresabschluß feststellen, also entweder durch Vorstand und Aufsichtsrat oder durch die Hauptversammlung bzw. die Gesellschafterversammlung. Es ist gleichgültig, durch welches der Gesellschaftsorgane die Zweckbindung ursprünglich vorgenommen wurde, denn bei jeder Jahresbilanz können von den feststellenden Organen Rücklagen aufgelöst werden, mithin kann auch eine Zweckbindung aufgehoben werden. Sollte sich ausnahmsweise die Zweckbindung aus der Satzung ergeben, so bedarf es eines satzungsändernden Beschlusses, der erst durch die Eintragung im Handelsregister wirksam wird. Es ist infolgedessen nicht möglich, diesen Beschluß in der gleichen Hauptversammlung zu fassen, die derartige satzungsmäßig zweckgebundenen Rücklagen zur Kapitalerhöhung verwenden will.

Trotz einer Zweckbindung können Rücklagen auch dann in Nennkapital umgewandelt werden, wenn dies mit ihrer Zweckbestimmung vereinbar ist. Nach der amtlichen Begründung (Bundestagsdrucksache 416) wird dies zum Beispiel für Rücklagen zutreffen, die für Investitionen bestimmt sind. Nicht umgewandelt werden dürfen Rücklagen, die für Ausgaben bestimmt sind, die nicht aktivierungsfähig sind; denn ihr Zweck ist es, einen Bilanzausgleichsposten für den Fall der Minderung der Aktivseite durch die geplante Ausgabe zu haben (vgl. Gessler in BB 1960, Seite 8).

12. Für alle in Absatz 2 und 3 aufgeführten Rücklagen verbietet das Gesetz lediglich ihre **Verwendung** zur Kapitalerhöhung. Im übrigen kann die Gesellschaft diese Rücklagen nach den bestehenden Gesetzen verwenden. Die Verwaltung kann sie — mit Ausnahme der Rücklage für die Lastenausgleichsvermögensabgabe, Abs. 2 Ziff. 1, deren Verwendung durch gesetzliche Vorschrift eingeschränkt ist — über die Gewinn- und Verlustrechnung auflösen und entweder zur Gewinnverteilung an die Aktionäre oder zur Bildung neuer, nunmehr freier und umwandlungsfähiger Rücklagen verwenden (vgl. Gessler in BB 1960, Seite 8). Das gilt auch für Beträge, die durch Auflösung von Pensionsrückstellungen i. S. des § 2 Nr. 2 freigeworden sind. Die von Forster u. Müller in „Aktiengesellschaft" 1960, S. 83 ff. vorgebrachten Bedenken sind jedenfalls dann unberechtigt, wenn neben dem Posten „Rücklagen", die zur Umwandlung benutzt werden, noch der Betrag ausgewiesen wird, der dem Betrag aus der Auflösung der Pensionsrücklage entspricht. Es ist gleichgültig, ob er gesondert ausgewiesen wird. Dies wird vom Gesetz nicht verlangt. Er kann deshalb von vornherein in dem zur Gewinnausschüttung bestimmten Teil des Gewinnes stecken. Über die Erwähnung der Beträge aus Auflösung von Pensionsrückstellungen im Bericht des Vorstandes bei der A.G. vgl. Gessler in BB 1960, Seite 8.

§ 3

(1) Dem Beschluß kann die letzte Jahresbilanz zugrunde gelegt werden, wenn die Jahresbilanz geprüft und die festgestellte Jahresbilanz mit dem uneingeschränkten Bestätigungsvermerk der Abschlußprüfer versehen ist und wenn ihr Stichtag höchstens sieben Monate vor der Anmeldung des Beschlusses zur Eintragung in das Handelsregister liegt.

(2) Bei Gesellschaften mit beschränkter Haftung kann die Prüfung auch durch vereidigte Buchprüfer erfolgen; die Abschlußprüfer müssen von der Versammlung der Gesellschafter gewählt sein.

1. Der Gesetzgeber geht davon aus, daß im allgemeinen dem Kapitalerhöhungsbeschluß die **letzte Jahresbilanz** zugrunde gelegt wird. Das ist möglich, wenn zwei Voraussetzungen erfüllt sind:

a) Die Jahresbilanz muß geprüft und die festgestellte Jahresbilanz mit dem uneingeschränkten Bestätigungsvermerk des Abschlußprüfers versehen sein;

b) der Stichtag der Jahresbilanz darf nicht mehr als sieben Monate vor der Anmeldung des Kapitalerhöhungsbeschlusses zur Eintragung in das Handelsregister zurückliegen.

Es ist mithin darauf zu achten, daß die Hauptversammlung (Gesellschafterversammlung), die die Jahresbilanz feststellt und gleichzeitig eine Kapitalerhöhung beschließen will, so zeitig stattfindet, daß die Anmeldung des Erhöhungsbeschlusses — nicht etwa seine Eintragung — vor Ablauf von sieben Monaten, gerechnet vom Stichtag der Bilanz an, erfolgen kann. Bei der A.G. und der K.G.a.A. hat die Prüfung nach den Bestimmungen über die Prüfung des Jahresabschlusses, §§ 135 bis 142 Akt.G., zu erfolgen. Auch der Bestätigungsvermerk bedarf keines anderen Inhaltes, als in § 140 Abs. 1 Akt.G. vorgesehen. Der Prüfer hat nicht die Pflicht, Feststellungen darüber zu treffen, welche Beträge, die in der Bilanz angeführt sind, zur Umwandlung zur Verfügung stehen. In der Regierungsvorlage des Gesetzes hieß es, daß die Beträge, die zur Erhöhung des Nennkapitals verwandt werden können, als umwandlungsfähige Rücklagen gesondert ausgewiesen sein müßten. Diese Bestimmung ist geändert. Es genügt jetzt, daß sie unter „Rücklagen" erscheinen. Damit entfällt für den Prüfer die Verpflichtung, nachzuprüfen, ob für diese unter Rücklage angeführten Beträge die Voraussetzung für die Umwandlung in Nennkapital gegeben ist. Er muß nur im Rahmen seiner ordnungsgemäßen Prüfung feststellen, ob die Beträge zu Recht unter Rücklagen ausgewiesen sind und damit die Bilanz ordnungsgemäß aufgestellt ist.

2. Ist eine Prüfung des Jahresabschlusses nicht erfolgt, so kann eine rechtswirksame Feststellung des Jahresabschlusses nicht erfolgen (§§ 135 Abs. 1 und 195 Abs. 1 Akt.G.) und es ist damit auch der auf Grund eines ungeprüften Jahresabschlusses gefaßte Erhöhungsbeschluß nichtig. Wird ein geprüfter Jahresabschluß vom Aufsichtsrat und Vorstand geändert, so muß der geänderte Jahresabschluß erneut geprüft werden. Stellt die Hauptversammlung den Jahresabschluß fest und ändert ihn, so nimmt man im allgemeinen keine erneute Prüfungspflicht an (vgl. Godin-Wilhelmi zu § 135 Anm. 4). Im vorliegenden Fall ist jedoch der Erhöhungsbeschluß nichtig, wenn die geänderte Jahresbilanz nicht nochmals geprüft und mit dem uneingeschränkten Bestätigungsvermerk versehen ist. Das kann in der Weise geschehen, daß der in der Hauptversammlung anwesende Abschlußprüfer die etwa in der Hauptversammlung beschlossene Änderung auf ihre Zulässigkeit prüft und sodann erneut den uneingeschränkten Bestätigungsvermerk erteilt. Dies ist aber zur Gültigkeit des Beschlusses erforderlich. Eine nachträgliche Prüfung und Einholung des Bestätigungsvermerks ist nach dem Gesetzeswortlaut nicht möglich, weil es heißt „versehen ist". Die Nichtigkeit eines Hauptversammlungsbeschlusses, der die Umwandlung ohne diese Voraussetzung vornimmt, ergibt sich aus § 195 Ziff. 3 Akt.G.

3. Bei der GmbH gibt es im allgemeinen keine Pflichtprüfung. Von der Ermächtigung des § 42 a GmbH-Gesetz ist bisher nur für Kreditinstitute Gebrauch gemacht worden; im übrigen unterliegen eine Reihe von Gesellschaften mit beschränkter Haftung der Pflichtprüfung auf Grund besonderer Gesetze mit Rücksicht auf das von ihnen betriebene Unternehmen (Bausparkassen, Lagerhausgesellschaften) oder mit Rücksicht auf die Beteiligung von Körperschaften des öffentlichen Rechts. Allgemein für alle GmbHs gültig schreibt § 50 des DM-Bilanz-Gesetzes unter gewissen Voraussetzungen eine Prüfungspflicht auch für die GmbH vor. Für die dort vorgesehene Prüfung werden ausdrücklich die Bestimmungen der §§ 135 bis 141 des Akt.G. für entsprechend anwendbar erklärt. Wenn dies hier nicht ausdrücklich geschehen ist, so deshalb, weil die in Abs. 1 des § 3 festgelegte Prüfungspflicht für alle Gesellschaften, die A.G. und die K.G.a.A. wie auch für die GmbH, gleichmäßig ist. Es muß deshalb auch für alle Gesellschaften die Prüfung in der gleichen Art durchgeführt werden. Dies ergibt sich auch aus der Verweisung in § 4 Abs. 3. Dort werden § 136 Abs. 1 Satz 3, §§ 137 bis 139, 141 des Akt.G. für anwendbar erklärt, soweit sich aus der Besonderheit des Prüfungsauftrages nichts anderes ergibt. Die dort fehlende Bestimmung des § 140 Akt. G. über den Bestätigungsvermerk ist im § 4 durch die besondere Bestimmung des Absatzes 2 ersetzt. Im §'3 wird aber ausdrücklich ein uneingeschränkter Bestätigungsvermerk des Abschlußprüfers verlangt. Hier findet mithin auch die Bestimmung des § 140 Akt.G. für die GmbH Anwendung.

Eine ordnungsgemäße Prüfung der Jahresbilanz einer GmbH setzt nach § 3 Abs. 2 voraus, daß die Abschlußprüfer von der Versammlung der Gesellschafter gewählt sind. Dies bereitet in der Praxis einige Schwierigkeiten. Zwar lassen viele Gesellschaften mit beschränkter Haftung schon jetzt ihre Bilanz prüfen, jedoch wird der Prüfer im allgemeinen nicht von der Gesellschafterversammlung gewählt, sondern von den Geschäftsführern bestimmt. Legt ein so von der Geschäftsführung bestimmter Abschlußprüfer die Jahresbilanz, auf Grund deren die Umstellung erfolgen soll, der Versammlung der Gesellschafter vor, so erhebt sich die Frage, ob diese Gesellschafterversammlung den Abschlußprüfer noch wählen kann oder ob eine besondere Gesellschafterversammlung einberufen werden muß, um vor Erteilung des Prüfungsauftrages die Wahl des Abschlußprüfers vorzunehmen. Die Vorschrift kann nur die Bedeutung haben, daß die Mehrheit der Gesellschafter mit dem Abschlußprüfer, der die Prüfung vorgenommen hat, einverstanden ist. Es muß deshalb genügen, wenn in der Gesellschafterversammlung, in der die geprüfte Jahresbilanz bereits vorliegt, der Abschlußprüfer, der von den Geschäftsführern bestellt wurde, durch Wahl bestätigt wird. Allerdings wird es sich empfehlen, den Bestätigungsvermerk des Prüfers erst abgeben zu lassen, wenn die Wahl erfolgt ist. Die Bestellung des

Abschlußprüfers nach § 136 Abs. 4 Akt.G. durch das Gericht ist zwar bei der A.G. und K.G.a.A. zulässig, nicht aber bei der GmbH, da in § 3 Abs. 2 eine Verweisung auf § 136 Abs. 4 Akt.G. nicht erfolgt ist. Auch in § 4 Abs. 3 fehlt es an einer Verweisung auf diese Bestimmung, obwohl dort ausdrücklich gewisse Bestimmungen des Akt.G. für den Prüfungsauftrag für anwendbar erklärt sind. Es empfiehlt sich, künftig auch bei der GmbH den Abschlußprüfer durch die Gesellschafterversammlung wählen zu lassen, damit Schwierigkeiten bei einer späteren Kapitalerhöhung aus Gesellschaftsmitteln nicht auftreten.

Der Prüfungsauftrag ist in sinngemäßer Anwendung des § 136 Abs. 1 Satz 3 Akt.G. durch die Geschäftsführer zu erteilen. Der § 137 Akt.G. findet mit der Maßgabe Anwendung, daß bei einer GmbH die Prüfung auch durch vereidigte Buchprüfer erfolgen kann. Diese Erleichterung wurde geschaffen, weil bereits eine große Zahl von Gesellschaften mit beschränkter Haftung ständig ihre Bilanz einer Prüfung unterziehen. Es soll durch diese Bestimmung die Möglichkeit gegeben werden, daß der bisherige Prüfer, der häufig nicht die Voraussetzungen eines Abschlußprüfers im Sinne des § 137 Abs. 1 Akt.G. erfüllt, auch in diesem Falle die Prüfung vornehmen kann. Weitergehenden Anträgen, auch Steuerprüfer und Steuerberater als Prüfer zuzulassen, ist nicht stattgegeben worden. Diese Berufsgruppen sind mithin nicht als geeignete Prüfer im Sinne dieser Bestimmung anzusehen.

Es finden auf die GmbH weiter Anwendung die Bestimmungen über das Auskunftsrecht des Abschlußprüfers § 138 Akt.G., über den Prüfungsbericht § 139 Akt.G., den Bestätigungsvermerk § 140 Akt.G und die Verantwortlichkeit der Abschlußprüfer § 141 Akt.G.

Die weitgehende Anwendung der Prüfungsbestimmungen des Akt.G. hat nicht zur Folge, daß die Bilanz der GmbH etwa nach den Vorschriften des Aktiengesetzes aufzustellen ist. Vielmehr sind hier allein die Vorschriften des GmbH-Gesetzes maßgebend (vgl. § 4 Anm. 2).

Wenn in dem erforderlichen Bestätigungsvermerk in entsprechender Anwendung des § 140 Akt.G. enthalten sein muß, daß der Jahresabschluß den gesetzlichen Vorschriften entspricht, so bedeutet dies, daß er den für die GmbH geltenden gesetzlichen Vorschriften entspricht.

Das Registergericht hat im Rahmen seiner allgemeinen Prüfungspflicht festzustellen, ob die ihm nach § 7 vorzulegende, dem Kapitalerhöhungsbeschluß zugrunde gelegte Bilanz mit diesem Bestätigungsvermerk versehen ist. Anderenfalls hat es die Eintragung abzulehnen. Im einzelnen vergleiche hierzu Anm. zu § 7.

4. Ob die zweite Voraussetzung gegeben ist, daß der letzte Jahresabschluß nur dann dem Erhöhungsbeschluß zugrunde gelegt werden kann, wenn ihr Stichtag h ö c h s t e n s 7 M o n a t e vor der Anmeldung des Beschlusses zur Eintragung in das Handelsregister liegt, steht im Zeitpunkt der Beschlußfassung noch nicht fest, denn es ist möglich, daß die Anmeldung trotz rechtzeitiger Beschlußfassung verspätet erfolgt oder vom Registergericht abgelehnt wird. Der § 7 enthält im Absatz 2 eine Sonderbestimmung für diesen Fall. Das Registergericht darf den Beschluß nicht eintragen, wenn die Frist überschritten ist. Über die sich daraus ergebenden Folgen vgl. Anm. 7.

§ 4

(1) Wird dem Beschluß nicht die letzte Jahresbilanz zugrunde gelegt, so muß die Bilanz den Vorschriften über die Gliederung der Jahresbilanz und über die Wertansätze in der Jahresbilanz entsprechen. Der Stichtag der Bilanz darf höchstens sieben Monate vor der Anmeldung des Beschlusses zur Eintragung in das Handelsregister liegen.

(2) Die Bilanz ist, bevor über die Erhöhung des Nennkapitals Beschluß gefaßt wird, durch einen oder mehrere Prüfer darauf zu prüfen, ob sie dem Absatz 1 entspricht. Sind nach dem abschließenden Ergebnis der Prüfung keine Einwendungen zu erheben, so haben die Prüfer dies durch einen Vermerk zu bestätigen. Die Erhöhung des Nennkapitals kann nicht ohne diese Bestätigung der Prüfer beschlossen werden.

(3) Die Prüfer werden von der Hauptversammlung (Versammlung der Gesellschafter) gewählt; falls nicht andere Prüfer gewählt werden, gelten die Prüfer als gewählt, die für die Prüfung des letzten Jahresabschlusses von der Hauptversammlung (Versammlung der Gesellschafter) gewählt oder vom Gericht bestellt worden sind. Im übrigen sind, soweit sich aus der Besonderheit des Prüfungsauftrags nichts anderes ergibt, § 136 Abs. 1 Satz 3, §§ 137 bis 139, 141 des Aktiengesetzes anzuwenden. Bei Gesellschaften mit beschränkter Haftung können auch vereidigte Buchprüfer zu Prüfern bestellt werden.

(4) Absatz 3 gilt nicht für Versicherungsaktiengesellschaften. Bei diesen werden die Prüfer vom Aufsichtsrat bestimmt; falls nicht andere Prüfer bestimmt werden, gelten die Prüfer als bestimmt, die für die Prüfung des letzten Jahresabschlusses bestimmt worden sind. Im übrigen sind, soweit sich aus der Besonderheit des Prüfungsauftrags nichts anderes ergibt, §§ 59 bis 61, 63 des Gesetzes über die Beaufsichtigung der privaten Versicherungsunternehmungen und Bausparkassen anzuwenden.

1. Die Bestimmungen der §§ 4 und 5 regeln den Fall, daß dem Erhöhungsbeschluß nicht die letzte Jahresbilanz, sondern eine **besonders**

aufgestellte Bilanz zugrunde gelegt wird. Das wird im allgemeinen nur dann vorkommen, wenn der Stichtag der letzten Jahresbilanz so weit zurückliegt, daß die Siebenmonatsfrist zur Anmeldung des Erhöhungsbeschlusses (§ 3) nicht eingehalten werden kann und ganz besondere Gründe dafür sprechen, nicht die nächste ordentliche Hauptversammlung abzuwarten. Zu beachten ist, daß in dieser gesondert aufgestellten Bilanz nicht erstmalig Beträge unter „Rücklagen" auftauchen können, die für die Kapitalerhöhung zur Verfügung stehen; denn nach § 2 müssen diese Beträge in der letzten Jahresbilanz schon unter Rücklagen ausgewiesen sein. Sie müssen zusätzlich in der später gesondert aufgestellten Bilanz ebenfalls unter Rücklagen erscheinen. Es besteht also keine Möglichkeit, eine solche gesondert aufgestellte Bilanz etwa in dieser Beziehung auf die beabsichtigte Kapitalerhöhung hin abweichend von der letzten Jahresbilanz aufzustellen. Erst in der nächsten Jahresbilanz kann man Beträge, die bisher nicht unter Rücklagen ausgewiesen wurden, als solche ausweisen, und erst dann hat man neue Grundlagen für einen Kapitalerhöhungsbeschluß. Deshalb wird der durch die Bestimmungen der §§ 4 und 5 geregelte Fall verhältnismäßig selten eintreten.

2. Die Bilanz muß den **Vorschriften über die Gliederung der Jahresbilanz und über die Wertansätze** in der Jahresbilanz entsprechen. Für die A.G. und K.G.a.A. gelten mithin neben der Generalklausel des § 129 die besonderen Gliederungsvorschriften des § 131 Akt.G. Für die GmbH gelten die Bestimmungen des § 42 GmbH-Gesetz, nicht etwa auch die Gliederungsvorschriften des § 131 Akt.G. Für die Wertansätze gilt bei der A.G. und der K.G.a.A. § 133 Akt.G. Für die GmbH § 42 GmbH-Gesetz in Verbindung mit § 40 HGB. Die Bilanz ist auf der Grundlage der letzten Jahresbilanz zu entwickeln. Abschreibung, Wertberichtigung, Rücklagen und Rückstellungen sind mit dem Teilbetrag anzusetzen, der dem Stichtag der Zwischenbilanz, um die es sich hier handelt, entspricht. Ebenso ist der Reingewinn oder Reinverlust auszuweisen. Dagegen ist es nicht erforderlich, eine Gewinn- und Verlustrechnung bei der A.G. und K.G.a.A. nach § 132 aufzustellen. Sofern sich die Rücklagen in dieser Zwischenbilanz gegenüber der letzten Jahresbilanz erhöht haben, ist zu beachten, daß der Erhöhungsbetrag nicht zur Umwandlung benutzt werden kann.

3. Die **Bilanz** ist bei der A.G. und K.G.a.A. durch Abschlußprüfer im Sinne des § 137 Akt.G., bei der GmbH entsprechend dem § 3 durch vereidigte Buchprüfer **zu prüfen.** Sie sind von der Hauptversammlung (Gesellschafterversammlung) zu wählen (vgl. hierzu Anm. zu § 3). Geschieht dies nicht für die Aufstellung dieser Zwischenbilanz, so gelten

diejenigen als Prüfer gewählt, die für die Prüfung des letzten Jahresabschlusses von der Hauptversammlung (Gesellschafterversammlung) gewählt oder vom Gericht bestellt worden sind.

Die Prüfung erstreckt sich darauf, ob die Bilanz gemäß den Vorschriften über die Gliederung der Jahresbilanz und über die Wertansätze in der Jahresbilanz entsprechend dem Absatz 1 aufgestellt ist. Die Bestimmung des § 140 Akt.G. über den Bestätigungsvermerk findet keine Anwendung. Vielmehr haben die Prüfer lediglich in einem Vermerk zu bestätigen, daß die Bilanz den Bestimmungen des § 4 Abs. 1 entspricht. Dieser Vermerk muß sich auf die Bilanz beziehen, die unverändert die Grundlage für die Kapitalerhöhung bildet. Wenn eine Veränderung der Bilanz durch Aufsichtsrat und Vorstand oder die Hauptversammlung vorgenommen wird, was aber hier selten der Fall sein wird, da eine Bildung von neuen Rücklagen praktisch nicht in Frage kommt, müßte der Vermerk erneut erteilt werden. Im übrigen gelten für die Bestellung der Prüfer deren Auskunftsrecht und für die Verantwortlichkeit der Prüfer die §§ 136 Abs. 1, 138 und 141 Akt.G. Danach ist der Prüfungsauftrag vom Vorstand, den persönlich haftenden Gesellschaftern oder den Geschäftsführern zu erteilen.

Anders bei Versicherungsaktiengesellschaften (Abs. 4). Bei diesen werden die Prüfer vom Aufsichtsrat bestimmt. Auch hier gelten, falls eine besondere Bestimmung nicht erfolgt, die Prüfer als bestimmt, die für die Prüfung des letzten Jahresabschlusses bestimmt worden sind. Im übrigen gelten bei diesen Gesellschaften die §§ 59 bis 61 und 63 des Gesetzes über die Beaufsichtigung der privaten Versicherungsunternehmen und Sparkassen entsprechend.

§ 5

(1) Bei Aktiengesellschaften und Kommanditgesellschaften auf Aktien ist in den Fällen des § 4 die Bilanz, die dem Beschluß zugrunde gelegt werden soll, mindestens während der letzten zwei Wochen vor dem Tage der Hauptversammlung, die über die Erhöhung des Nennkapitals beschließt, in dem Geschäftsraum der Gesellschaft zur Einsicht der Aktionäre auszulegen. Auf Verlangen ist jedem Aktionär spätestens zwei Wochen vor dem Tage der Versammlung eine Abschrift der Vorlage zu erteilen. An die Stelle des Tages der Versammlung tritt, wenn die Teilnahme an der Versammlung oder die Ausübung des Stimmrechts von der Hinterlegung der Aktien abhängig ist, der Tag, bis zu dessen Ablauf die Aktien zu hinterlegen sind.

(2) Bei Gesellschaften mit beschränkter Haftung sind in den Fällen des § 4 die Bestimmungen des Gesellschaftsvertrags über die vorherige

Bekanntgabe der Jahresbilanz an die Gesellschafter entsprechend anzuwenden.

Die Bestimmungen ergänzen diejenigen des § 4. Sie beziehen sich lediglich auf den Sonderfall, daß nicht die Jahresbilanz der Kapitalerhöhung zugrunde gelegt wird, sondern eine besonders aufgestellte Zwischenbilanz. Es war erforderlich, zunächst für die A.G. und K.G.a.A. die Bestimmungen des § 125 Abs. 6 Akt.G. auch für diese Bilanz inhaltlich für anwendbar zu erklären. Eine Verweisung kam nicht in Frage, da nach § 125 Abs. 6 Akt.G. außer dem Jahresabschluß noch der Bericht des Aufsichtsrats auszulegen ist. Hier ist lediglich die Bilanz auszulegen. Die Auslegung erfolgt nur für die Aktionäre. Derjenige Aktionär, der Einsicht nehmen will, muß sich bei der Namensaktie durch Eintragung im Aktienbuch, bei der Inhaberaktie durch Vorlegung dieser Aktie oder die Hinterlegungsbescheinigung oder auf andere Weise ausweisen. Die Einsicht kann auch durch einen Bevollmächtigten vorgenommen werden. Auf Verlangen ist jedem Aktionär spätestens zwei Wochen vor dem Tage der Versammlung eine Abschrift der Bilanz zu übersenden. Die Frist richtet sich nicht gegen den Aktionär. Er kann auch später das Verlangen stellen; ihm muß alsdann unverzüglich nachgekommen werden. Nach der Hauptversammlung kann das Verlangen nicht mehr gestellt werden, da es ebenso wie das Recht auf Einsicht dem Aktionär nur dazu dienen soll, sich auf die Hauptversammlung vorzubereiten. Die Kosten der Zusendung hat der Aktionär zu tragen. Das Recht auf Einsicht und Übersendung kann durch Ordnungsstrafen nach § 303 Akt.G. erzwungen und später mit ihrer Verweigerung die Anfechtung der Beschlüsse begründet werden (Godin-Wilhelmi § 125 Anm. 11 und 12).

Es ist für die Bestimmung des § 125 Abs. 6 Akt.G. anerkannt, daß die Satzung eine längere, keine kürzere Frist bestimmen kann. Es erhebt sich die Frage, ob, wenn die Satzung eine längere Frist bestimmt hat, diese auch im vorliegenden Fall gilt. Man wird die Frage bejahen müssen, obwohl es sich hier um einen besonderen Vorgang handelt. Der Sinn einer solchen Satzungsbestimmung ist der, daß den Aktionären ein Recht eingeräumt werden soll, das über die gesetzliche Bestimmung des § 125 Abs. 6 Akt.G. hinausgeht. Wenn es sich hier darum handelt, eine Bilanz vorzulegen, die die Grundlage für die Kapitalerhöhung bildet, so wird man die für den Jahresabschluß in der Satzung festgelegte Bestimmung auch hier sinngemäß anzuwenden haben. Die Frist ist nach §§ 187 I, 188 BGB zu berechnen; danach wird, wenn die Bilanz gleich morgens ausgelegt wird, der erste Tag der Auslegung, aber mit Rücksicht auf das Wort „mindestens" nicht der

Tag der Hauptversammlung bzw. der letzte Hinterlegungstag mitgerechnet (vgl. Godin-Wilhelmi § 125 Anm. 11).

Auszulegen ist die nach den Grundsätzen des § 4 aufgestellte Bilanz. Es ist nicht notwendig, daß diese schon mit dem Prüfungsvermerk nach § 4 Abs. 2 versehen ist. Auch die Prüfung selbst braucht noch nicht abgeschlossen zu sein. Es ist aber naturgemäß unzweckmäßig, die Prüfung so spät vornehmen zu lassen, daß sie nicht wenigstens so weit abgeschlossen ist, daß eine Veränderung der ausgelegten Bilanz nicht mehr zu erwarten ist. Die ausgelegte Bilanz muß der Hauptversammlung (Gesellschafterversammlung) unverändert vorgelegt werden. Diese kann selbst Veränderungen vornehmen, die alsdann der Prüfung bedürfen und einen neuen Prüfungsvermerk im Sinne des § 4 Abs. 2 notwendig machen (vgl. Anm. zu § 3).

Im GmbH-Gesetz gibt es keine dem § 125 Abs. 6 Akt.G. entsprechende Bestimmung über die vorherige Auslegung bzw. Übersendung der Jahresbilanz an die Gesellschafter. Es enthalten aber vielfach die Satzungen hierüber Bestimmungen. Diese sind alsdann auch im vorliegenden Fall einzuhalten.

§ 6

(1) Aktiengesellschaften und Kommanditgesellschaften auf Aktien können die Kapitalerhöhung vorbehaltlich des Absatzes 2 und des § 12 Abs. 2 nur durch Ausgabe neuer Aktien ausführen. Die neuen Aktien können auf jeden durch zehn teilbaren Betrag gestellt werden, auf Beträge unter einhundert Deutsche Mark jedoch nur, wenn noch Aktien der Gesellschaft auf Beträge unter einhundert Deutsche Mark lauten. Die Ausgabe neuer Mehrstimmrechtsaktien und die Erhöhung des Stimmrechts von Mehrstimmrechtsaktien auf Grund des § 13 Abs. 1 bedürfen keiner Genehmigung nach § 12 Abs. 2 des Aktiengesetzes.

(2) Hat die Gesellschaft Aktien, die nicht auf einhundert Deutsche Mark oder ein Vielfaches dieses Betrages lauten, kann die Kapitalerhöhung auch durch Erhöhung der Nennbeträge ihrer Aktien ausgeführt werden. Die Aktien, deren Nennbetrag erhöht wird, können auf jeden durch zehn teilbaren Betrag gestellt werden.

(3) Gesellschaften mit beschränkter Haftung können die Kapitalerhöhung vorbehaltlich des § 12 Abs. 2 durch Bildung neuer Geschäftsanteile und durch Erhöhung des Nennbetrages der Geschäftsanteile ausführen. Die neuen Geschäftsanteile und die Geschäftsanteile, deren Nennbetrag erhöht wird, können auf jeden durch zehn teilbaren Betrag, müssen jedoch auf mindestens fünfzig Deutsche Mark gestellt werden.

(4) Der Beschluß über die Erhöhung des Nennkapitals muß die Art der Erhöhung angeben. Soweit die Kapitalerhöhung durch Erhöhung des Nennbetrages der Anteile ausgeführt werden soll, ist sie so zu bemessen, daß durch sie auf keinen Anteil, dessen Nennbetrag erhöht wird, Beträge entfallen, die durch die Erhöhung des Nennbetrags des Anteils nicht gedeckt werden können.

1. Ausgabe von neuen Anteilsrechten und Erhöhung des Nennwertes der alten Anteilsrechte .... Anm. 1
2. Stückelung der Anteilsrechte .... Anm. 2
3. Ausgabe von Mehrstimmrechtsaktien .... Anm. 3
4. Kapitalerhöhungsbeschluß muß Art der Erhöhung enthalten .... Anm. 4

1. Ein wirtschaftspolitisches Ziel des Gesetzes ist es, dem breiten Publikum die Möglichkeit zu geben, Aktien in größerem Umfange als bisher zu erwerben. Dieser Zweck kann nur dann erreicht werden, wenn möglichst kleingestückelte Aktien zu möglichst geringem Börsenpreis geschaffen werden. Würde die Kapitalberichtigung in der Weise durchgeführt werden, daß die Aktiennennbeträge hinaufgestempelt werden, so würde zwar die Relation zwischen Aktiennennbetrag und Börsenpreis in der gleichen Weise berichtigt, jedoch würde es für das Publikum schwerer sein, eine Aktie mit nunmehr erhöhtem Nennbetrag zu erwerben.

Das Gesetz bestimmt demgemäß für **Aktiengesellschaften und K.G.a.A.** grundsätzlich, daß die **Kapitalerhöhung** nur **durch Ausgabe neuer Aktien** auszuführen ist. Von diesem Grundsatz gibt es drei Ausnahmen:

a) Bei teileingezahlten Anteilen kann die Kapitalerhöhung nur durch Erhöhung des Nennbetrages der Anteile ausgeführt werden. Hier ist also die Kapitalerhöhung durch Ausgabe neuer Aktien nicht zulässig (§ 12 Abs. 2 Satz 2).

b) Sind neben teileingezahlten Anteilen voll eingezahlte Anteile vorhanden, so kann bei diesen die Kapitalerhöhung durch Erhöhung des Nennbetrages der Anteile und durch Ausgabe neuer Aktien (Bildung neuer Geschäftsanteile) ausgeführt werden (§ 12 Abs. 2 Satz 3).

c) Hat die Gesellschaft Aktien, die nicht auf 100,— Deutsche Mark oder ein Vielfaches dieses Betrages lauten, kann die Kapitalerhöhung auch durch Erhöhung der Nennbeträge ihrer Aktien ausgeführt werden (§ 6 Abs. 2).

Für die GmbH gilt der Grundsatz, daß neue Geschäftsanteile ausgegeben werden müssen, nicht, da hier der wirtschaftspolitische Zweck der Streuung des Kapitals wegfällt. Bei der GmbH hat die Gesellschafterversammlung die Wahl, ob sie **neue Geschäftsanteile** bilden oder ob sie den **Nennbetrag der alten Geschäftsanteile erhöhen** will. Sie kann auch beides nebeneinander tun (Abs. 3).

2. Für die **Stückelung der neuen Aktien** gilt bei der **A.G. und K.G.a.A.** der Grundsatz, daß die neuen Aktien einen Mindestnennwert von 100,— DM haben müssen. Nur wenn noch Aktien der Gesellschaft auf Beträge unter 100,— DM lauten, ist die Ausgabe neuer Aktien unter 100,— DM zulässig. Der Nennbetrag der neuen Aktie muß stets auf einen durch 10 teilbaren Betrag abgestellt sein. Eine besondere Ausnahme gilt für Gesellschaften, die teileingezahlte Anteile besitzen. Hier können die Anteile, deren Nennbetrag erhöht wird, auf einen durch 5 teilbaren Betrag gestellt werden (§ 12 Abs. 2 Satz 4).

Für die **Stückelung der Anteile bei der GmbH** gelten die Abs. 1 und 2 dieses Paragraphen nicht. Gesellschaften mit beschränkter Haftung, deren Kapital voll eingezahlt ist, können neue Geschäftsanteile mit einem Mindestbetrag von 50,— DM ausgeben. Der Nennbetrag der neuen und der alten erhöhten Geschäftsanteile muß auf einen durch 10 teilbaren Betrag abgestellt sein. Bei Gesellschaften mit beschränkter Haftung, die teileingezahlte Anteile besitzen, kann der Anteil, dessen Nennbetrag erhöht wird, auf einen durch 5 teilbaren Betrag gestellt werden (§ 12 Abs. 2 Satz 4).

Die Regelung der Stückelung der neuen Anteilsrechte kann bei der Ausgabe neuer Anteile zur Folge haben, daß auf einen Anteil am bisherigen Nennkapital nur ein Teil eines neuen Anteilsrechts entfällt. Dieser Fall wird im § 10 geregelt (s. Anm. dort).

3. Nach § 12 Abs. 2 Akt.G. sind **Mehrstimmrechte** unzulässig. Die bereits bei Einführung des Akt.G. bestehenden Mehrstimmrechtsaktien sind durch diese Bestimmung aber nicht berührt worden, so daß auch heute noch Aktien mit Mehrstimmrechten vorhanden sind. Wenn hier in Abs. 1 Satz 3 bestimmt wird, daß die Ausgabe neuer Mehrstimmrechtsaktien und die Erhöhung des Stimmrechts von Mehrstimmrechtsaktien auf Grund der Bestimmungen des § 13 Abs. 1, wonach das Verhältnis der mit den Anteilen verbundenen Rechte zueinander durch die Kapitalerhöhung nicht berührt wird, ohne die nach § 12 Abs. 2 Akt.G. für Ausnahmefälle zulässig erklärte Genehmigung für Ausgabe von Mehrstimmrechtsaktien erfolgen kann, so darf daraus nicht gefolgert werden, daß der Gesetzgeber sich etwa grundsätzlich für eine Vermehrung der Mehrstimmrechtsaktien entschieden habe. Nach der Regierungsvorlage für ein neues Aktiengesetz (§ 12) ergibt sich, daß die Mehrstimmrechtsaktien auch in dem neuen Gesetz unzulässig sind und daß dort eine Ausnahmegenehmigung wie im bisherigen Recht nicht

mehr möglich ist. In der Regierungsvorlage „Entwurf eines Einführungsgesetzes zum Akt.G." wird in § 5 bestimmt, daß die Mehrstimmrechte 3 Jahre nach dem Inkrafttreten des Akt.G. erlöschen, und daß vom Inkrafttreten des Akt.G. ab auch bei Kapitalerhöhungen aus Gesellschaftsmitteln Aktionären, denen Mehrstimmenrechte zustehen, für die neuen Aktien, die auf ihre alten Aktien entfallen, kein Mehrstimmrecht gewährt werden darf.

Die in diesem Gesetz vorgesehene Regelung endet also mit dem Inkrafttreten des neuen Aktiengesetzes. Wenn der Gesetzgeber bei diesem Gesetz scheinbar die Entstehung von neuen Stimmrechtsaktien zuläßt, so läßt dies deutlich erkennen, daß bei der sogenannten Kapitalerhöhung aus Gesellschaftsmitteln keine neuen Anteilsrechte geschaffen werden, daß sich vielmehr nur die Form der alten Anteilsrechte verändert, sei es durch Aufteilung in mehrere Aktien oder durch Änderung des Nennbetrages der alten Aktien. Damit verändert sich zwar entweder die Zahl oder der Nennbetrag der Mehrstimmrechtsaktien und die damit verbundene Stimmenzahl; diese muß aber mit Rücksicht auf die Bestimmungen des § 13 Abs. 1 im bisherigen Verhältnis zu der Stimmenzahl der Stammaktien bleiben.

4. Nach § 6 Abs. 4 muß **in dem Beschluß** über die Erhöhung des Nennkapitals die **Art der Erhöhung angegeben werden.** Es ist nicht notwendig, daß ausdrücklich gesagt wird, es handele sich um eine Kapitalerhöhung aus Gesellschaftsmitteln. Es genügt vielmehr die dem § 1 entsprechende sachliche Angabe, daß Rücklagen in Nennkapital umgewandelt werden. Es muß in dem Beschluß angegeben werden, ob und in welchem Umfange und zu welchen Nennbeträgen neue Aktien oder Anteilsrechte ausgegeben werden bzw., soweit dies zulässig ist, inwieweit der Nennbetrag der Aktien oder Anteilsrechte erhöht wird. Bei Ausführung der Kapitalberichtigung durch Erhöhung des Nennbetrages der Anteile gilt die Sonderbestimmung, daß keine Spitzenbeträge anfallen dürfen (vgl. § 2, Anm. 6). Vielmehr muß von vornherein die Kapitalberichtigung so bemessen werden, daß auf jeden Anteil der entsprechende volle Betrag, der sich aus der Erhöhung des Nennkapitals ergibt, entfällt. Dabei ist zu beachten, daß im Falle des Abs. 2 und des Abs. 3 auch bei der Erhöhung des Nennbetrages der Aktien der Gesamtbetrag durch 10 teilbar sein muß; es sei denn, daß die Sonderbestimmung des § 12 Platz greift (siehe Anm. dort). Ein Beschluß, der der vorstehenden Bestimmung zuwiderläuft, ist nach § 195 Ziff. 3 Akt.G. bei Aktiengesellschaften und Kommanditgesellschaften auf Aktien nichtig. Wenn die Kapitalerhöhung so ausgeführt würde, daß es nicht möglich ist, jeden Anteil am bisherigen Nennkapital im Nennbetrag entsprechend seiner bisherigen Beteiligung zu erhöhen,

so würde dies gegen die grundsätzliche Bestimmung des § 9 dieses Gesetzes verstoßen; die Spitzenbeträge fielen ins Leere, da neue Anteilsrechte nicht ausgegeben werden. Es würde also die Summe der Anteilsrechte mit dem Nennkapital nicht übereinstimmen. Das würde mit dem Wesen der Aktiengesellschaft unvereinbar sein. Dasselbe gilt auch für die GmbH, da nach ständiger Rechtsprechung die Grundsätze des § 195 Akt.G. auch für die GmbH. entsprechend anzuwenden sind.

§ 7

(1) Der Anmeldung des Beschlusses über die Erhöhung des Nennkapitals zur Eintragung in das Handelsregister ist die der Kapitalerhöhung zugrunde gelegte, mit dem Bestätigungsvermerk der Prüfer versehene Bilanz, in den Fällen des § 4 außerdem die letzte Jahresbilanz, sofern sie noch nicht eingereicht ist, beizufügen. Die Anmeldenden haben dem Registergericht gegenüber zu erklären, daß nach ihrer Kenntnis seit dem Stichtag der zugrunde gelegten Bilanz bis zum Tag der Anmeldung keine Vermögensminderung eingetreten ist, die der Kapitalerhöhung entgegenstünde, wenn sie am Tag der Anmeldung beschlossen worden wäre.

(2) Das Registergericht darf den Beschluß nur eintragen, wenn die der Kapitalerhöhung zugrunde gelegte Bilanz für einen höchstens sieben Monate vor der Anmeldung liegenden Zeitpunkt aufgestellt und eine Erklärung nach Abs. 1 Satz 2 abgegeben worden ist.

(3) Zu der Prüfung, ob die Bilanzen den gesetzlichen Vorschriften entsprechen, ist das Gericht nicht verpflichtet.

(4) Bei der Eintragung des Beschlusses ist anzugeben, daß es sich um eine Kapitalerhöhung aus Gesellschaftsmitteln handelt.

(5) Die eingereichten Schriftstücke werden beim Gericht in Urschrift, Ausfertigung oder öffentlich beglaubigter Abschrift aufbewahrt.

1. Die Anmeldung des Kapitalerhöhungsbeschlusses .... Anm. 1
2. Die der Anmeldung beizufügenden Schriftstücke .... Anm. 2
3. Prüfungspflicht des Registerrichters .... Anm. 3
4. Eintragung des Beschlusses und Bekanntmachung der Eintragung .... Anm. 4

1. Die Bestimmungen über die **Anmeldung des Kapitalerhöhungsbeschlusses** finden sich an verschiedenen Stellen des Gesetzes. Wer anzumelden hat, ergibt sich aus § 1 Abs. 4. Dort wird verwiesen auf die entsprechenden Bestimmungen im Aktiengesetz einerseits und im GmbH-Gesetz andererseits. Dies ergibt, daß bei der A.G. und K.G.a.A. der Vorstand bzw. die persönlich haftenden Gesellschafter zusammen mit dem Vorsitzenden des Aufsichtsrats oder dem stellvertretenden Vorsitzer des Aufsichtsrats zur Anmeldung verpflichtet sind, während bei der GmbH nur die Geschäftsführer anzumelden haben, auch wenn etwa ein Aufsichtsrat besteht. Die Anmeldung ist von so vielen Vorstandsmitgliedern — zu denen auch die stellvertretenden Vorstandsmitglieder zählen —, persönlich haftenden Gesellschaftern oder Geschäftsführern zu unterzeichnen, als zur Vertretung der Gesellschaft notwendig sind. Die Mitwirkung eines Prokuristen an Stelle eines zweiten Vorstandsmitgliedes ist hier, auch wenn die Satzung solche unechte Gesamtvertretung als gesetzliche Vertretung zuläßt, nicht möglich mit Rücksicht auf den besonderen Inhalt der Anmeldung und die Strafbestimmung des § 20. Aus den gleichen Gründen kann auch die Anmeldung hier nicht durch einen Bevollmächtigten vorgenommen werden (siehe RGR Kom., § 12, Anm. 5). Die Anmeldung zur Eintragung in das Handelsregister ist von dem dazu Verpflichteten nach § 12 HGB entweder persönlich bei dem Gericht zu bewirken oder in öffentlich beglaubigter Form (Unterschriftsbeglaubigung) einzureichen. Der Inhalt der Anmeldung ist zunächst der Beschluß über die Erhöhung des Nennkapitals. Das geschieht in der Regel durch Bezugnahme auf das notarielle Protokoll über die Hauptversammlung bzw. Gesellschafterversammlung, in der der Beschluß gefaßt wurde, das der Anmeldung beigefügt wird. Darüber hinaus muß die Anmeldung eine Erklärung enthalten, daß nach Kenntnis der Anmeldenden seit dem Stichtag der zugrunde gelegten Bilanz bis zum Tage der Anmeldung keine Vermögensminderung eingetreten ist, die der Kapitalerhöhung entgegenstünde, wenn sie am Tage der Anmeldung beschlossen worden wäre. Der Sinn dieser Bestimmung ist, nach Möglichkeit sicherzustellen, daß das durch die Kapitalerhöhung geschaffene Nennkapital zum Zeitpunkt des Wirksamwerdens des Beschlusses wirtschaftlich ungeschmälert vorhanden ist. Die Bestimmung korrespondiert mit der des § 2 Abs. 2, nach der Rücklagen nicht umgewandelt werden können, wenn die dem Kapitalerhöhungsbeschluß zugrunde liegende Bilanz Gegenposten zum Eigenkapital ausweist (vgl. § 2, Anm. 5). Da zwischen dem Stichtag der Bilanz und der Anmeldung ein Zeitraum bis zu sieben Monaten liegen kann (§ 3 Abs. 1), besteht die Möglichkeit, daß inzwischen Vermögensminderungen eingetreten sind, die so erheblich sind, daß eine zum Zeitpunkt der Anmeldung aufgestellte Bilanz eine Verwendung der Rücklagen oder eines Teils derselben im Sinne des § 2 Abs. 2 verbieten würde. Die Anmeldenden müssen sich also im Rahmen der ihnen allgemein obliegenden Sorgfaltspflicht Gewißheit darüber verschaffen, daß keine Vermögensminderung eingetreten ist, die eine Verwendung der Rücklagen im Sinne des

§ 2 Abs. 2 verbieten würde. Wie sie dies tun, ist ihre Sache. Der Gesetzgeber hat davon Abstand genommen, etwa vorzuschreiben, daß eine Bilanz mit dem Stichtag der Anmeldung aufgestellt werden muß.

Die Bedeutung dieser Erklärung wird dadurch deutlich, daß nach § 20 diejenigen, die die vorgeschriebene Erklärung vorsätzlich der Wahrheit zuwider abgeben, mit Gefängnis bestraft werden.

2. Der Anmeldung sind beizufügen:

a) eine Ausfertigung der Niederschrift der Hauptversammlung (Gesellschafterversammlung), die die Kapitalerhöhung beschlossen hat,

b) die der Kapitalerhöhung zugrunde gelegte mit dem Bestätigungsvermerk der Prüfer versehene Bilanz. Ist die letzte Jahresbilanz dem Kapitalerhöhungsbeschluß zugrunde gelegt worden, so muß diese mit dem uneingeschränkten Bestätigungsvermerk nach § 140 Akt.G. versehen sein. Bildet eine nach § 4 besonders aufgestellte Bilanz die Grundlage für den Kapitalerhöhungsbeschluß, so muß die Bilanz mit dem Bestätigungsvermerk nach § 4 Abs. 2 versehen sein (vgl. § 4, Anm. 3),

c) In den Fällen, in denen nach § 4 eine besondere Bilanz der Kapitalerhöhung zugrunde gelegt wurde, ist außer dieser mit dem Bestätigungsvermerk nach § 4 versehenen Bilanz die letzte Jahresbilanz einzureichen. Auch diese muß bei der A.G. und K.G.a.A. nach § 144 Abs. 1 Satz 1 Akt.G. mit dem Bestätigungsvermerk versehen sein (Godin-Wilhelmi Anm. 5 und Baumbach-Hueck, Anm. 1 zu § 144 Akt.G.). Bei der GmbH bedarf es des Bestätigungsvermerks in der letzten Jahresbilanz in diesem Falle nicht. Es wird häufig ein Prüfungsvermerk auch gar nicht vorhanden sein, da die Prüfung der Jahresbilanz bei der GmbH nicht gesetzlich vorgeschrieben ist. Wohl aber muß die nach § 4 aufgestellte besondere Bilanz auch bei der GmbH den Bestätigungsvermerk nach § 4 tragen.

3. Das **Registergericht** hat die Anmeldung des Kapitalerhöhungsbeschlusses in der gleichen Weise **zu prüfen** wie die Anmeldung eines jeden satzungsändernden Beschlusses. Die Prüfung bezieht sich zunächst auf die Legitimation der Anmeldenden und die Form der Anmeldung, deren Übereinstimmung mit dem gefaßten Beschluß und darauf, ob überhaupt äußerlich ein wirksamer Beschluß vorliegt, ob eine Hauptversammlung bzw. Gesellschafterversammlung stattgefunden hat, ob über sie ordnungsgemäß eine gerichtliche oder notarielle Niederschrift aufgenommen wurde, ob die Beschlüsse mit der nach § 1 Abs. 2 erforderlichen Mehrheit gefaßt und ordnungsgemäß festgestellt wurden. Wie

bei jeder Kapitalerhöhung hat das Registergericht weiterhin zu prüfen, ob die Kapitalerhöhung ordnungsmäßig im Sinne des vorliegenden Gesetzes erfolgt ist. Es hat auf Grund der ihm vorgelegten Bilanzen zu überprüfen, ob die zur Kapitalerhöhung verwandten Beträge unter „Rücklagen" ausgewiesen sind und ob sie nach § 2 zu den umwandlungsfähigen Rücklagen gehören. Nicht dagegen hat es zu prüfen, ob die eingereichten Bilanzen den gesetzlichen Vorschriften entsprechen. Dazu wird es auch in aller Regel nicht in der Lage sein. Es kann sich insoweit auf den Bestätigungsvermerk der Prüfer verlassen.

Wohl aber hat es zu prüfen, ob die Voraussetzungen des Abs. 1 vorliegen, d. h. ob die der Kapitalerhöhung zugrunde gelegte Bilanz mit dem Bestätigungsvermerk der Prüfer versehen ist, und zwar im Falle des § 3 mit dem Bestätigungsvermerk nach § 140 Akt.G., in dem Falle des § 4 mit dem Bestätigungsvermerk nach § 4 Abs. 2. Ist das nicht der Fall, so ist die Eintragung abzulehnen. Ergeben sich bei dieser Prüfung Verstöße, die bei der A.G. und K.G.a.A. nach § 195 Akt.G. und bei der GmbH in sinngemäßer Anwendung des § 195 Akt.G. die Nichtigkeit des Beschlusses zur Folge haben, so ist die Eintragung abzulehnen. Ergibt sich aus den Verstößen lediglich ein Recht auf Anfechtung, so kann das Registergericht die Eintragung nicht ablehnen. Vielmehr muß sie erfolgen, wenn die Anfechtung unterbleibt oder nicht mehr möglich ist. Bis dahin kann Aussetzung der Eintragung erfolgen.

Trägt der Registerrichter ein, obwohl der Beschluß fehlerhaft ist, so hat die Eintragung nur im Rahmen des § 196 Akt.G. heilende Wirkung. Ist der Beschluß nach § 195 Nr. 1, 3 oder 4 Akt.G. nichtig, so kann die Nichtigkeit noch innerhalb von drei Jahren nach der Eintragung geltend gemacht werden. Das Recht auf Anfechtung wird durch die Eintragung überhaupt nicht berührt.

Ein an sich ordnungsgemäß zustande gekommener Kapitalerhöhungsbeschluß d a r f v o n d e m R e g i s t e r g e r i c h t n u r e i n g e t r a g e n w e r d e n , wenn

a) die der Kapitalerhöhung zugrunde gelegte Bilanz für einen höchstens 7 Monate vor der Anmeldung liegenden Zeitpunkt aufgestellt und

b) eine Erklärung nach Abs. 1 Satz 2, abgegeben worden ist.

Wenn die nach Abs. 1 Satz 2 erforderliche Erklärung fehlt, so ist die Anmeldung als solche nicht ordnungsgemäß erfolgt und es könnte mithin das Registergericht schon nach allgemeinen Gesichtspunkten die Eintragung auf Grund einer solchen fehlerhaften Anmeldung ablehnen. Zweifelhaft könnte aber bereits sein, ob das Registergericht die Eintragung nach allgemeinen Gesichtspunkten ablehnen kann, wenn eine an sich ordnungsgemäße Anmeldung eines ordnungsgemäß gefaßten Beschlusses lediglich verspätet eingeht.

Durch die Formulierung „das Registergericht darf ... nur eintragen" ist jedenfalls eindeutig klargestellt, daß die zu a) und b) genannten Voraussetzungen wesentliche im Sinne des § 142 FGG sind, was zur Folge hat, daß, wenn die Eintragung trotzdem erfolgt, das Registergericht sie von Amts wegen löschen kann. Dies nimmt zwar einer erfolgten Eintragung nicht die konstitutive Wirkung, die sich aus § 8 ergibt. Jedoch wird diese konstitutive Wirkung wieder beseitigt, wenn die Löschung der Eintragung erfolgt. Die Kapitalerhöhung ist nicht erfolgt. Die neuen Anteile sind nicht zur Entstehung gelangt. Es kann deshalb auch ein Gutgläubiger keine Rechte durch ihren Erwerb erlangen (vgl. Godin-Wilhelmi, § 135, Anm. 8). Da hier der Mangel einer wesentlichen Voraussetzung für die Eintragung nicht etwa darin bestand, daß ein Hauptversammlungsbeschluß nichtig war, kommt auch eine Heilung nach § 196 Akt.G. nicht in Frage.

Zu beachten ist, daß nach § 142 FGG das Registergericht zur Vornahme der Löschung zwar berechtigt, aber nicht verpflichtet ist. Über die Möglichkeit des Finanzamts, die Löschung anzuregen, vgl. Anm. III, 2 zu § 1 des Steuergesetzes. Mit Rücksicht auf die erheblichen Folgen, die eine solche Löschung für den Rechtsverkehr mit den neuen Anteilsrechten mit sich bringt, wird deshalb das Registergericht zu prüfen haben, ob im Einzelfall die Löschung erforderlich ist. Wenn lediglich bei der Anmeldung die Erklärung nach Abs. 1 Satz 2 gefehlt haben sollte, so wird das Registergericht von einer Löschung der erfolgten Eintragung absehen können, wenn diese Erklärung nachgereicht wird. Für den Fall, daß die Siebenmonatsfrist nicht eingehalten wurde, ist zunächst einmal festzustellen, daß der Beschluß jedenfalls dann, wenn er selbst noch innerhalb der Siebenmonatsfrist gefaßt wurde, nicht nach § 195 Akt.G. nichtig ist. Er hätte lediglich, weil er nicht eingetragen werden durfte, keine Wirksamkeit erlangen dürfen. Ist er aber fälschlicherweise eingetragen worden, so ist er auch wirksam geworden. Das Registergericht wird deshalb auch in diesem Fall von einer Löschung der verbotswidrig erfolgten Eintragung Abstand nehmen können, wenn ihm der Nachweis geführt wird, daß der Kapitalerhöhungsbeschluß materiell insofern trotz der verspäteten Anmeldung in Ordnung ist, als eine Bilanz, deren Stichtag innerhalb der Siebenmonatsfrist, zurückgerechnet vom Tage der tatsächlichen Anmeldung an, den Kapitalerhöhungsbeschluß, so wie er vorliegt, gerechtfertigt hätte. Der Sinn der Siebenmonatsfrist und der Erklärung nach Abs. 1 Satz 2 in der Anmeldung ist der, daß zum Zeitpunkt der Eintragung die wirtschaftlichen Verhältnisse der Firma noch so sind, daß die Erhöhung des Nennkapitals materiell gerechtfertigt ist. Wenn dieser Nachweis gelingt, wäre es unsinnig, die Löschung der Eintragung wegen der vorliegenden Verfahrensverstöße durchzuführen und die sich daraus ergebenden erheblichen rechtlichen und wirtschaftlichen Schwierigkeiten in Kauf zu nehmen, obwohl unter wirtschaftlichen Gesichtspunkten betrachtet im Ergebnis die Kapitalerhöhung gerechtfertigt war. Selbstverständlich gilt dies alles nur für den Fall, daß die Eintragung entgegen der ausdrücklichen Bestimmung des Gesetzes bereits erfolgt und damit die konstitutive Wirkung nach § 8 eingetreten ist. Es ist nicht etwa möglich, eine verspätete Anmeldung, die beanstandet wird, in Ordnung zu bringen. Wohl aber kann eine rechtzeitig erfolgte Anmeldung auf Grund einer Zwischenverfügung des Registergerichts insoweit ergänzt werden, daß die Erklärung des Abs. 1 Satz 2 auch nach Ablauf der Siebenmonatsfrist noch nachgereicht wird.

4. Für die **Eintragung des Beschlusses** und seine **Bekanntmachung** gelten die allgemeinen Vorschriften. Die Bekanntmachung hat nach § 10 HGB durch das Registergericht in dessen Blättern zu erfolgen. Besonders bestimmt ist, daß bei der Eintragung des Beschlusses anzugeben ist, daß es sich um eine Kapitalerhöhung aus Gesellschaftsmitteln handelt.

Die nach Abs. 1 einzureichenden Schriftstücke, also insbesondere die Bilanzen, sind beim Gericht in Urschrift, Ausfertigung oder öffentlich beglaubigter Abschrift aufzubewahren, damit jeder nach § 9 HGB Einsicht nehmen kann.

§ 8

(1) Mit der Eintragung des Beschlusses über die Erhöhung des Nennkapitals ist das Nennkapital erhöht.

(2) Die neuen Anteilsrechte gelten als voll eingezahlt.

1. Bei der ordentlichen Kapitalerhöhung als Maßnahme der Kapitalbeschaffung tritt die Erhöhung des Grundkapitals bei der A.G. und K.G.a.A. nach § 156 Akt.G. erst mit der Eintragung der Durchführung der Erhöhung des Grundkapitals ein, bei der bedingten Kapitalerhöhung nach § 167 Akt.G. mit der Ausgabe der Bezugsaktien, bei der GmbH muß durch gerichtliche oder notariell aufgenommene oder beglaubigte Erklärung die Übernahme der neuen Stammeinlagen erfolgen. Die beschlossene Erhöhung und die Übernahme der Stammeinlage muß nach § 57 GmbH-Gesetz zur Eintragung angemeldet werden. Hier ist dies grundsätzlich anders, weil es sich nicht um eine Kapitalerhöhung

handelt, bei der neue Mittel in die Gesellschaft fließen. Es bedarf deshalb zum Wirksamwerden des Kapitalerhöhungsbeschlusses weder einer Durchführung der Kapitalerhöhung noch deren Anmeldung bei dem Registergericht. Vielmehr tritt die Kapitalerhöhung in dem Augenblick ein, in dem die Eintragung des Kapitalerhöhungsbeschlusses beim Registergericht erfolgt (über die Folgen fehlerhafter Eintragung vgl. Anm. 3 zu § 7).

2. Die gesetzliche Formulierung, die neuen Anteilsrechte **„gelten als voll eingezahlt“** trifft nicht ganz das, worum es geht, nämlich um eine Kapitalberichtigung, die sich naturgemäß auch in einer Berichtigung der Anteile in ihrer Zahl oder in ihrem Nennbetrag niederschlägt. Bei einer solchen Berichtigung ist nichts einzuzahlen. Die Anteile entstehen mit der Kapitalerhöhung, diese wieder durch Umwandlung von Rücklagen in Nennkapital. Damit sind die Anteile voll eingezahlt. Dies gilt sowohl für die neuen Anteile, die auf alte Anteile entfallen, die voll eingezahlt sind wie auch dann, wenn die alten Anteile, auf die die neuen Anteile entfallen, nicht voll eingezahlt waren. Da dies zweifelhaft sein könnte, ist es im § 12 Abs. 2 Satz 1 ausdrücklich klargestellt. Im übrigen gilt für die auf teileingezahlte Anteile entfallenden Anteile die Sonderregelung des § 12 Abs. 2 und § 13 Abs. 2.

§ 9

Die neuen Anteilsrechte stehen den Aktionären (Gesellschaftern) im Verhältnis ihrer Anteile am bisherigen Nennkapital zu. Ein entgegenstehender Beschluß der Hauptversammlung (Versammlung der Gesellschafter) ist nichtig.

1. Entstehung des neuen Anteilsrechts .... Anm. 1
2. Beschluß einer Vollversammlung .... Anm. 2
3. Regelung in der Regierungsvorlage eines Aktiengesetzes .... Anm. 3

1. Mit dieser Bestimmung wird eindeutig klargestellt, daß es sich bei der Kapitalerhöhung aus Gesellschaftsmitteln materiell um eine **Kapitalberichtigung** handelt. Die neuen Anteilsrechte stehen den Aktionären (Gesellschaftern), ohne daß es einer Übernahme der Anteilsrechte bedarf, im Augenblick des Wirksamwerdens der Kapitalerhöhung, also mit der Eintragung des Kapitalerhöhungsbeschlusses nach § 8 im Verhältnis ihrer Anteile am bisherigen Nennkapital zu. Es bedarf deshalb auch keiner Anmeldung der Durchführung der Kapitalerhöhung. Die Rechte aus den Anteilen entstehen mit der Eintragung nach § 8. Dies gilt uneingeschränkt nur für den Fall, daß der einzelne Anteilseigner ein volles neues Anteilsrecht erhält. Der Fall, daß nur ein Teil eines neuen Anteilsrechts auf den einzelnen alten Anteil entfällt, wird im

§ 10 geregelt und zwar dahin, daß die Rechte aus einem neuen Anteilsrecht einschließlich des Anspruchs auf Ausstellung einer Urkunde nur ausgeübt werden können, wenn Teilrechte, die zusammen ein volles Anteilsrecht ergeben, in einer Hand vereinigt sind oder wenn sich mehrere Berechtigte zur Ausübung der Rechte zusammenschließen. Das ändert aber nichts daran, daß grundsätzlich die Rechte aus den neuen Anteilen ohne Rücksicht darauf entstehen, ob bereits eine Urkunde ausgestellt ist. Das Recht selbst aus dem neuen Anteil ist bereits mit der Eintragung des Kapitalerhöhungsbeschlusses in der Person des Anteilseigners entstanden. Wenn es ein volles Anteilsrecht ist, kann dieser es auch sofort geltend machen durch Ausübung des Stimmrechts oder durch Geltendmachung des Anspruchs auf Aushändigung einer Urkunde über das Recht. Nur wenn es ein Teilrecht ist, gelten die Sonderbestimmungen des § 10. Aber auch dieses Teilrecht ist bereits in der Person des Anteilseigners entstanden. Die Rechte aus ihm können allerdings nur nach den besonderen Vorschriften des § 10 geltend gemacht werden (vgl. Anm. zu § 10).

2. Ein dem Satz 1 entgegenstehender Beschluß der Hauptversammlung (Gesellschafterversammlung) ist auch dann nichtig, wenn er **von allen Gesellschaftern** gefaßt worden ist. Das bedeutet, daß zunächst unter allen Umständen das Anteilsrecht in der Person der bisherigen Aktionäre bzw. Gesellschafter zur Entstehung gelangt. Andererseits schließt die Bestimmung nicht aus, daß alle oder einzelne Gesellschafter die in ihrer Person zur Entstehung gelangten Anteilsrechte, sei es unmittelbar den Belegschaftsmitgliedern, sei es über die Gesellschaft, diesen zur Verfügung stellen. Das löst selbstverständlich steuerrechtliche Folgen aus.

3. Die Regierungsvorlage des Akt.G. stellt zwar im § 200 Abs. 1 den gleichen Grundsatz, der im vorliegenden Gesetz in § 9 zum Ausdruck kommt, auf, daß die neuen Aktien den neuen Aktionären im Verhältnis ihrer Anteile am bisherigen Grundkapital zustehen. Es läßt aber die Ausnahme zu, daß die Hauptversammlung im Beschluß über die Erhöhung des Grundkapitals den Vorstand ermächtigen kann, die neuen Aktien an Arbeitnehmer der Gesellschaft auszugeben. Ob diese Bestimmung Gesetzeskraft erlangen wird, muß abgewartet werden, da erhebliche Bedenken an der Verfassungsmäßigkeit dieser Bestimmung bestehen.

§ 10

(1) Führt die Kapitalerhöhung dazu, daß auf einen Anteil am bisherigen Nennkapital nur ein Teil eines neuen Anteilsrechts entfällt, so ist dieses Teilrecht selbständig veräußerlich und vererblich.

(2) Die Rechte aus einem neuen Anteilsrecht, einschließlich des Anspruchs auf Ausstellung einer Urkunde über das neue Anteilsrecht, können nur ausgeübt werden, wenn Teilrechte, die zusammen ein volles Anteilsrecht ergeben, in einer Hand vereinigt sind oder wenn sich mehrere Berechtigte, deren Teilrechte zusammen ein volles Anteilsrecht ergeben, zur Ausübung der Rechte (§ 63 des Aktiengesetzes, § 18 des Gesetzes betreffend die Gesellschaften mit beschränkter Haftung) zusammenschließen.

Für den Fall, daß auf einen Anteil am bisherigen Nennkapital durch die Kapitalerhöhung nur ein Teil eines neuen Anteilsrechts entfällt, wird auf der einen Seite festgestellt, daß dieses Teilrecht selbständig veräußerlich und vererblich ist. Sein Inhaber ist, wie sich aus den §§ 8 und 9 ergibt, der Inhaber des alten Anteilsrechts. Auf der anderen Seite ist die Ausübung der Rechte aus einem solchen Teilrecht eingeschränkt. Es können, solange es ein Teilrecht bleibt, weder Mitgliedschaftsrechte, also z. B. das Stimmrecht geltend gemacht werden, noch der Anspruch auf Ausstellung einer Urkunde über das neue Anteilsrecht. Die Ausübung des Mitgliedschaftsrechts und des Rechts auf Aushändigung einer Urkunde ist erst möglich, wenn so viel Teilrechte, die zusammen ein volles Anteilsrecht ergeben, in einer Hand vereinigt sind oder sich mehrere Berechtigte, deren Teilrecht zusammen ein volles Anteilsrecht ergeben, zur Ausübung der Rechte zusammenschließen.

Es ist anzunehmen, daß sich für diese Teilrechte, die bei einer Kapitalerhöhung entstehen, ein Handel entwickelt, so daß es dem einzelnen Aktionär möglich ist, seine Anteile an seinem Anteilsrecht zu veräußern oder andere hinzuzuerwerben. Der Handel mit diesen Teilrechten eines Anteils wird sich ähnlich gestalten wie der der Bezugsrechte, jedoch ist rechtlich ein erheblicher Unterschied. Es wird nicht das Recht auf den Bezug eines Anteilsrechts gehandelt, sondern der Teil eines Anteilsrechts.

Seltener wird es vorkommen, daß mehrere Berechtigte sich zusammenschließen, so daß aus mehreren Teilrechten ein volles Anteilsrecht entsteht. Dann gelten die Bestimmungen für die Rechtsgemeinschaft an einer Aktie (§ 63 Akt.G.). § 63 Abs. 2 Akt.G. scheidet aus, da Leistungen auf die Aktie nicht zu erbringen sind. Dagegen gelten die Absätze 1 und 3, danach müssen mehrere Berechtigte, um ihre Rechte aus der Aktie ausüben zu können, einen gemeinschaftlichen Vertreter benennen. Die Gesellschaft kann wirksam eine Willenserklärung gegenüber einem der Berechtigten abgeben, wenn diese nicht einen gemeinschaftlichen Vertreter haben (im einzelnen vgl. Godin-Wilhelmi, § 63

Anm. 1 und 3). Für Gesellschaften mit beschränkter Haftung gilt nach § 18 Abs. 1 und 3 GmbH-Gesetz das Gleiche. Auch hier kommt der Abs. 2 nicht in Frage, da keine Leistungen zu bewirken sind.

§ 11

(1) Nach der Eintragung des Beschlusses über die Erhöhung des Grundkapitals haben Aktiengesellschaften und Kommanditgesellschaften auf Aktien unverzüglich die Aktionäre aufzufordern, die neuen Aktien abzuholen. Die Aufforderung ist in den Gesellschaftsblättern bekanntzumachen. In der Bekanntmachung ist anzugeben,

1. um welchen Betrag das Grundkapital erhöht worden ist,

2. in welchem Verhältnis auf die alten Aktien neue Atkien entfallen.

In der Bekanntmachung ist ferner darauf hinzuweisen, daß die Gesellschaft berechtigt ist, Aktien, die nicht innerhalb eines Jahres seit der Bekanntmachung der Aufforderung im Bundesanzeiger abgeholt werden, nach dreimaliger Androhung für Rechnung der Beteiligten zu verkaufen.

(2) Nach Ablauf eines Jahres seit der Bekanntmachung der Aufforderung im Bundesanzeiger hat die Gesellschaft den Verkauf der nicht abgeholten Aktien anzudrohen. Die Androhung ist dreimal in Abständen von mindestens einem Monat in den Gesellschaftsblättern bekanntzumachen; die letzte Bekanntmachung muß vor dem Ablauf von achtzehn Monaten seit der Bekanntmachung der Aufforderung im Bundesanzeiger ergehen.

(3) Nach Ablauf eines Jahres seit der letzten Bekanntmachung der Androhung im Bundesanzeiger hat die Gesellschaft die nicht abgeholten Aktien für Rechnung der Beteiligten zum amtlichen Börsenpreis durch Vermittlung eines Kursmaklers und beim Fehlen eines Börsenpreises durch öffentliche Versteigerung zu verkaufen. § 179 Abs. 3 Satz 2 bis 6 des Aktiengesetzes gilt sinngemäß.

(4) Die Absätze 1 bis 3 gelten sinngemäß für Aktiengesellschaften und Kommanditgesellschaften auf Aktien, die keine Aktienurkunden ausgegeben haben; die Gesellschaften haben die Aktionäre aufzufordern, sich die neuen Aktienrechte zuteilen zu lassen.

1. Ausführung der Kapitalerhöhung .... Anm. 1
a) Aushändigung der Aktienurkunde .... Anm. 2
b) Aufforderung zur Abholung der Aktienurkunde .... Anm. 3
2. Verkauf der nicht abgeholten Aktien .... Anm. 4
3. Sonderbestimmung für Gesellschaften, die keine Aktienurkunden ausgegeben haben .... Anm. 5

§ 11 Kommentar

1. Wenn auch die Kapitalerhöhung aus Gesellschaftsmitteln keine Durchführung im Sinne der §§ 152 bis 156 Akt.G. kennt, so bedarf sie doch einer **Ausführung** insoweit, als die Inhaber der neuen Rechte in die Lage versetzt werden müssen, von ihnen Gebrauch zu machen. Soweit Urkunden über die Anteilsrechte auszugeben sind, müssen diese den Berechtigten ausgehändigt werden. Sind durch die Kapitalerhöhung Teilrechte im Sinne des § 10 Abs. 1 entstanden, so muß festgestellt werden, wer im Sinne des § 10 Abs. 2 zur Ausübung dieser Rechte befugt ist. Der Gesetzgeber sieht in diesen Maßnahmen ein Zuteilen der Anteilsrechte (vgl. § 11 Abs. 4). Man darf dieses „Zuteilen" aber nicht etwa so verstehen, als würde dadurch erst das Anteilsrecht begründet. Handelt es sich um ein volles Anteilsrecht, so hat derjenige, dem es zusteht, bereits alle Rechte aus diesem neuen Mitgliedschaftsrecht und er kann den neuen Anteil auch veräußern, wenn er nicht, wie bei der A.G. oder K.G.a.A., in einer Aktienurkunde verbrieft ist, da in diesem Fall die Übertragung des Aktienrechts nur durch Übertragung der Aktienurkunde erfolgen kann. Der Gesetzgeber hielt es nicht für notwendig, für die GmbH besondere Bestimmungen zu erlassen, da die Gesellschafter der Geschäftsführung der Gesellschaft bekannt sind. Die Bestimmungen des § 11 gelten nur für die A.G. und die K.G.a.A. Auch für diese Gesellschaften gelten die Bestimmungen nicht, wenn die Kapitalerhöhung durch Erhöhung des Nennbetrages der Aktien durchgeführt worden ist (§ 6 Abs. 2, § 12 Abs. 2). In diesem Fall sind keine „neuen Aktien abzuholen" und es kann auch kein selbständiges Teilrecht entstehen. Dagegen ist der Inhalt der Aktienurkunde unrichtig geworden, da sich der Nennbetrag erhöht hat. Es liegt im Interesse eines geordneten Rechtsverkehrs mit diesen Aktien, daß die alten Aktienurkunden durch neue, den richtigen Nennwert enthaltende Aktienurkunden ausgetauscht werden. Es empfiehlt sich deshalb in diesem Falle, eine Aufforderung zum Umtausch der alten Aktienurkunden gegen neue zu erlassen. Soweit es sich um teileingezahlte Aktien handelt, müssen diese nach § 10 Akt.G. auf Namen lauten. Die Inhaber dieser Aktien ergeben sich nach den Bestimmungen der §§ 61 und 62 Akt.G. aus dem Aktienbuch der Gesellschaft. Es wird dann in diesem Fall der Umtausch auch ohne Bekanntmachung vollzogen werden können, wenn sämtliche Aktionäre ihrer Anmeldungspflicht nach § 62 Akt.G. im Falle des Übergangs der Namensaktie auf einen anderen Inhaber nachgekommen sind. Beruht aber die Kapitalerhöhung durch Erhöhung des Nennbetrags auf § 6 Abs. 2, so sind die Aktionäre nicht bekannt und es kann nur durch eine öffentliche Bekanntmachung, die zweckmäßigerweise in den Gesellschaftsblättern erfolgen wird, das Umtauschverfahren durchgeführt werden.

Wird die Kapitalerhöhung durch Erhöhung des Nennkapitals der Aktien durchgeführt, so sind keine neuen Aktien auszugeben. Die Gesellschaft ist deshalb auch nicht in der Lage, Aktien für Rechnung der Beteiligten zu verkaufen. Wenn trotz der Aufforderung die Aktionäre die Aktienurkunden nicht zum Umtausch einsenden, bleibt der Gesellschaft keine Möglichkeit, von sich aus den Umtausch zu erzwingen. Die Bestimmung des § 67 Akt.G., wonach die Gesellschaft mit Genehmigung des Gerichts Aktienurkunden für kraftlos erklären kann, wenn ihr Inhalt durch eine Veränderung der rechtlichen Verhältnisse unrichtig geworden ist, findet nach der ausdrücklichen Bestimmung des § 67 dann keine Anwendung, wenn die Unrichtigkeit auf einer Änderung des Nennbetrags der Aktien beruht, es sei denn, daß es sich um eine Herabsetzung des Nennbetrags handelt. Das ist hier aber nicht der Fall, so daß nicht zum Umtausch eingereichte alte Aktien nicht durch neue Urkunden ersetzt werden können. Die alten Urkunden sind nach wie vor Träger des gesamten Rechts. Sie legitimieren ihren Inhaber auch für den erhöhten Nennbetrag, mag auch die Urkunde unrichtig sein.

2. Jeder Aktionär hat das Recht auf Ausstellung und Aushändigung der Aktienurkunde, das er ohne weiteres ausüben kann, soweit auf ihn durch die Kapitalerhöhung volle Aktienrechte entfallen sind. Zur Geltendmachung dieses Rechts bedarf es nicht erst der im Gesetz vorgesehenen Aufforderung zur Abholung, sondern lediglich der Eintragung des Kapitalerhöhungsbeschlusses im Handelsregister. Das Abholen der Aktienurkunde kann, da das Gesetz es nicht verbietet, durch Bevollmächtigte erfolgen. Es werden infolgedessen die Depotbanken unter Beifügung eines Nummernverzeichnisses für ihre Kunden die auf die alten Aktien entfallenden neuen Aktien entweder über eine von der Gesellschaft beauftragte Hausbank oder bei der Gesellschaft selbst anfordern. Entfällt nicht auf jede alte Aktie eine neue, so ist es zunächst Sache des einzelnen Aktionärs, bei ihm entstandene Spitzen durch Zu- oder Verkauf von Teilrechten auszugleichen (vgl. Anm. zu § 10). Die technische Abwicklung dieses Verfahrens ist im Gesetz nicht geregelt. Die Gesellschaft wird dafür Sorge tragen müssen, daß die Aushändigung der neuen Aktie so erfolgt, daß ein Doppelbezug neuer Aktien etwa durch zweimalige Vorlegung der alten Aktie unmöglich gemacht wird. Das kann einmal dadurch geschehen, daß die neue Aktie auf einen bestimmten Dividendenschein ausgehändigt wird, oder — wenn Dividendenscheine nicht ausgegeben werden sollten — durch Abstempelung der alten Aktie.

3. Die Gesellschaften haben unverzüglich nach der Eintragung des Kapitalerhöhungsbeschlusses, d. h. also nach Wirksamwerden der Kapitalerhöhung, durch **öffentliche Bekanntmachung** die Aktionäre aufzufordern, die neuen Aktien abzuholen. Verantwortlich sind die geschäftsführenden Organe der Gesellschaft. Bei der A.G. also der Vorstand, bei der K.G.a.A. die persönlich haftenden Gesellschafter.

Die Bekanntmachung kann weder durch Ordnungsstrafen erzwungen werden noch gibt es eine Strafbestimmung für die Unterlassung. Wohl aber haften die Verantwortlichen für einen durch die Unterlassung eintretenden Schaden. Die Bekanntmachung hat im Deutschen Bundesanzeiger, und wenn nach § 18 Akt.G. noch andere Gesellschaftsblätter in der Satzung als solche bezeichnet sind, auch in diesen zu erfolgen. Das Gesetz schreibt zwingend vor, daß die Bekanntmachung enthalten muß die Aufforderung an die Aktionäre, die neuen Aktien abzuholen. Ferner ist anzugeben, um welchen Betrag das Grundkapital erhöht worden ist und in welchem Verhältnis auf die alten Aktien neue Aktien entfallen. Damit ist der Aktionär in der Lage, festzustellen, wie viele neue Aktien er abzuholen hat.

Darüber hinaus ist, wie das Gesetz zwingend vorschreibt, in der Bekanntmachung darauf hinzuweisen, daß die Gesellschaft berechtigt ist, Aktien, die nicht innerhalb eines Jahres seit der Bekanntmachung der Aufforderung im Bundesanzeiger abgeholt werden, nach dreimaliger Androhung für Rechnung der Beteiligten zu verkaufen.

Wie sich aus der Formulierung der Abs. 2 u. 3 ergibt, ist die Gesellschaft verpflichtet, von ihrer Berechtigung, die Aktien zu verkaufen, Gebrauch zu machen. Dies ist deshalb notwendig, weil sonst die Ausübung der Mitgliedschaftsrechte, insbesondere ihre Ausübung in der Hauptversammlung, nicht möglich wäre. Der Aktionär, dem nach § 9 die neuen Anteilsrechte zustehen, kann diese, ohne im Besitz der neuen Aktienurkunde zu sein, nicht ausüben. Vor dem Verkauf der neuen Aktienurkunden gibt es aber keinen Träger der sich in der Urkunde verkörpernden Aktienrechte. Erst durch Ausgabe an einen bestimmten Aktionär können diese ausgeübt werden. Wenn also der alte Aktionär, der ein Recht auf Aushändigung der Urkunden hat, dieses Recht nicht ausübt, so muß die Aktienurkunde an einen Dritten veräußert werden, um die in der Aktienurkunde verkörperten Mitgliedschaftsrechte geltend machen zu können.

4. Der Bekanntmachung nach Abs. 1 folgt nach Ablauf eines Jahres seit der Bekanntmachung der Aufforderung zur Abholung der Aktien im Bundesanzeiger die dreimalige **Androhung des Verkaufs** durch die Gesellschaft. Auch diese Androhung muß in allen Gesellschaftsblättern, also in erster Linie im Bundesanzeiger, ferner aber auch in allen durch die Satzung bestimmten Blättern bekanntgemacht werden, um Wirkung zu haben. Erfolgt sie auch nur in einem der Gesellschaftsblätter nicht, so ist die Androhung wirkungslos und macht den Vorstand schadensersatzpflichtig. Die Androhung ist dreimal zu wiederholen. Dabei sind folgende Fristen zu beachten:

a) Die erste Androhung darf erst nach Ablauf eines Jahres seit der Bekanntmachung der Aufforderung zur Abholung der neuen Aktien im Bundesanzeiger erfolgen;

b) die drei Androhungen müssen in Abständen von mindestens einem Monat bekanntgemacht werden;

c) die letzte Androhung muß vor dem Ablauf von 18 Monaten seit der Bekanntgabe der Aufforderung zur Abholung der Aktien im Bundesanzeiger ergehen.

Diese Bestimmungen sollen sicherstellen, daß innerhalb eines Zeitraumes von einem halben Jahr alle drei Androhungen bekanntgemacht werden. Durch diese auf einen verhältnismäßig kleinen Zeitraum verteilten wiederholten Androhungen soll sichergestellt werden, daß jeder Betroffene aufmerksam gemacht wird.

Wenn die dritte Androhung ordnungsgemäß erfolgt ist, läuft eine neue Frist von deren Bekanntmachung im Bundesanzeiger von einem Jahr. Erst dann kann die Gesellschaft die nicht abgeholten Aktien für Rechnung der Beteiligten zum amtlichen Börsenpreis durch Vermittlung eines Kursmaklers und beim Fehlen eines Börsenpreises durch öffentliche Versteigerung verkaufen. Der Verkauf ist mithin erstmalig möglich, wenn die Androhung in kürzesten erlaubten Abständen erfolgt ist, nach Ablauf von zwei Jahren und zwei Monaten, gerechnet von der Bekanntmachung der Aufforderung zur Abholung der Aktien im Bundesanzeiger. Der einzelne Aktionär, der die Abholung versäumt, wird also weitgehend geschützt.

Die Bestimmung des § 179 Abs. 3 Akt.G., auf deren Sätze 2 bis 6 Bezug genommen ist, befaßt sich mit der Verwertung der Aktien, die an Stelle von kraftlos erklärten Aktien ausgegeben werden. Danach ist Zeit, Ort und Gegenstand der Versteigerung öffentlich bekanntzumachen. Dabei ist unter Ort die genaue Bezeichnung „Ort, Straße und Nummer oder andere Bezeichnungen des Gebäudes“, in dem die Versteigerung stattfindet, zu verstehen. Ferner ist der Tag und die Uhrzeit bekanntzumachen. Zur Bezeichnung des Gegenstandes der Versteigerung genügt die Angabe der betreffenden Gesellschaft, die Anzahl, Stückelung, Art oder Gattung der Aktien. Entbehrlich ist die Angabe des Grundes der Versteigerung. In welcher Weise die Bekanntmachung zu erfolgen hat, richtet sich nach der Verkehrssitte. Die Versteigerung hat an sich am Sitz der Gesellschaft zu erfolgen. Ist jedoch dort kein angemessener Erfolg zu erwarten, so sind die Aktien an einem geeigneten Ort zu verkaufen (§ 179 Abs. 3 Satz 2 AktG.). Nach § 179 Abs. 3 Satz 4 Akt.G. sind die Beteiligten besonders zu benachrichtigen. Die Benachrichtigung kann unterbleiben, wenn sie untunlich ist. Im vorliegenden Fall sind Beteiligte die Aktionäre der Aktien, die Anspruch auf neue Aktienurkunden haben. Diese werden, wenn das Verfahren des § 11 überhaupt in Frage kommt, unbekannt sein. Die Gesellschaft ist nicht verpflichtet, besondere Ermittlungen anzustellen, so daß diese besondere Benachrichtigung der Beteiligten hier praktisch hinfällig wird. Die Bekanntmachung der Versteigerung im Bundesanzeiger muß mindestens zwei Wochen vorher ergehen. Für die Berechnung der Frist vgl. §§ 188 ff. BGB. Der Erlös des Verkaufs bzw. der Versteigerung ist nach § 179 Abs. 3 Satz 6 Akt.G. zu hinterlegen. Die Hinterlegung erfolgt gemäß §§ 372 ff. BGB, und zwar zweckmäßig gemäß § 376 BGB unter Verzicht auf Rücknahme (vgl. Godin-Wilhelmi § 179 Anm. 13).

5. Der Abs. 4 regelt den Ausnahmefall, daß Aktienurkunden nicht ausgegeben sind, in der Weise, daß er die Bestimmung der Absätze 1 bis 3 des § 11 sinngemäß für anwendbar erklärt mit dem Zusatz: „Die Gesellschaften haben die Aktionäre aufzufordern, sich die neuen Aktienrechte zuteilen zu lassen". In den vorausgegangenen Absätzen 1 bis 3 des § 11 ist von einer Zuteilung nicht die Rede, sondern es wird lediglich bestimmt, daß die Aktionäre aufzufordern sind, die neuen Aktien abzuholen. Damit kann nur die Aktienurkunde gemeint sein. Nach den Bestimmungen der §§ 8 und 9 werden die Anteilseigner mit der Eintragung der Kapitalerhöhung Inhaber der neuen Anteilsrechte, ohne daß dies im Beschluß ausdrücklich bestimmt zu werden braucht und ohne daß dies durch den Beschluß geändert werden kann (so auch Gessler in BB 1960, Seite 9). Es kann sich bei den Bestimmungen des § 11 also zunächst nur darum handeln, in welcher Weise der Anspruch der Aktionäre auf Aushändigung der Aktienurkunde zu realisieren ist. Darüber hinaus enthält § 11 aber Bestimmungen über den Zwangsverkauf nicht abgeholter Aktienurkunden mit der Folge, daß nach Durchführung des Verkaufs der Aktionär seine Aktionäreigenschaft insoweit verliert. Insofern ist das Verfahren hier ein anderes als beispielsweise bei der Kraftloserklärung von Aktien nach §§ 67 und 179 Akt.G. Dort wird durch die Kraftloserklärung nur die Aktienurkunde berührt. Hier wird durch den Verkauf der Aktienurkunde zugunsten des Berechtigten dessen Recht als Aktionär veräußert. Wie dies in der Praxis durchgeführt werden soll, wenn Aktienurkunden nicht bestehen, bleibt unklar. Die nach § 11 Abs. 1 vorgeschriebene Aufforderung an die Aktionäre, unverzüglich die neuen Aktien abzuholen, kann jedenfalls in dieser Form nicht erfolgen. Es müßte also heißen, daß die

Aktionäre aufgefordert werden, sich das Aktienrecht zuteilen zu lassen. Dieses steht ihnen aber bereits kraft Gesetzes zu.

Man könnte sich vorstellen, daß ein gewisser Ausgleich zwischen den Aktionären erforderlich ist, wenn nicht durch die Kapitalerhöhung jeweils ein volles neues Aktienrecht auf den einzelnen Aktionär entfällt, sondern nur ein Teilrecht (§ 10 Akt.G.). Dann müßte also gewissermaßen die Gesellschaft bei der im Gesetz erwähnten „Zuteilung" diesen Ausgleich innerhalb ihres Aktionärskreises vornehmen. Dies könnte man sich vorstellen, da Aktiengesellschaften, die keine Aktienurkunden ausgeben, im allgemeinen aus einer festen Zahl von Aktionären bestehen. Im Grunde genommen ist aber dieser Ausgleich von Teilrechten Sache der Aktionäre selbst.

Sind die unbeurkundeten Aktienrechte Namensaktien — was aber nicht unbedingt erforderlich ist, sie können auch Inhaberaktien sein —, so könnte man die „Zuteilung" darin erblicken, daß ein entsprechender Eintrag im Aktienbuch erfolgt (§ 61 Akt.G.). Diese Zuteilung kann aber auch ohne Mitwirkung der Aktionäre erfolgen, da diese mangels übertragbarer Aktienurkunden sich ausschließlich aus dem Aktienbuch ergeben. Die Gesellschaft kann also die Zuteilung ohne die Mitwirkung der Aktionäre vornehmen.

Handelt es sich um Inhaberaktien, für die keine Aktienurkunden ausgegeben sind, so muß klargestellt werden, welchem Aktionär die neuen Rechte zustehen. Diesen Vorgang könnte man unter „Zuteilen" im Sinne der vorstehenden Bestimmung verstehen.

§ 12

(1) Eigene Anteile nehmen an der Erhöhung des Nennkapitals teil.

(2) Teileingezahlte Anteile nehmen entsprechend ihrem Nennbetrag an der Erhöhung des Nennkapitals teil. Bei ihnen kann die Kapitalerhöhung nur durch Erhöhung des Nennbetrags der Anteile ausgeführt werden. Sind neben teileingezahlten Anteilen volleingezahlte Anteile vorhanden, so kann bei diesen die Kapitalerhöhung durch Erhöhung des Nennbetrages der Anteile und durch Ausgabe neuer Aktien (Bildung neuer Geschäftsanteile) ausgeführt werden. Die Anteile, deren Nennbetrag erhöht wird, können auf jeden durch fünf teilbaren Betrag gestellt werden.

1. Eigene Anteile .... Anm. 1
2. Teileingezahlte Anteile .... Anm. 2

1. Nach § 65 Abs. 7 Akt.G. stehen der A.G. aus **eigenen Aktien** keine Rechte zu. Das gilt sowohl für die Herrschaftsrechte, insbesondere das

Stimmrecht, wie auch die vermögensrechtlichen Rechte, die sich aus dem Mitgliedschaftsrecht insgesamt ergeben. So entfällt z. B. bei der Abwicklung auf eigene Aktien kein Erlös (vgl. Godin-Wilhelmi § 65 Anm. 7). Die streitige Frage, ob bei Anteilen, die sich im Besitz der GmbH selbst befinden, diese am Gewinn teilnehmen und wie dieser Gewinn zu verrechnen ist, kann hier dahingestellt bleiben (vgl. im einzelnen die Kommentare zum GmbH-Gesetz). Jedenfalls gilt grundsätzlich auch bei der GmbH, daß diese aus eigenen Anteilen keine Rechte geltend machen kann. Wenn nun in Abs. 1 der vorliegenden Bestimmung festgestellt wird, daß eigene Anteile an der Erhöhung des Nennkapitals teilnehmen, so deshalb, weil es sich nicht um eine Veränderung des Mitgliedschaftsrechts handelt, sondern lediglich um eine neue Bezeichnung des bestehenden Rechts, und nicht um ein Recht aus dem alten Anteil in dem Sinne, wie es etwa ein Bezugsrecht wäre. Die gleiche Regelung findet sich schon in der ersten Durchführungsverordnung zur Dividendenabgabeverordnung im § 28. Die Dividendenabgabeverordnung von 1941 (RGBl. I. 223), hat die damals geregelte „Kapitalerhöhung" zutreffend mit „Kapitalberichtigung" bezeichnet (vgl. § 1 Anm. 1). Auch soweit neue Anteile auf diese Weise der Gesellschaft als Eigenanteile zufallen, kann die Gesellschaft aus ihnen keine irgendwie gearteten Rechte herleiten. Die Rechtslage ist für die sogenannten neuen Anteile die gleiche wie für die bisherigen Anteile.

2. Einige Schwierigkeiten bildet die Ausführung der Kapitalerhöhung dann, wenn **teileingezahlte Anteile** vorhanden sind. Zunächst einmal würde die Bestimmung des § 149 Akt.G. bei der A.G. und K.G.a.A. Platz greifen, die besagt, daß das Grundkapital nicht erhöht werden soll, solange noch ausstehende Einlagen auf das bisherige Grundkapital geleistet werden können. Diese Bestimmung würde allerdings nur dann gelten, wenn man in dem Vorgang der Kapitalerhöhung aus eigenen Mitteln eine echte Kapitalerhöhung sehen würde, was nach der hier vertretenen Ansicht jedenfalls nicht der Fall ist. Insofern ist es folgerichtig, wenn das Gesetz davon ausgeht, daß grundsätzlich auch teileingezahlte Anteile an der Erhöhung des Nennkapitals teilnehmen. Es entstehen dabei aber zwei Probleme. Zunächst einmal kann die Verpflichtung des Anteilseigners, den noch nicht eingezahlten Teil seiner Einlage zu leisten, nicht durch einen Beschluß der Gesellschaft geändert werden. Dies kann weder in der Weise geschehen, daß der Aktionär auf die ihm neu zugewiesenen Aktien die Einlage zu zahlen hat, die er auf die teileingezahlten Aktien noch rückständig ist, noch in der Weise, daß etwa die Rücklagen dazu verwandt werden, die bisher nur teileingezahlten Anteile zu einem volleingezahlten Anteil zu machen. Dem widerspricht der Wortlaut

des § 1 Abs. 1 des Gesetzes. Danach kann eine Kapitalgesellschaft ihr Nennkapital durch Umwandlung von Rücklagen in Nennkapital erhöhen, sie kann also nicht teileingezahlte Anteile zu volleingezahlten Anteilen machen, denn dadurch würde keine Erhöhung des Nennkapitals eintreten, vielmehr würde dies der Verzicht auf eine Forderung der Gesellschaft gegen den Anteilseigner, der noch die Teileinzahlung schuldet, bedeuten. Das ist unzulässig. Auf der anderen Seite bildet der teileingezahlte Anteil für die Gesellschaft in gewissem Sinne eine Sicherheit, denn die A.G. und K.G.a.A. kann nach §§ 58, 59 Akt.G. und die GmbH nach §§ 21 bis 23 GmbH.G. gegebenenfalls den Anteil einziehen und zu ihren Gunsten verwerten, wenn der Anteilseigner mit seinen Einzahlungsverpflichtungen in Verzug gerät. Wenn entsprechend dem Grundsatz des § 6 bei der A.G. und K.G.a.A. auch für teileingezahlte Anteile neue Anteile ausgegeben würden, so hätte dies einmal zur Folge, daß, da es sich ja um eine Aufsplitterung des alten Anteils handelt, der alte Anteil, an dem die Einzahlungsverpflichtung haftet, weniger wert würde. Die Sicherheit der Gesellschaft würde, wenn sie wegen Nichtzahlung des Anteilseigners zur Verwertung des Anteils gezwungen würde, verringert. Auf das neu ausgegebene Anteilsrecht könnte sie nicht zurückgreifen, da nach § 8 Abs. 2 die neuen Anteilsrechte als voll eingezahlt gelten. Vom Aktionär her gesehen könnte dieser den ihm zufließenden Anteil, der als voll eingezahlt gilt, als vollwertigen Anteil veräußern. Es bliebe dann übrig der im Wert verminderte alte Anteil mit der Einzahlungsverpflichtung. Das könnte zu einer Schädigung der Gesellschaft führen. In der zweiten Durchführungsverordnung zur Dividendenabgabeverordnung von 1941 hat man im § 26 dieses Problem dadurch geregelt, daß auch die neuen Anteile dem Kaduzierungsverfahren unterlagen. Nach der amtlichen Begründung des Regierungsentwurfs (Drucksache 416) hat sich dieser Weg nicht bewährt. Es wird deshalb nunmehr im Gesetz zwingend vorgeschrieben, daß bei teileingezahlten Anteilen die *Ausgabe neuer Anteile nicht zulässig* ist. Vielmehr darf die Erhöhung nur durch Erhöhung des Nennbetrags der Anteile ausgeführt werden. Das führt zu dem Ergebnis, daß der Anteilseigner eines teileingezahlten Anteils genauso an der Kapitalerhöhung aus Gesellschaftsmitteln teilnimmt wie der Anteilseigner eines volleingezahlten Anteils. Das gilt sowohl für die Herrschaftsrechte (Stimmrecht) wie auch für die Vermögensansprüche, die sich aus seinem Mitgliedschaftsrecht ergeben, selbstverständlich mit der Maßgabe, daß seine Verpflichtung zur Volleinzahlung in der bisherigen Höhe aufrechterhalten bleibt (und gegebenenfalls bei einer Liquidation der Gesellschaft zur Verrechnung gelangt). Damit wären die Probleme gelöst, die sich ergeben, wenn die

Mitgliedschaftsrechte eines teileingezahlten Anteils sich nach dessen Nennbetrag richten.

Weitere Schwierigkeiten treten auf, wenn maßgebend für die Beteiligung am Gewinn oder für die Ausübung des Stimmrechts die auf den Anteil geleistete Einlage ist (hierüber vgl. § 13 Anm. 3).

Sind bei einer Gesellschaft neben teileingezahlten Anteilen volleingezahlte Anteile vorhanden, so kann sie die teileingezahlten Anteile nur durch Erhöhung des Nennkapitals an der Kapitalerhöhung beteiligen. Für die volleingezahlten Anteile hat sie, und zwar auch die A.G. und K.G.a.A., die Wahl, ob sie den Nennbetrag erhöhen will oder ob sie für die volleingezahlten Anteile neue Anteile ausgeben will.

Um die an sich schon schwierige Umstellung bei teileingezahlten Anteilen, die vielfach auf kleine Nennbeträge lauten, zu erleichtern, gilt für alle Gesellschaften mit teileingezahlten Anteilen — aber nur für diese — die Sonderbestimmung, daß der durch die Kapitalerhöhung entstehende erhöhte Nennbetrag auf jeden durch 5 teilbaren Betrag gestellt werden kann. Dies gilt auch für eine Gesellschaft mit teileingezahlten und volleingezahlten Aktien, wenn sie sich entschließt, bei beiden Kategorien von Aktien die Kapitalerhöhung durch Erhöhung des Nennbetrages durchzuführen.

§ 13

(1) Das Verhältnis der mit den Anteilen verbundenen Rechte zueinander wird durch die Kapitalerhöhung nicht berührt.

(2) Soweit sich einzelne Rechte teileingezahlter Anteile, insbesondere die Beteiligung am Gewinn oder das Stimmrecht, nach der je Anteil geleisteten Einlage bestimmen, stehen diese Rechte den Aktionären (Gesellschaftern) bis zur Leistung der noch ausstehenden Einlagen nur nach der Höhe der geleisteten Einlage, erhöht um den auf den Nennbetrag des Nennkapitals berechneten Hundertsatz der Erhöhung des Nennkapitals, zu; werden weitere Einzahlungen geleistet, so erweitern sich diese Rechte entsprechend. Im Falle des § 212 Abs. 3 des Akt.G. gelten die Erhöhungsbeträge als voll eingezahlt.

(3) Der wirtschaftliche Inhalt vertraglicher Beziehungen der Gesellschaft zu Dritten, die von der Gewinnausschüttung der Gesellschaft, dem Nennbetrag oder Wert ihrer Anteile oder ihres Nennkapitals oder in sonstiger Weise von den bisherigen Kapital- oder Gewinnverhältnissen abhängen, wird durch die Kapitalerhöhung nicht berührt. Gleiches gilt für Nebenverpflichtungen der Aktionäre (§ 50 des Aktiengesetzes).

1. Das Verhältnis der mit den Anteilen verbundenen Rechte zueinander,
   a) wenn verschiedene Rechte anteilig im Verhältnis der Nennbeträge vorhanden sind .... Anm. 1
   b) wenn verschiedene Rechte vorhanden sind, die sich nicht anteilig auf den Nennbetrag beziehen .... Anm. 2
   c) bei teileingezahlten Anteilen .... Anm. 3
2. Vertragliche Beziehungen der Gesellschaft zu Dritten .... Anm. 4
   a) Ansprüche gegen die Gesellschaft, die von der Gewinnausschüttung abhängig sind .... Anm. 5
   b) Ansprüche der Gesellschaft, die von dem Nennbetrag oder Wert der Anteile abhängig sind .... Anm. 6
   c) Ansprüche der Gesellschaft gegen Dritte .... Anm. 7

1. Da nach § 9 die neuen Anteile den bisherigen Anteilseignern im Verhältnis ihrer Anteile am bisherigen Nennkapital nach Eintragung des Erhöhungsbeschlusses (§ 8) automatisch zufallen, ändert sich dann nichts am Verhältnis der Rechte der Anteilseigner, wenn nur Anteile mit gleichen Rechten (Stammaktien) vorhanden sind. Das gleiche gilt, wenn zwar Anteile mit verschiedenen Rechten bestehen (bei der A.G. verschiedene Aktiengattungen, z. B. Vorzugs- und Stammaktien), diese Rechte aber a n t e i l i g bemessen sind, d. h. daß sie von dem Verhältnis abhängen, in dem die Nennbeträge der Anteile der verschiedenen Gattungen zueinander stehen. Das ist meist dann der Fall, wenn Gattungen bestehen, bei denen die Stimmrechte verschieden sind. Hat z. B. eine Aktiengesellschaft mit einem Grundkapital von 10 Millionen DM Mehrstimmrechtsaktien von 3 Millionen DM mit drei Stimmen für je 1000,— DM Nennbetrag und 7 Millionen DM Stammaktien mit einer Stimme für je 1000,— DM Nennbetrag, so stehen 9000 Stimmen den Inhabern der Mehrstimmrechtsaktien und 7000 Stimmen den Stammaktionären zu. Es besteht also ein Stimmenverhältnis von 9 : 7 im Verhältnis der beiden Gattungen. Verdoppelt die Gesellschaft ihr Grundkapital, so lautet es auf 20 Millionen DM mit 6 Millionen DM Mehrstimmrechtsaktien und 14 Millionen DM Stammaktien. Die neuen Aktien erhalten das gleiche Stimmrecht wie die alten; dann ist das Stimmverhältnis künftig 18 : 14; es ist also das gleiche wie bisher.

Sind stimmrechtslose Vorzugsaktien vorhanden, so sind auch die neuen auf sie entfallenden Aktien stimmrechtslos.

Unterscheiden sich die Rechte der verschiedenen Gattungen durch ihren Anspruch auf den Gewinn, so ist es zwar theoretisch auch möglich, daß es sich um anteilige Unterschiede handelt, so wenn die eine Gattung etwa die Hälfte des Gewinns, der auf die andere Gattung entfällt, bekommt. Liegt ein solcher Fall vor, so haben auch die auf die einzelnen Gattungen entfallenden neuen Aktien den gleichen Vor- oder

Nachteil bei der Gewinnverteilung (so auch Gessler in WM 1960, Sonderbeilage Nr. 1, Seite 21).

Im Kapitalerhöhungsbeschluß kann keine von der Bestimmung des § 13 Abs. 1 abweichende Regelung getroffen werden. Es handelt sich vielmehr um eine zwingende gesetzliche Bestimmung.

2. sind die mit den Anteilen verbundenen Rechte aber **nicht anteilig,** d. h. sind sie von dem Verhältnis abhängig, in dem die Nennbeträge der Anteile der verschiedenen Gattungen zueinander stehen, so muß, um dem Grundsatz Rechnung zu tragen, daß das Verhältnis der Anteile zueinander durch die Kapitalerhöhung nicht berührt werden darf, im Kapitalerhöhungsbeschluß eine besondere Regelung getroffen werden. (Ebenso Gessler in BB 1960, Seite 10; anderer Ansicht Boese-Beck in Betrieb 1960, Seite 404, die offenbar eine besondere Regelung im Kapitalerhöhungsbeschluß für überflüssig halten, weil durch den Kapitalerhöhungsbeschluß zwangsläufig die nach § 13 Abs. 1 vorgeschriebene Folge eintritt, so daß nur eine formelle Satzungsänderung vorzunehmen ist.) Der praktisch häufigste Fall ist, daß Vorzugsanteile einen bestimmten Prozentsatz des Gesamtgewinns vorab bekommen. Hier ist das Recht nicht auf das Verhältnis der Nennbeträge der Gattungen zueinander bezogen, sondern auf das Nennkapital der Gesellschaft. Da sich dieses bei der Kapitalerhöhung ändert, muß sich der Prozentsatz bei den einzelnen Anteilsrechten ändern, um der Bestimmung des § 13, Abs. 1 Rechnung zu tragen. Hat z. B. eine A.G. von 10 Millionen Kapital 3 Millionen Vorzugsaktien mit einem Anspruch auf 4 % Vorzugsdividende, so sind 120 000,— DM erforderlich. Verdoppelt die Gesellschaft ihr Kapital, so verdoppelt sich zwangsläufig die Zahl der Vorzugsaktien und es würde ohne die Bestimmung des § 13, 1 ein Betrag von 240 000,— DM für die Vorzugsaktien vorab gezahlt werden müssen. Das wäre eine Benachteiligung der übrigen Aktionäre, so daß in diesem Fall die Vorzugsdividende auf 2 % für jede Vorzugsaktie — alte wie neue — herabgesetzt werden muß, damit das Verhältnis zwischen den Aktiengattungen nicht verschoben wird.

Der Wortlaut der vorliegenden Bestimmung entspricht dem des § 47, Abs. 1 der ersten Verordnung zur Durchführung der Dividendenabgabeverordnung vom 18. August 1941 (RGBl. I, Seite 493). Die Literatur hierzu ist deshalb verwendbar (vgl. Böttcher, § 8, Anm. 127 ff.). Auch der § 41 des DMark-Bilanz-Gesetzes entspricht der vorliegenden Bestimmung (vgl. Gessler, Anm. zu § 41, sowie Geiler zu § 41).

Wollen die Gesellschafter ein vom Gesetz abweichendes Ergebnis, so können sie das nicht im Kapitalerhöhungsbeschluß erreichen; dieser wäre dann wegen Verstoßes gegen § 13 bei der A.G. nach § 197 I Akt.G.

anfechtbar. Es ist aber möglich, vor oder nach dem Kapitalerhöhungsbeschluß durch Satzungsänderung das Verhältnis der einzelnen Gattungen von Aktien abzuändern; dann muß diese als besonderer Punkt mit der Tagesordnung bekanntgemacht werden (§ 142 Akt.G.) und es muß — anders als beim Kapitalerhöhungsbeschluß (vgl. § 1 Anm. 4) — nach § 146 II Akt.G. neben dem Beschluß der Hauptversammlung ein Beschluß der benachteiligten Aktionäre gefaßt werden. Der Beschluß wird wie jeder satzungsändernde Beschluß mit der Eintragung wirksam. Wird er also in der gleichen Hauptversammlung gefaßt, die die Kapitalerhöhung beschließt, und mit ihr angemeldet und eingetragen, so wird die durch die Satzungsänderung vorgenommene Regelung mit dem Kapitalerhöhungsbeschluß gleichzeitig wirksam.

3. Für **teileingezahlte Anteile** enthält das Gesetz eine besondere Regelung, die im Grunde aber nur eine Ausführungsbestimmung für den Grundsatz, der im Abs. 1 festgelegt ist, darstellt. Es ist bereits zu § 12 Anm. 2 dargelegt worden, daß bei teileingezahlten Anteilen dann keine besonderen Probleme auftauchen, wenn bei allen Anteilen der Gesellschaft die herrschaftsrechtlichen und vermögensrechtlichen Rechte gleich sind. Das ist bei der A.G. aber schon dann nicht mehr der Fall, wenn auf die einzelnen teileingezahlten Aktien über die Mindesteinlage hinaus Beträge eingezahlt sind (vgl. § 114 Abs. 2 Akt.G. für die Ausübung des Stimmrechts). Hat eine A.G. Aktien zu 1000,— DM Nennbetrag ausgegeben, bei denen nach der Satzung das Stimmrecht mit der Einzahlung von 50 % = 500,— DM beginnt, so hat ein Aktionär, der diese satzungsgemäße Mindesteinlage geleistet hat, eine Stimme. Der Aktionär, der den vollen Betrag von 1000,— DM einbezahlt hat, hat zwei Stimmen. Wenn eine solche Gesellschaft eine Kapitalerhöhung aus eigenen Mitteln vornimmt im Verhältnis 1 : 1, so würden, da nach § 8 Abs. 2 die neuen Anteilsrechte als voll eingezahlt gelten, der erste Aktionär 1 plus 2 = 3 Stimmen, der zweite Aktionär 2 plus 2 = 4 Stimmen besitzen. Das bisherige Stimmenverhältnis 1 : 2 würde sich also in ein Verhältnis 3 : 4 umwandeln. Das verhindert die Bestimmung des § 13 Abs. 2. Danach erhöht sich das Stimmrecht um den auf den Nennbetrag des Nennkapitals berechneten Hundertsatz der Erhöhung des Nennkapitals. Wenn die Gesellschaft also ihr Kapital verdoppelt hat, so hat jeder Aktionär die doppelte Stimmenzahl als bisher, d. h. der Aktionär, der auf sein altes Aktienrecht die Mindesteinlage erstattet hat, hat nunmehr zwei Stimmen. Der Aktionär, der sein Aktienrecht voll eingezahlt hat, hat nunmehr vier Stimmen. Damit bleibt das Verhältnis der Stimmen vor der Kapitalerhöhung 1 : 2, nach der Kapitalerhöhung 2 : 4 das gleiche. Zu beachten ist, daß auf teileingezahlte Anteile keine neuen Anteile ausgegeben werden dürfen, sondern daß

das Anteilsrecht, das neu zur Entstehung gelangt, durch Erhöhung des Nennbetrags des bisherigen Anteils zur Entstehung gelangt. Es kann also nicht vorkommen, daß aus einem teileingezahlten Anteil ein neuer volleingezahlter Anteil zur Entstehung gelangt. Wohl aber kann es Gesellschaften geben, die neben teileingezahlten Anteilen volleingezahlte Anteile haben. Für diese volleingezahlten Anteile können neue Anteile ausgegeben werden.

Enthält die Satzung keine Bestimmung über das Stimmrecht teileingezahlter Aktien und sind bei der Gesellschaft neben teileingezahlten Aktien volleingezahlte Aktien vorhanden, so steht nach § 114 Abs. 2 Satz 1 dem Aktionär mit teileingezahlter Aktie kein Stimmrecht zu. Das durch die Kapitalerhöhung entstehende neue Anteilsrecht, das bei teileingezahlten Anteilen in einer Erhöhung des Nennbetrags des alten Anteils besteht, hätte, da es nach § 8 als volleingezahlt gilt, volles Stimmrecht. Nach der vorliegenden Bestimmung bleibt es aber ebenso wie das bisherige stimmrechtslos.

Für die Gewinnverteilung bei Gesellschaften mit teileingezahlten Anteilen gilt bei der A.G. und K.G.a.A. § 53 Abs. 2 Akt.G., bei der GmbH § 29 Abs. 2 GmbH.G. In beiden Fällen ist grundsätzlich der Nennbetrag maßgebend, jedoch erhalten nach § 53 Abs. 2 Aktionäre zunächst bis zu 4 % der geleisteten Einlage. Der Rest wird gleichmäßig nach dem Nennbetrag verteilt. Es würde, wenn man das obige Beispiel anwendet, der Aktionär, der 500,— DM auf seine Aktie eingezahlt hat, zunächst 4 % = 20,— DM erhalten, der Aktionär, der volle 1000,— DM eingezahlt hat, 40,— DM. Hat die Gesellschaft ihr Nennkapital verdoppelt, so erhält der erste Aktionär auf das neue Aktienrecht ebenfalls 20,— DM, im ganzen also 40,— DM, der zweite Aktionär 80,— DM. Alsdann nehmen beide Aktionäre gleichmäßig mit dem Nennbetrag ihres alten und neuen Aktienrechts an der Gewinnverteilung teil.

Wenn in der Satzung vorgesehen ist, daß die Gewinnverteilung an die Aktionäre nach der Höhe ihrer Einzahlung auf die Aktien zu erfolgen hat, so bekäme in dem angeführten Beispiel bei einer Dividende von 10 % vor der Kapitalerhöhung der erste Aktionär 50,— DM, der zweite Aktionär 100,— DM. Ohne die Bestimmung des § 13 Abs. 2 würde bei einer Kapitalerhöhung 1 : 1 und der gleichen Dividende von 10 % der erste Aktionär 150,— DM, der zweite Aktionär 200,— DM bekommen. Nach der Bestimmung des § 13 Abs. 2 bekommt der erste Aktionär das Doppelte als bisher, weil sich das Nennkapital der Gesellschaft verdoppelt hat, also 100,— DM, der zweite Aktionär ebenfalls das Doppelte, also 200,— DM. Auch hier bleibt damit das Verhältnis am ausgeschütteten Gewinn das gleiche wie bisher. Da diese Regelung im Gesetz zwingend vorgeschrieben ist, bedarf es bei dem Kapitalerhöhungsbeschluß keiner besonderen Regelung.

Einen einmal festgelegten Verteilungsmaßstab für den zu verteilenden Reingewinn kann die Hauptversammlung auch nicht durch satzungsändernden Beschluß nachträglich ändern (bestritten, vgl. Godin-Wilhelmi, § 53 Anm. I).

Wird nach Durchführung der Liquidation das verbleibende Vermögen an die Gesellschafter verteilt, so gilt für die A.G. und K.G.a.A. § 212 Abs. 2 Akt.G. Es würde also nach dem oben angegebenen Beispiel der erste Aktionär 500,— DM, der zweite Aktionär 1000,— DM erhalten. Ist dann noch ein Überschluß vorhanden, so wird dieser nach dem Verhältnis der Aktiennennbeträge verteilt. Das gleiche gilt nach den Grundsätzen des § 52 GmbH.G. auch für die GmbH, da der § 212 Abs. 3 Akt.G. auch in diesem Fall sinngemäß anzuwenden ist (vgl. Baumbach, § 73 Anm. C 3). Hier kommt also der Grundgedanke des § 8, daß die neuen Anteile als voll eingezahlt gelten, wieder zum Zuge.

4. Der wirtschaftliche Inhalt **vertraglicher Beziehungen der Gesellschaft zu Dritten** wird durch die Kapitalerhöhung nicht berührt, ebensowenig wie nach Abs. 1 das Verhältnis der mit den Anteilen verbundenen Rechte zueinander sich nicht verändert. Eine Veränderung der vertraglichen Beziehungen zu Dritten ergibt sich z. B. stets dann, wenn diese Rechte sich nach der Gewinnausschüttung der Gesellschaft, dem Nennbetrag ihrer Anteile oder ihres Nennkapitals richten.

5. Von der **Gewinnausschüttung abhängig** sind beispielsweise **Genußscheine,** wenn sie nach einer Vordividende von einem bestimmten Prozentsatz an die Stammaktionäre zum Zuge kommen. In diesem Fall muß die Bedienung der Genußscheine bereits dann erfolgen, wenn nach den bisherigen Kapitalverhältnissen eine Dividendensumme an die Aktionäre gezahlt wird, nach deren Zahlung die Genußschein-Inhaber Anspruch auf die Zuteilung nach den bisherigen Kapitalverhältnissen hatten. Wenn also z. B. die Genußschein-Inhaber einen Anspruch auf Zuteilung von Reingewinn nach Zahlung einer Dividende von 4 % an die Stammaktionäre hatten und die Gesellschaft ihr Kapital verdoppelt hat, so haben sie künftig bereits einen Anspruch auf Berücksichtigung nach Zahlung einer Dividende von 2 % an die Stammaktionäre.

Das gleiche gilt für die Berechnung der T a n t i e m e - A n s p r ü c h e für Vorstand und Aufsichtsrat. Wenn diese erst nach einer Stammdividende von dem dann noch verbleibenden Reingewinn zu zahlen ist, so ist sie jetzt von dem Reingewinn zu berechnen, der verbleibt, wenn man die Dividendensumme, die nach den bisherigen Bestimmungen der Tantieme vorging, abzieht. Wenn nach Satzungsbestimmung oder Vereinbarung die Tantieme von dem Teil des Gewinns zu berechnen ist, der nach Abzug eines in Prozenten zum Nennkapital errechneten Dividendenbetrages verbleibt, so ist auch nach der Kapitalerhöhung vom Gewinn nur der gleiche Betrag wie bisher vor Errechnung der Tantieme abzuziehen. Allerdings ist bei der Tantieme für den Aufsichtsrat die zwingende Bestimmung des § 98 Abs. 3 Akt.G. zu beachten, wonach bei der Berechnung der Tantieme ein für die Aktionäre bestimmter Betrag von mindestens 4 % der geleisteten Einlage abzusetzen ist. In diesem Falle erhöht sich mit der Kapitalerhöhung der absolute Betrag, der bei der Tantiemeberechnung vorab vom Gewinn abzusetzen ist. Es empfiehlt sich mithin, nachzuprüfen, inwieweit eine Änderung der Satzungsbestimmungen oder Vereinbarungen über die Tantieme angemessen erscheint. (Vgl. Böttcher in RuW 425/19, Seite 37.)

6. Richten sich die vertraglichen Beziehungen zu Dritten nach dem **Nennbetrag ihrer Anteile,** so kann die Gesellschaft ihre Verpflichtung nicht durch Hingabe von Aktien im gleichen Nennbetrag wie bisher erfüllen. Sind zum Beispiel W a n d e l s c h u l d v e r s c h r e i b u n g e n mit der Maßgabe ausgegeben worden, daß deren Inhaber das Recht auf Umtausch in Aktien im Verhältnis 1 : 1 des Nennbetrags haben und ist durch eine Kapitalerhöhung das Gesellschaftskapital verdoppelt worden, so hat jeder Inhaber einer Wandelschuldverschreibung Anspruch auf Umtausch gegen zwei Aktien (vgl. hierzu § 15).

7. Ebensowenig wie sich die **Ansprüche Dritter gegen die Gesellschaft** verändern, kann durch die Kapitalerhöhung eine Veränderung der Ansprüche der Gesellschaft Dritten gegenüber eintreten. Wenn z. B. der kapitalerhöhenden Gesellschaft eine Dividendengarantie gegeben wurde, so bleibt die Garantiesumme absolut die gleiche und ihr Prozentsatz verringert sich im Verhältnis der Kapitalerhöhung.

Bestehen Nebenverpflichtungen der Aktionäre nach § 50 Akt.G., so bleiben diese in ihrem absoluten Betrag unverändert. Die neuen Anteile werden also nicht etwa mit entsprechenden neuen Nebenverpflichtungen belastet. Dagegen verteilt sich die Belastung der alten Anteile nunmehr im Verhältnis auf die alten und neuen Anteile.

§ 14

(1) Die neuen Anteilsrechte nehmen, wenn nichts anderes bestimmt ist, am Gewinn des ganzen Geschäftsjahres teil, in dem die Erhöhung des Nennkapitals beschlossen worden ist.

(2) Im Beschluß über die Erhöhung des Nennkapitals kann bestimmt werden, daß die neuen Anteilsrechte bereits am Gewinn des letzten vor der Beschlußfassung über die Kapitalerhöhung abgelaufenen Geschäftsjahrs teilnehmen. In diesem Fall ist die Erhöhung des Nennkapitals abweichend von § 1 Abs. 3 zu beschließen, bevor über die Verteilung des Reingewinns des letzten vor der Beschlußfassung abgelaufenen Geschäftsjahrs Beschluß gefaßt ist. Der Beschluß über die Verteilung des Reingewinns des letzten vor der Beschlußfassung über die Kapitalerhöhung abgelaufenen Geschäftsjahrs wird erst wirksam, wenn das Nennkapital erhöht ist. Der Beschluß über die Erhöhung des Nennkapitals und der Beschluß über die Verteilung des Reingewinns des letzten vor der Beschlußfassung über die Kapitalerhöhung abgelaufenen Geschäftsjahrs sind nichtig, wenn der Beschluß über die Kapitalerhöhung nicht binnen drei Monaten nach der Beschlußfassung in das Handelsregister eingetragen worden ist; der Lauf der Frist ist gehemmt, solange eine Anfechtungs- oder Nichtigkeitsklage rechtshängig ist oder eine zur Kapitalerhöhung beantragte staatliche Genehmigung noch nicht erteilt ist.

1. Wenn die Hauptversammlung (Gesellschafterversammlung) nichts anderes beschließt, nehmen die neuen Anteile an dem **Gewinn des Geschäftsjahres teil, in dem der Erhöhungsbeschluß gefaßt** ist. Es ist nicht notwendig, daß er bereits durch Eintragung während dieses Geschäftsjahres wirksam geworden ist. Diese Regelung geht davon aus, daß die Rücklagen, auf denen die Kapitalerhöhung erfolgt, bereits am Ende des abgeschlossenen Geschäftsjahres vorhanden waren. Das gilt sowohl für den Fall, daß dem Kapitalerhöhungsbeschluß nach § 3 die letzte Jahresbilanz zugrunde gelegt wird als auch für den Fall, daß dem Erhöhungsbeschluß nach § 4 eine besondere Bilanz zugrunde liegt (vgl. § 2 Abs. 1). Durch eine solche Regelung wird vermieden, daß sich besondere Kurse für die neuen Aktien bilden. Die Bestimmung ist nicht zwingend. Die Hauptversammlung kann auch beschließen, daß die neuen Anteilsrechte erst zu einem späteren Zeitpunkt am Gewinn teilnehmen, etwa erst zum Beginn des neuen Geschäftsjahres. Ein solcher Beschluß würde aber dem ganzen System des Gesetzes widersprechen. Es wäre auch schwer, einen wirtschaftlichen Sinn für einen solchen Beschluß zu finden; denn im allgemeinen wird die Erhöhung des Nennkapitals vorgenommen, um den nominellen Prozentsatz der Dividende herabsetzen zu können bei gleichbleibender oder steigender Dividendensumme. Es wird also eher die Tendenz bestehen, von der Bestimmung des Abs. 2 Gebrauch zu machen, als den Zeitpunkt, an dem die neuen Anteilsrechte am Gewinn teilnehmen, hinauszuschieben.

2. Die Bestimmung, daß die Hauptversammlung im Erhöhungsbeschluß festlegen kann, daß die neuen Anteilsrechte bereits **am Gewinn des letzten vor der Beschlußfassung** über die Kapitalerhöhung abgelaufenen Geschäftsjahres teilnehmen können, trägt einem Bedürfnis der Praxis Rechnung. Außerdem wird dadurch der Schaden, der durch die lange Beratungszeit des Gesetzes im Bundestag eingetreten ist, bis zu einem gewissen Grade wieder gutgemacht. Es besteht damit für alle Gesellschaften, die am 30. September 1959 oder später bilanzieren, die Möglichkeit, noch auf Grund des letzten Jahresabschlusses die Kapitalberichtigung vorzunehmen mit der Maßgabe, daß die neuen Anteile am Gewinn des letzten bereits abgeschlossenen Geschäftsjahres teilnehmen; Voraussetzung ist allerdings, daß nicht bereits eine Hauptversammlung stattgefunden hat, die über die Gewinnverteilung beschlossen hat. Dabei ist zu beachten, daß der Beschluß, den Gewinn vorzutragen, ein Gewinnverteilungs-(verwendungs-)beschluß ist. Es kommen also nur solche Gesellschaften in Frage, bei denen die ordentliche Hauptversammlung noch nicht stattgefunden hat (vgl. hierzu § 2 Anm. 1).

3. Wenn der **Gewinnverteilungsbeschluß** die Höhe der Dividenden wie üblich in Prozenten ausdrückt und diese Prozente auf das neue erhöhte Nennkapital bezogen sind, so würde, falls die Kapitalerhöhung nicht durch Eintragung wirksam wird, der gefaßte Beschluß nicht mit den tatsächlichen Verhältnissen übereinstimmen. Deshalb soll er nach der vorliegenden zwingenden gesetzlichen Bestimmung erst wirksam werden, wenn das Nennkapital erhöht ist. Er wird nichtig, wenn der Beschluß über die Kapitalerhöhung nicht binnen 3 Monaten nach der Beschlußfassung in das Handelsregister eingetragen worden ist. Durch diese scharfen Bestimmungen wird es notwendig, einen neuen Gewinnverteilungsbeschluß zu fassen. Es muß also eine neue Hauptversammlung stattfinden. Ob diese Bestimmung wirklich notwendig war, kann dahingestellt bleiben. Es wäre auch denkbar gewesen, den auf das neue Grundkapital bezogenen Gewinnverteilungsbeschluß dahin auszulegen, daß der auf die einzelne neue Aktie entfallende Anteil nach dem Beschluß auszuschütten sei. Der Gesetzgeber wollte aber absolute Klarheit schaffen und hat deshalb in Kauf genommen, daß eine neue Hauptversammlung stattfinden muß, wenn die Eintragung der Kapitalerhöhung nicht innerhalb von 3 Monaten nach der Beschlußfassung in das Handelsregister erfolgt.

Im Gegensatz zu den Bestimmungen der §§ 3 und 4 ist hier der maßgebende Zeitpunkt nicht die Anmeldung des Beschlusses zum Handelsregister, sondern seine Eintragung, denn erst durch diese gelangt das erhöhte Nennkapital zur Entstehung. Infolgedessen kann erst dann der Gewinnverteilungsbeschluß auf das erhöhte Nennkapital wirksam werden.

Die Gefahr, die darin liegt, daß sich die Eintragung des Beschlusses über die Kapitalerhöhung verzögert, wird dadurch wesentlich abgeschwächt, daß der Lauf der 3-Monatsfrist gehemmt ist, solange eine Anfechtungs- oder Nichtigkeitsklage anhängig ist, oder eine beantragte staatliche Genehmigung noch nicht erteilt ist. Immerhin bleibt die Gefahr bestehen, daß bei der Eintragung des Beschlusses Schwierigkeiten auftreten und der Registerrichter die Eintragung zunächst ablehnt und erst in der Beschwerdeinstanz die Eintragung erreicht wird. Dann kann es leicht vorkommen, daß die 3-Monatsfrist sich als zu kurz erweist. Es empfiehlt sich deshalb, den Kapitalerhöhungsbeschluß unverzüglich bei dem Registergericht anzumelden.

§ 15

Bedingtes Kapital (§§ 159 ff. des Aktiengesetzes) erhöht sich im gleichen Verhältnis wie das Grundkapital. Ist das bedingte Kapital zum Zweck der Gewährung von Umtauschrechten an Gläubiger von Wandelschuldverschreibungen beschlossen worden, so ist zur Deckung des Unterschieds zwischen dem Ausgabebetrag der Schuldverschreibungen und dem höheren Gesamtnennbetrag der für sie zu gewährenden Bezugsaktien eine Sonderrücklage zu bilden, soweit nicht Zuzahlungen der Umtauschberechtigten vereinbart sind.

1. Bedingtes Kapital .... Anm. 1
2. Sonderrücklage für Wandelschuldverschreibung .... Anm. 2
3. Genehmigtes Kapital .... Anm. 3

1. Die **bedingte Kapitalerhöhung** soll nur zum Zweck der Gewährung von Umtausch- oder Bezugsrechten beschlossen werden. Diese Umtausch- oder Bezugsrechte können entweder an Gläubiger von Wandelschuldverschreibungen oder zur Vorbereitung des Zusammenschlusses mehrerer Unternehmen gewährt werden. Liegen diese Voraussetzungen vor, so muß die Gesellschaft über eine vermehrte Anzahl von Aktien zur Erfüllung der Umtausch- und Bezugsrechte verfügen als bisher, wenn der Grundsatz des § 13 Abs. 3 gewahrt werden soll, daß der wirtschaftliche Inhalt vertraglicher Beziehungen der Gesellschaft zu Dritten durch die Kapitalerhöhung nicht verändert werden darf. Es ist deshalb notwendig, daß sich das bedingte Kapital im gleichen Verhältnis wie das Grundkapital erhöht, obwohl das bedingte Kapital nicht zum Grundkapital der Gesellschaft gehört, also der Kapitalerhöhungsbeschluß als solcher ohne diese ausdrückliche Bestimmung das bedingte Kapital nicht erfassen würde. Mit Rücksicht auf die vorliegende gesetzliche Bestimmung ist es nicht erforderlich, daß im Kapitalerhöhungsbeschluß ausdrücklich aufgenommen wird, daß das bedingte Kapital sich entsprechend erhöht. Es ergibt sich vielmehr von selbst aus der vorliegenden Gesetzesbestimmung.

2. Der Satz 2 des § 15 behandelt gesondert den Fall, daß das bedingte Kapital zum Zweck der Gewährung von Umtauschrechten an die Gläubiger von Wandelschuldverschreibungen beschlossen wurde. Wenn Schuldverschreibungen zu einem Ausgabebetrag ausgegeben wurden, der dem Nennbetrag der Aktien, deren Umtausch verlangt werden kann, entspricht, so konnte vor einer Kapitalerhöhung aus Gesellschaftsmitteln die Gesellschaft die Ausgabe der Bezugsaktien gegen Umtausch der eingereichten Schuldverschreibungen ohne weiteres vornehmen. Wenn aber der Ausgabebetrag unter dem Nennwert der Umtauschaktie lag, so galt bereits bisher die Bestimmung des § 166 Abs. 2 Akt.G. Danach mußte der Unterschied zwischen dem Ausgabebetrag der zum Umtausch eingereichten Schuldverschreibung und dem höheren Nennbetrag der für sie zu gewährenden Bezugsaktie aus dem Reingewinn, einer freien Rücklage oder durch Zuzahlung des Umtauschberechtigten gedeckt werden. Diese Bestimmung soll die indirekte Unterpariausgabe von Aktien verhindern. Nach Durchführung der Kapitalerhöhung aus Gesellschaftsmitteln ist dieser Fall stets gegeben, denn der Gläubiger der Wandelschuldverschreibung bekommt jetzt mehr Aktien oder Aktien zu höherem Nennbetrag, als dem Ausgabebetrag der Wandelschuldverschreibung entspricht. Es ist deshalb in allen Fällen die Bildung einer **Sonderrücklage** notwendig, soweit nicht Zuzahlungen des Umtauschberechtigten vereinbart sind, die so hoch sind, daß sie den ganzen Unterschied zwischen Ausgabebetrag der Wandelschuldverschreibung und Nennbetrag der nach der Kapitalerhöhung für den Umtausch zu gewährenden Bezugsaktien decken. Das kann nur der Fall sein, wenn von vornherein eine so hohe Zuzahlung vereinbart war, daß diese auch nach der Kapitalerhöhung noch den Nennbetrag der Bezugsaktien voll deckt. Dies wird im allgemeinen nicht der Fall sein. Jedenfalls ist der Gläubiger einer Wandelschuldverschreibung nicht verpflichtet, eine höhere Zuzahlung zu leisten, als bei Ausgabe der Wandelschuldverschreibung vereinbart war. Dies würde gegen den Grundsatz des § 13 Abs. 3 verstoßen. Es wird deshalb im allgemeinen nach jeder Kapitalerhöhung aus Gesellschaftsmitteln ein Unterschied zwischen dem Ausgabebetrag der Schuldverschreibung und dem höheren Gesamtnennbetrag der für die zu gewährenden Bezugsaktien vorhanden sein. In Höhe des Unterschiedsbetrages ist eine Sonderrücklage zu bilden. Im Gesetz ist nicht ausdrücklich gesagt, in welchem Zeitpunkt die Bildung dieser Sonderrücklage zu erfolgen hat. Der Sinn der Be-

stimmung ergibt aber, daß die Sonderrücklage schon in der Bilanz, die die Grundlage des Kapitalerhöhungsbeschlusses bildet, vorgenommen sein muß: Es soll verhindert werden, daß freie Rücklagen, die nach § 166 Abs. 2 Akt.G. zur Deckung des Unterschiedsbetrages erforderlich sind, in Grundkapital umgewandelt werden. Deshalb ist in die Sonderrücklage auch nicht etwa nur der Betrag einzustellen, der sich neu als Unterschiedsbetrag aus der Kapitalerhöhung ergibt, sondern auch der Betrag, der etwa schon früher vorhanden war (vgl. Begründung zum Regierungsentwurf, Drucksache des Bundestages 416).

3. Das **genehmigte Kapital** wird in dem Gesetz nicht erwähnt. Ein nach § 169 Akt.G. gefaßter Beschluß bleibt unverändert bestehen. Der in dem Beschluß bestimmte Nennbetrag wird durch die Kapitalerhöhung aus Gesellschaftsmitteln nicht erhöht. Dagegen verändert sich die zulässige Höhe für genehmigtes Kapital (§ 169 Abs. 3 Akt.G.). Es kann, wenn die Kapitalerhöhung aus Gesellschaftsmitteln im Handelsregister eingetragen und damit wirksam geworden ist, das genehmigte Kapital die Hälfte des neuen Grundkapitals erreichen, jedoch nur, wenn nach Eintragung der Kapitalerhöhung aus Gesellschaftsmitteln ein neuer Beschluß nach § 169 Akt.G. gefaßt wird, denn maßgebend für die zulässige Höhe des genehmigten Kapitals ist der Zeitpunkt, in dem die Ermächtigung erteilt wird.

Einen indirekten Einfluß auf genehmigtes Kapital hat die Bestimmung des § 16. Danach dürfen vor Eintragung des Beschlusses über die Kapitalerhöhung aus Gesellschaftsmitteln in das Handelsregister auch auf Grund eines Beschlusses nach § 169 keine neuen Aktien ausgegeben werden.

§ 16

Vor der Eintragung des Beschlusses über die Erhöhung des Nennkapitals in das Handelsregister dürfen bei Aktiengesellschaften und Kommanditgesellschaften auf Aktien neue Aktien und Zwischenscheine nicht ausgegeben, bei Gesellschaften mit beschränkter Haftung neue Geschäftsanteile nicht gebildet werden.

Der Grundsatz, daß vor der Eintragung des Kapitalerhöhungsbeschlusses in das Handelsregister neue Aktien und Zwischenscheine nicht ausgegeben und neue Geschäftsanteile nicht gebildet werden dürfen, entspricht dem geltenden Recht (§ 158 Satz 1 Akt.G.) mit der Maßgabe, daß nach den vorliegenden Bestimmungen die Ausgabe neuer Aktien und Zwischenscheine und die Bildung neuer GmbH-Anteile nicht erfolgen darf, während nach § 158 Akt.G. die Ausgabe neuer Aktien und Zwischenscheine nicht erfolgen kann. Das bedeutet, daß entgegen der vorliegenden Bestimmung ausgegebene Aktien und Zwischenscheine gültig sind, während unter Verletzung des § 158 Akt.G. ausgegebene Aktien und Zwischenscheine nichtig sind (vgl. Gessler, WM 1960, Sonderbeilage 1, Seite 23).

Die Bestimmung verbietet nicht, daß etwa in der gleichen Hauptversammlung, in der eine Kapitalerhöhung aus Gesellschaftsmitteln beschlossen wird, über eine weitere ordentliche Kapitalerhöhung Beschluß gefaßt wird. Es ist auch zulässig, daß die Eintragung beider Beschlüsse gleichzeitig erfolgt. Die Ausgabe von Aktien oder Zwischenscheinen auf Grund der ordentlichen Kapitalerhöhung darf nach der vorliegenden Bestimmung erst erfolgen, wenn die Kapitalerhöhung aus Gesellschaftsmitteln eingetragen ist, und sie kann weiterhin erst vorgenommen werden, wenn nach § 158 Akt.G. die Durchführung der Erhöhung des Grundkapitals im Wege der ordentlichen Kapitalerhöhung eingetragen ist. Ebenso kann in der gleichen Hauptversammlung genehmigtes Kapital beschlossen werden. Allerdings gilt dann für die Höchstgrenze noch das alte Grundkapital und es dürfen auch in diesem Falle bis zur Eintragung des Kapitalerhöhungsbeschlusses aus Gesellschaftsmitteln auf Grund des genehmigten Kapitals keine neuen Aktien ausgegeben werden.

§ 17

Als Anschaffungskosten der vor der Erhöhung des Nennkapitals erworbenen Anteilsrechte und der auf sie entfallenen neuen Anteilsrechte gelten die Beträge, die sich für die einzelnen Anteilsrechte ergeben, wenn die Anschaffungskosten der vor der Erhöhung des Nennkapitals erworbenen Anteilsrechte auf diese und auf die auf sie entfallenen neuen Anteilsrechte nach dem Verhältnis der Nennbeträge verteilt werden. Der Zuwachs an Anteilsrechten ist nicht als Zugang auszuweisen.

Auch diese Bestimmung zeigt, daß es sich nicht um eine echte Kapitalerhöhung, sondern nur um eine Berichtigung des Kapitals handelt. Das Vermögen, das den Gegenwert der in Nennkapital umgewandelten Rücklagen darstellt, stand schon vor der Kapitalerhöhung den A k t i o n ä r e n bzw. den Gesellschaftern zu. Der vermögensrechtliche Wert des Anteilsrechts ändert sich durch die Kapitalberichtigung nicht, nur der Nominalbetrag bzw. die Anzahl der Anteile. Für die neuen Anteile bzw. die Erhöhung des Nennbetrags der alten Anteile entstehen keine Anschaffungskosten. Die Anschaffungskosten, die der Anteilseigner vor der Kapitalerhöhung für den Erwerb aufgebracht hat, beziehen sich mithin nach der Kapitalerhöhung auf die nunmehr in seinem Besitz befindlichen Anteile. Für den Fall der Veräußerung muß klargestellt werden, in welchem Verhältnis die Anschaffungskosten sich auf die bisherigen und die neuen Anteile verteilen. Maßgebend hierfür ist das Verhältnis der Nennbeträge. Die Bestimmung wirkt sich praktisch nur aus für einen bilanzpflichtigen Anteilseigner. Wenn z. B. ein Aktionär bisher in seiner Bilanz 10 Aktien zum Nennbetrag von 1000,— DM mit einem Anschaffungswert von 15000,— DM zu Buche stehen hatte, so muß er jetzt, wenn das Kapital der Gesellschaft sich verdoppelt hat, 20 Aktien á 1000,— DM zum gleichen Anschaffungswert von 15 000,— DM in seiner Bilanz aufführen. Verkauft er von seinem Bestand Aktien im Nennwert von 10 000,— DM, so verbleibt für die Restaktien ein Bilanzwert von 7500,— DM. Eine etwaige Differenz zwischen dem Verkaufspreis und dem Betrag von 7500,— DM wirkt sich auf das Ergebnis der Gewinn- und Verlustrechnung aus.

Nicht geregelt ist der in der Praxis häufig vorkommende Fall, daß ein bilanzierungspflichtiger Anteilseigner nach § 10 Teilrechte hinzukaufen muß, um seine Rechte ausüben zu können (vgl. Anm. zu § 10). In diesem Fall sind die Anschaffungskosten für die alten Anteile im Verhältnis der alten Anteile zu den neuen Anteilen einschließlich der angefallenen Teilrechte zu verteilen. Der Preis für den Erwerb neuer Teilrechte ist den durch die Anschaffung von Teilrechten zu Vollrechten gewordenen Anteilen zuzuschlagen.

Wenn zum Beispiel ein bilanzierungspflichtiger Aktionär bisher in seiner Bilanz 10 Aktien im Nennwert von 100,— DM mit einem Anschaffungswert von 1350,— DM zu Buche stehen hat und das Kapital der Gesellschaft im Verhältnis 8 : 1 erhöht wird, so sieht die Berechnung folgendermaßen aus:

Für seine 10 alten Anteile erhält er 1 neues Vollrecht und $^2/_8 = ^1/_4$ Teilrechte. Um den Anschaffungswert der jetzt in seinen Händen befindlichen 11 Vollrechte erhalten zu können, muß er errechnen, wieviel er für jedes Vollrecht aufgewendet hat. Da er auch $^1/_4$ Teilrecht auf Grund der Kapitalerhöhung erhalten hat, muß zunächst der alte Anschaffungswert von 1350,— DM durch 45 — nämlich $^{45}/_4$ Anteile — geteilt werden. $1350 : 45 = 30$. Ein Viertel Anteil hat demnach einen Anschaffungswert von 30,— DM, jedes seiner 11 Vollrechte mithin einen solchen von $4 \times 30 = 120$,— DM, zusammen 1320,— DM. Um das

Teilrecht von $^1/_4$ auf ein Vollrecht zu ergänzen, muß er 6 Teilrechte von $^1/_8$ — bei einer Erhöhung im Verhältnis 8:1 — erwerben. Angenommen ein Teilrecht kostet 10,— DM, so muß er 60,— DM aufwenden. Der Anschaffungswert dieses Vollrechts ergibt sich mithin aus dem alten Anschaffungswert ($^1/_4$ Teilrecht = 30,—) + aufgewendete Kosten (60,— DM); daraus ergibt sich also: 30 + 60 = 90,— DM als Anschaffungswert für das zwölfte Vollrecht.

Eine Prüfung der Berechnung muß ergeben, daß der alte Anschaffungswert der 10 Anteile und dem aufgewendeten Betrag, der für den Erwerb von Teilrechten erforderlich war, den mit der obigen Berechnung erhaltenen Anschaffungswert ergeben muß.

Alter Anschaffungswert:	1350,— DM	
Aufgewendeter Betrag:	60,— DM	
		1410,— DM
Anschaffungswert der 11 Vollrechte:	1320,— DM	
Anschaffungswert des letzten Vollrechts:	90,— DM	
		1410,— DM

(vgl. hierzu Gessler in WM 1960, Sonderbeilage 1, Seite 22).

Der nominelle Zuwachs, der durch das Zufließen neuer Anteilsrechte oder durch die Erhöhung des Nennbetrages der alten Anteilsrechte äußerlich entsteht, ist nicht als Zugang auszuweisen.

Der § 3 des Steuergesetzes entspricht mit Ausnahme des letzten Satzes der vorliegenden Bestimmung. Es wird deshalb auf Einzelheiten für die Anschaffungskosten, zur Frage, inwieweit ein etwa niedrigerer Buchwert an Stelle der Anschaffungskosten tritt, und der Besitzdauer auf die Anmerkungen 2—4 zu § 3 Steuergesetz verwiesen.

§ 18

Sind Aktien einer Gesellschaft, die vor der Erhöhung des Grundkapitals ausgegeben sind, an einer deutschen Börse zum amtlichen Handel zugelassen, so gilt die Zulassung auch für die auf sie entfallenen neuen Aktien.

Die Bestimmung bezieht sich nicht auf alle Aktien der Gesellschaft und auch nicht auf alle neuen Aktien der Gesellschaft, sondern nur auf die neuen Aktien der Gesellschaft, die auf bisher zugelassene Aktien entfallen. Sie soll den Handel der neuen Aktien an der Börse erleichtern.

Zweiter Abschnitt

Erwerb eigener Aktien
Gewinn- und Verlustrechnung

§ 19

Das Aktiengesetz wird wie folgt geändert:

1. § 65 Abs. 1 erhält die folgende Fassung:

„(1) Die Gesellschaft darf eigene Aktien nur erwerben, wenn

1. der Erwerb notwendig ist, um einen schweren Schaden von der Gesellschaft abzuwenden,

2. die Aktien den Arbeitnehmern der Gesellschaft zum Erwerb angeboten werden sollen oder

3. auf die Aktien der Nennbetrag oder der höhere Ausgabebetrag voll geleistet ist und der Erwerb unentgeltlich geschieht oder die Gesellschaft mit dem Erwerb eine Einkaufskommission ausführt.

Der Gesamtnennbetrag der zu den Zwecken nach Nummer 1 und 2 erworbenen Aktien darf jedoch zusammen mit dem Betrag anderer Aktien der Gesellschaft, die die Gesellschaft oder ein abhängiges Unternehmen bereits zu diesen Zwecken erworben hat und noch besitzt, zehn vom Hundert des Grundkapitals nicht übersteigen.“

2. § 132 erhält die folgende Fassung:

„§ 132

Gliederung der Gewinn- und Verlustrechnung

(1) Für die Gewinn- und Verlustrechnung kann entweder die Kontoform oder die Staffelform verwandt werden.

(2) Bei Verwendung der Kontoform sind, wenn der Geschäftszweig keine abweichende Gliederung bedingt, die gleichwertig sein muß, unbeschadet einer weiteren Gliederung folgende Posten gesondert auszuweisen:

I. Auf der Seite der Aufwendungen:

1. Verminderung des Bestandes an fertigen und halbfertigen Erzeugnissen;

2. Aufwendungen für Roh-, Hilfs- und Betriebsstoffe, für diesen gleichzusetzende Fremdleistungen und für bezogene Waren;

3. Löhne und Gehälter;

4. soziale Abgaben;

5. soziale Aufwendungen, soweit sie nicht unter anderen Posten auszuweisen sind;
6. Abschreibungen und Wertberichtigungen auf die in § 131 Abs. 1 A II Nr. 1 bis 5 bezeichneten Gegenstände des Anlagevermögens;
7. Abschreibungen und Wertberichtigungen auf die in § 131 Abs. 1 A II Nr. 6 und 7 bezeichneten Gegenstände des Anlagevermögens;
8. Abschreibungen und Wertberichtigungen auf die in § 131 Abs. 1 A III Nr. 4 bis 16 bezeichneten Gegenstände des Umlaufvermögens;
9. Verluste aus dem Abgang von Gegenständen des Anlagevermögens;
10. Zinsen und ähnliche Aufwendungen;
11. Steuern
    a) vom Einkommen, vom Ertrag und vom Vermögen,
    b) sonstige;
12. Lastenausgleichsvermögensabgabe;
13. Aufwendungen aus Verlustübernahmeverträgen;
14. sonstige Aufwendungen;
15. auf Grund eines Gewinnabführungsvertrages abgeführte Gewinne;
16. Verlustvortrag aus dem Vorjahr;
17. Einstellungen in Rücklagen
    a) in die gesetzliche Rücklage,
    b) in freie Rücklagen;
18. Reingewinn.

II. Auf der Seite der Erträge:

1. Umsatzerlöse;
2. Erhöhung des Bestandes an fertigen und halbfertigen Erzeugnissen;
3. andere aktivierte Eigenleistungen;
4. Erträge aus Gewinnabführungsverträgen;
5. Erträge aus Beteiligungen;
6. Erträge aus anderen Wertpapieren des Anlagevermögens;
7. sonstige Zinsen und ähnliche Erträge;
8. Erträge aus dem Abgang von Gegenständen des Anlagevermögens und aus Zuschreibungen zu Gegenständen des Anlagevermögens;

9. Erträge aus der Auflösung von Wertberichtigungen, soweit sie nicht unter Nummer 8 aufzuführen sind;
10. Erträge aus der Auflösung von Rückstellungen;
11. sonstige Erträge;
12. Erträge aus Verlustübernahmeverträgen;
13. Gewinnvortrag aus dem Vorjahr;
14. Entnahmen aus Rücklagen
a) aus der gesetzlichen Rücklage,
b) aus einer freien Rücklage;
15. Reinverlust.

(3) Bei Verwendung der Staffelform sind, wenn der Geschäftszweig keine abweichende Gliederung bedingt, die gleichwertig sein muß, unbeschadet einer weiteren Gliederung folgende Posten gesondert auszuweisen:

1. Umsatzerlöse
2. Erhöhung oder Verminderung des Bestandes an fertigen und halbfertigen Erzeugnissen
3. andere aktivierte Eigenleistungen
4. Gesamtleistung
5. Aufwendung für Roh-, Hilfs- und Betriebsstoffe, für diesen gleichzusetzende Fremdleistungen und für bezogene Waren
6. Rohertrag/Rohaufwand
7. Erträge aus Gewinnabführungsverträgen
8. Erträge aus Beteiligungen
9. Erträge aus anderen Wertpapieren des Anlagevermögens
10. sonstige Zinsen und ähnliche Erträge
11. Erträge aus dem Abgang von Gegenständen des Anlagevermögens und aus Zuschreibungen zu Gegenständen des Anlagevermögens
12. Erträge aus der Auflösung von Wertberichtigungen, soweit sie nicht unter Nummer 11 aufzuführen sind
13. Erträge aus der Auflösung von Rückstellungen
14. sonstige Erträge
15. Erträge aus Verlustübernahmeverträgen
16. Löhne und Gehälter
17. soziale Abgaben

18. soziale Aufwendungen, soweit sie nicht unter anderen Posten auszuweisen sind ....
19. Abschreibungen und Wertberichtigungen auf die in § 131 Abs. 1 A II Nr. 1 bis 5 bezeichneten Gegenstände des Anlagevermögens ....
20. Abschreibungen und Wertberichtigungen auf die in § 131 Abs. 1 A II Nr. 6 und 7 bezeichneten Gegenstände des Anlagevermögens ....
21. Abschreibungen und Wertberichtigungen auf die in § 131 Abs. 1 A III Nr. 4 bis 16 bezeichneten Gegenstände des Umlaufvermögens ....
22. Verluste aus dem Abgang von Gegenständen des Anlagevermögens ....
23. Zinsen und ähnliche Aufwendungen ....
24. Steuern
    a) vom Einkommen, vom Ertrag und vom Vermögen ....
    b) sonstige ....
25. Lastenausgleichsvermögensabgabe ....
26. Aufwendungen aus Verlustübernahmeverträgen ....
27. sonstige Aufwendungen ....
28. Auf Grund eines Gewinnabführungsvertrages abgeführte Gewinne ....
29. Jahresüberschuß / Jahresfehlbetrag ....
30. Gewinnvortrag / Verlustvortrag aus dem Vorjahr ....
31. Entnahme aus Rücklagen ....
    a) aus der gesetzlichen Rücklage ....
    b) aus einer freien Rücklage ....

....

32. Einstellungen in Rücklagen
    a) in die gesetzliche Rücklage ....
    b) in freie Rücklagen ....
33. Reingewinn / Reinverlust ....

(4) Bei der Ermittlung der Umsatzerlöse dürfen nur Preisnachlässe und zurückgewährte Entgelte abgesetzt werden.

(5) Sind am Abschlußstichtag keine Aktien der Gesellschaft an einer deutschen Börse zum amtlichen Handel zugelassen oder in den geregelten Freiverkehr einbezogen und ist auch nicht die Zulassung von Aktien zum amtlichen Handel an einer deutschen Börse beantragt,

so können bei Verwendung der Kontoform die Erträge unter Absatz 2 II Nr. 1 bis 3 mit den Aufwendungen unter Absatz 2 I Nr. 1 und 2 verrechnet werden; das Ergebnis ist als „Rohertrag" oder „Rohaufwand" an erster Stelle auszuweisen,

so brauchen bei Verwendung der Staffelform die Posten unter Absatz 3 Nr. 1 bis 5 nicht gesondert ausgewiesen zu werden,

wenn

1. die Bilanzsumme drei Millionen Deutsche Mark nicht übersteigt, oder

2. die Gesellschaft eine Familiengesellschaft ist und die Bilanzsumme zehn Millionen Deutsche Mark nicht übersteigt; als Familiengesellschaften gelten solche Aktiengesellschaften, deren Aktionär eine einzelne natürliche Person ist oder deren Aktionäre natürliche Personen sind, die untereinander im Sinne des § 10 Nr. 2 bis 5 des Steueranpassungsgesetzes vom 16. Oktober 1934 (Reichsgesetzbl. I S. 925) verwandt oder verschwägert sind.

Macht eine Familiengesellschaft von der Befugnis nach Satz 1 Gebrauch, so kann jeder Aktionär verlangen, daß ihm die Gewinn- und Verlustrechnung in der Form vorgelegt wird, die sie ohne Anwendung des Satzes 1 hätte.

1. Entstehung und wirtschaftspolitische Bedeutung der Bestimmungen des zweiten Abschnittes .... Anm. 1
2. Die Änderung des § 65 Abs. 1 Akt.G. .... Anm. 2—4
3. Die grundsätzliche Änderung des § 132 Akt.G. .... Anm. 5
a) Bruttoprinzip .... Anm. 6
b) Staffelform neben der Kontoform .... Anm. 7
c) gespaltene Publizitätspflicht .... Anm. 8
4. Abweichung von den gesetzlichen Gliederungsvorschriften ...... Anm. 9
5. Gliederungsbestimmungen im einzelnen .... Anm. 10

Ziffer:
1. Umsatzerlöse .... Anm. 11
2. Bestandsveränderungen .... Anm. 12
3. Aktivierte Eigenleistungen .... Anm. 13
4. Gesamtleistung .... Anm. 14
5. Aufwendungen für Roh-, Hilfs- und Betriebsstoffe .... Anm. 15
6. Rohertrag, Rohaufwand .... Anm. 16
7. Erträge aus Gewinnabführungsverträgen .... Anm. 17
8. Erträge aus Beteiligungen .... Anm. 18
9. Erträge aus anderen Wertpapieren des Anlagevermögens .... Anm. 19
10. Sonstige Zinsen und ähnliche Erträge .... Anm. 20

11. Erträge aus dem Abgang von Gegenständen und aus Zuschreibungen zu Gegenständen des Anlagevermögens .... Anm. 21
12. Erträge aus der Auflösung von Wertberichtigung .... Anm. 22
13. Erträge aus der Auflösung von Rückstellungen .... Anm. 23
14. Sonstige Erträge .... Anm. 24
15. Erträge aus Verlustübernahmeverträgen .... Anm. 25
16. Löhne und Gehälter .... Anm. 26
17. Soziale Abgaben .... Anm. 27
18. Sonstige soziale Aufwendungen .... Anm. 28
19. Abschreibungen und Wertberichtigungen auf das Sachanlagevermögen .... Anm. 29
20. Abschreibungen und Wertberichtigungen auf das Finanzanlagevermögen .... Anm. 30
21. Abschreibungen und Wertberichtigungen auf das Umlaufvermögen Anm. 31
22. Verluste aus dem Abgang von Gegenständen des Anlagevermögens Anm. 32
23. Zinsen und ähnliche Aufwendungen .... Anm. 33
24. Steuern .... Anm. 34
25. Lastenausgleichsvermögensabgabe .... Anm. 35
26. Aufwendungen aus Verlustübernahmeverträgen .... Anm. 36
27. Sonstige Aufwendungen .... Anm. 37
28. Auf Grund eines Gewinnabführungsvertrages abgeführte Gewinne Anm. 38
29. Jahresüberschuß / Jahresfehlbetrag .... Anm. 39
30. Gewinnvortrag / Verlustvortrag aus dem Vorjahr .... Anm. 40
31. Entnahmen aus Rücklagen .... Anm. 41
32. Einstellungen in Rücklagen .... Anm. 42
33. Reingewinn / Reinverlust .... Anm. 43

1. Der am 3. Juni 1958 als Drucksache 416 beim Bundestag eingebrachte Entwurf des Gesetzes sah in dem zweiten Abschnitt lediglich die Neufassung des § 132 Akt.G., d. h. die **Neugliederung der Gewinn- und Verlustrechnung** vor. Erst in den Beratungen in den Ausschüssen des Bundestages ist neu hinzugekommen die **Änderung des § 65 Abs. 1 Akt.G.**

Beide Bestimmungen stehen zwar nicht in einem rechtlichen, wohl aber in einem wirtschaftspolitischen Zusammenhang mit den Bestimmungen des ersten Abschnitts. Alle Bestimmungen des Gesetzes sollen, wie es in der amtlichen Begründung heißt, der „Förderung des Kapitalmarktes" dienen. Das soll dadurch geschehen, daß die Aktie als Anlagepapier insofern interessanter gemacht wird, als ihre Rendite erhöht und darüber hinaus der Kreis der für den Aktienerwerb in Frage kommenden erweitert wird. Wenn eine Gesellschaft z. B. 1 : 1 ihr Kapital auf Grund des ersten Abschnitts dieses Gesetzes erhöht und auf das neue Kapital den bisherigen Prozentsatz an Dividenden ausschüttet, so erhöht sich der absolute Dividendenbetrag auf das Doppelte. Durch die Kapitalerhöhung aus Gesellschaftsmitteln werden die Gesellschaften in die Lage gesetzt, eine Dividende zu zahlen, die den tatsächlichen Kapitalverhältnissen mehr entspricht als bisher, ohne daß optisch unerwünschte Nebenwirkungen entstehen.

Die bisher bekannt gewordenen Verwaltungsvorschläge bestätigen die Erwartungen, daß diejenigen Gesellschaften, die von der Kapitalerhöhung Gebrauch machen, künftig insgesamt an ihre Aktionäre eine höhere Dividendensumme auszahlen.

Die Verschärfung der Publizitätsvorschriften hat ebenfalls das wirtschaftspolitische Ziel, die Gesellschaften zu veranlassen, ihre Gewinne in größerem Umfange als bisher an die Aktionäre auszuschütten (amtliche Begründung Drucksache 416). Man geht davon aus, daß die Aktionäre nur dann auf die Ausschüttung höherer Dividenden hinwirken können, wenn sie die Gewinne der Gesellschaft aus einer nach betriebswirtschaftlichen Grundsätzen aufgestellten Gewinn- und Verlustrechnung besser kennen, als dies gegenwärtig der Fall ist. Darüber hinaus wird man sagen können, daß schon allein die Notwendigkeit, die Gewinne in stärkerem Umfange offenzulegen als dies bisher der Fall war, die Verwaltung zu einem höheren Gewinnverteilungsvorschlag anregen wird. Aus der höheren Gewinnausschüttung verspricht man sich eine Förderung des Kapitalmarktes dadurch, daß ein nicht geringer Teil der ausgeschütteten Gewinne dem Kapitalmarkt zur Verfügung gestellt wird. Der Gesetzgeber setzt damit die Tendenz fort, die bereits in der bevorzugten steuerlichen Behandlung des ausgeschütteten Gewinns zum Ausdruck gekommen ist. Selbst wenn man zugibt, daß, teilweise durch die steuerliche Gesetzgebung begünstigt, die Selbstfinanzierung der Unternehmen zwar in der Vergangenheit beim Aufbau der Wirtschaft richtig war, nunmehr aber bei Normalisierung der Verhältnisse verringert werden sollte, so steht doch einwandfrei fest und ist auch von keiner Seite bestritten worden, daß nach wie vor in gewissem Umfange eine Selbstfinanzierung notwendig bleibt. Sie soll sich nach den Vorstellungen, die auch in diesem Gesetz zum Ausdruck kommen, lediglich in gewissen Grenzen halten und die Finanzierung über den Kapitalmarkt durch dessen Stärkung begünstigt werden. Die mit der Kapitalerhöhung bei der Gesellschaft eintretende Veränderung ihres Grundkapitals und die damit automatisch eintretende Veränderung im Nennbetrag des einzelnen Mitgliedschaftsrechts ist bei der A.G. und K.G.a.A. grundsätzlich durch Ausgabe neuer Aktien auszuführen. Damit wird der Wert jeder Aktie, sowohl der alten wie der neuen, entsprechend dem Umstellungsverhältnis verringert und einem erweiterten Personenkreis der Erwerb ermöglicht.

Durch die Neufassung des § 65 Abs. 1 AktG. wird den Gesellschaften abweichend vom jetzt geltenden Recht, aber in Übereinstimmung mit § 68 der Regierungsvorlage eines Aktiengesetzes die Möglichkeit gegeben, eigene Aktien zu erwerben, wenn die Aktien dem Arbeitnehmer der Gesellschaft zum Erwerb angeboten werden sollen.

Damit wird einem wichtigen, gesellschaftspolitischen Anliegen der tragenden Regierungspartei CDU/CSU Rechnung getragen, das unter dem Begriff „Eigentum für alle" bekannt ist. Es soll durch diese Bestimmung, die ergänzt wird durch die Bestimmungen des § 6 des Gesetzes über steuerrechtliche Maßnahmen bei Erhöhung des Nennkapitals aus Gesellschaftsmitteln (vgl. Anmerkung dort) ein neuer Personenkreis für den Erwerb von Aktien gewonnen werden. Da der Steuervorteil nur eintritt, wenn die Aktien innerhalb einer Sperrfrist von fünf Jahren nicht veräußert werden, werden dadurch die für den Erwerb dieser Aktien aufzubringenden Beträge dem Konsum entzogen und dem Kapitalmarkt zugeführt. Insofern dient auch diese Bestimmung der Förderung des Kapitalmarktes. Wenn diese ursprünglich für die große Aktienrechtsreform vorgesehene Bestimmung bereits in dieses Gesetz übernommen wurde, so einmal deshalb, weil die CDU/CSU Wert darauf legte, ihre Politik der Eigentumsbildung bei sozial schwächeren Schichten beschleunigt durchzuführen, zum anderen aber auch, weil erhebliche verfassungsrechtliche Bedenken dagegen geltend gemacht wurden, die Bestimmungen des § 197 Abs. 2 des Referentenentwurfs eines Aktiengesetzes (jetzt § 200 des Regierungsentwurfs) zu übernehmen (Ausgabe von Belegschaftsaktien durch Mehrheitsbeschluß). Insofern ist es richtig, daß diese Bestimmung als Ersatz für den Ausschluß der Möglichkeit, aus der Kapitalerhöhung aus Gesellschaftsmitteln stammende Anteile unentgeltlich an Arbeitnehmer der Gesellschaft zu geben, anzusehen ist (vgl. Gessler, BB 1960, Seite 11).

2. Der in der bisherigen Fassung des **§ 65 Abs. 1** des Akt.G. zum Ausdruck gekommene Grundsatz, daß eine Aktiengesellschaft eigene Aktien nicht erwerben darf, bleibt auch bei der Neufassung voll aufrechterhalten. Da die Absätze 2 bis 7 des § 65 Akt.G. überhaupt nicht geändert sind, bleibt es auch dabei, daß ein abhängiges Unternehmen Aktien der herrschenden A.G. nicht erwerben darf und daß auch für Rechnung der A.G. oder eines von ihr abhängigen Unternehmens Aktien von einer Dritten nicht erworben werden dürfen.

Auch die bisherigen Ausnahmen bleiben aufrechterhalten. Zulässig ist nach wie vor

a) der Erwerb zur Abwendung eines schweren Schadens,
b) der unentgeltliche Erwerb,
c) der Erwerb in Ausführung einer Einkaufskommission,
d) der Erwerb zur Einziehung,
(vgl. Godin-Wilhelmi, Anm. I zu § 65).

In der neuen Fassung des § 65 Abs. 1 befindet sich die Ausnahme zu a) nunmehr in der Ziffer 1, die Ausnahmen zu b) und c) sind zusammengezogen unter Ziffer 3, die Ausnahme d) bleibt in der bisherigen Form aufrechterhalten, denn sie steht in § 65 Abs. 2 Akt.G., der durch die Änderung unberührt bleibt (im einzelnen vgl. Godin-Wilhelmi, Anm. I und II zu § 65). Neu hinzugetreten ist die Ziffer 2, wonach eigene Aktien erworben werden dürfen, wenn die Aktien den Arbeitnehmern der Gesellschaft zum Erwerb angeboten werden sollen. Hierbei ist zu beachten, daß der Gesamtnennbetrag der Aktien, die zur Abwendung eines schweren Schadens und der Aktien, die zur Weitergabe an Arbeitnehmer erworben sind, zusammen mit dem Betrag anderer Aktien der Gesellschaft, die die Gesellschaft oder ein abhängiges Unternehmen bereits zu diesen Zwecken erworben hat und noch besitzt, 10 vom Hundert des Grundkapitals nicht übersteigen darf. Bisher galt diese Bestimmung nur für die Aktien, die zur Abwendung eines schweren Schadens erworben werden durften. Insofern ist also, zwar nicht formell, aber in ihrer wirtschaftlichen Bedeutung, die bisherige Bestimmung über den Erwerb eigener Aktien zur Abwendung eines schweren Schadens eingeschränkt worden. Eine erhebliche praktische Bedeutung wird diese Änderung nicht haben, denn im allgemeinen wird die Gesellschaft nicht längere Zeit im Besitz eigener Aktien sein, die für die Arbeitnehmer bestimmt sind.

3. Die Ziffer 2 läßt offen, zu welchen **Bedingungen diese Aktien den Arbeitnehmern anzubieten sind.** Die Aktie kann entgeltlich oder unentgeltlich zum Erwerb angeboten werden. Sie kann infolgedessen auch unter ihrem Nennwert angeboten werden und selbstverständlich auch unter dem jeweiligen Börsenwert. Die Ausgabe von Aktien an Belegschaftsmitglieder ist nichts Neues. Es haben bereits bisher eine Reihe großer Firmen anläßlich der Ausschüttung einer Weihnachtsgratifikation oder einer Gewinnbeteiligung ihren Belegschaftsmitgliedern Aktien angeboten, teilweise zu einem Vorzugskurs. Derartige Angebote sind vielfach schon bisher unter der Verpflichtung gemacht worden, daß die Aktien für eine bestimmte Zeit nicht veräußert werden dürfen. Über die steuerliche Behandlung solcher Fälle in der Vergangenheit siehe Anmerkung zu § 6 des Gesetzes über steuerrechtliche Maßnahmen bei Erhöhung des Nennkapitals aus Gesellschaftsmitteln.

Die nunmehr erfolgte gesetzliche Regelung entspricht mithin weitgehend einem bisher in der Praxis angewandten und bewährten Verfahren.

Es ist beanstandet worden, daß der Vorstand allein darüber entscheiden kann, ob und zu welchen Bedingungen Aktien den Belegschaftsmitgliedern angeboten werden können. Da das Gesetz keine besondere Bestimmung getroffen hat, fällt sowohl der Erwerb der Aktien als auch ihre Ausgabe an die Belegschaftsmitglieder unter die Befugnisse des Vorstandes, da er die Gesellschaft leitet und vertritt (§§ 70, 71 Akt.G.). Der Aufsichtsrat kann aber jederzeit durch einfachen Beschluß bestimmen, daß sowohl der Erwerb von eigenen Aktien allgemein oder zum Zweck der Weitergabe an Arbeitnehmer (so auch Gessler in BB 1960, Seite 11) und darüber hinaus auch die Ausgabe der Aktien an Belegschaftsmitglieder nur mit seiner Zustimmung vorgenommen werden soll. Dasselbe kann auch in der Satzung festgelegt werden. Es bedarf aber einer solchen Satzungsbestimmung nicht, da sich das Recht des Aufsichtsrats aus § 95 Abs. 5 Akt.G. ergibt und durch die Satzung nicht einmal eingeschränkt werden kann (vgl. im einzelnen Godin-Wilhelmi, § 95 Anm. 11). Bei der Beratung des Gesetzes wurde geltend gemacht, die Entscheidung über den Erwerb eigener Aktien und die Ausgabe der Aktien zu einem Vorzugskurs oder gar unentgeltlich an die Arbeitnehmer müsse unter die Kontrolle der Hauptversammlung gestellt werden, da es sich um einen Eingriff in das Recht der Aktionäre handele. Die gleiche Ansicht wird in der Literatur auch vertreten, so Horneff, „Kleine Aktienrechtsreform mit Fehlern", Volkswirt 1959, Seite 2636. Dabei wird übersehen, daß die Gesellschaft nur Aktien erwerben kann, die auf dem Markt sind und bei denen also der bisherige Aktionär bereit ist, die Aktien zu veräußern. Ein Enteignungsvorgang kommt deshalb beim Erwerb der Aktien nicht in Frage. Auch eine Weitergabe der Aktien unter dem Börsenkurs oder dem Erwerbspreis oder gar unentgeltlich ist keine Enteignung der Aktionäre, vielmehr eine besondere Form der vielen sozialen Maßnahmen, die in jedem Betrieb vom Vorstand, teilweise mit, teilweise ohne besondere Zustimmung des Aufsichtsrats durchgeführt werden. Die Frage, wie die sozialen Leistungen insgesamt zu bemessen sind, ist eine Frage, die in erster Linie der Vorstand und der Aufsichtsrat zu entscheiden berufen sind, denn sie haben den besseren Überblick und wissen am besten, was für die Erhaltung eines guten Betriebsklimas zu geschehen hat. Das schließt nicht aus, daß sich der Vorstand und gegebenenfalls der Aufsichtsrat schadenersatzpflichtig machen, wenn sie die Bestimmung in einer die Aktionäre schädigenden Weise und unter Verletzung ihrer Pflichten anwenden (so auch Gessler in BB 1960, Seite 11).

Das Gesetz bestimmt nichts darüber, wie lange die Gesellschaft eigene Aktien, die den Arbeitnehmern angeboten werden sollen, in Besitz haben darf. Eine solche zeitliche Begrenzung konnte schon deshalb nicht im Gesetz geregelt werden, weil die Verwaltung der Gesellschaft nicht übersehen kann, wie weit die Arbeitnehmer von ihrem Angebot Gebrauch machen. Nach den bisherigen Erfahrungen erfolgt das Angebot in der Weise, daß es dem Arbeitnehmer die Wahl läßt, ob er den auf ihn als Gratifikation entfallenden Betrag in bar oder ganz oder teilweise in Aktien entgegennehmen will. Der Spielraum, den das Gesetz dadurch gegeben hat, daß es keine Frist für die Ausgabe der nach Ziffer 2 erworbenen Aktien gesetzt hat, darf allerdings nicht dazu mißbraucht werden, etwa Aktien unter dem Gesichtspunkt einer allgemeinen Kurspflege unter dem Vorwand, sie seien zur Weitergabe an Arbeitnehmer bestimmt, zu erwerben. Eine solche allgemeine Kurspflege würde, wie bisher, ein Verstoß gegen das grundsätzliche Verbot des Erwerbs eigener Aktien sein. Nur ein Kurssturz, der sich auf Grund besonderer Umstände gerade in den Aktien der Gesellschaft vollzieht, würde der Gesellschaft das Recht zum Erwerb eigener Aktien geben, und zwar nach Ziffer 1, wenn er zur Abwendung eines schweren Schadens notwendig ist (vgl. Godin-Wilhelmi § 95 Anm. 3). Da für alle nach Ziffer 1 und 2 erworbenen Aktien die Grenze von 10 % des Grundkapitals gilt, hat die Verwaltung der Gesellschaft ein Interesse daran, nur so viele eigene Aktien zur Weitergabe an die Arbeitnehmer zu erwerben, wie sie vermutlich in einem überblickbaren Zeitraum, etwa einem Geschäftsjahr, benötigt, schon um freie Hand zu haben für den Erwerb eigener Aktien zur Abwendung eines schweren Schadens.

4. In der neuen Fassung ist erstmals gesetzlich ausdrücklich festgelegt, daß in die Beschränkung auf 10 % des Grundkapitals eingerechnet werden die Aktien, die ein abhängiges Unternehmen von der Muttergesellschaft im Besitz hat, sofern die Aktien beim abhängigen Unternehmen zu den Zwecken der Ziffer 1 und 2 des § 65 Abs. 1 erworben wurden. Hierbei ist zu beachten, daß das abhängige Unternehmen nicht etwa eine Aktiengesellschaft zu sein braucht. Wenn also zum Beispiel eine von einer Aktiengesellschaft abhängige Gesellschaft mit beschränkter Haftung 5 % des Nennkapitals der Muttergesellschaft an Aktien dieser Gesellschaft nach Ziffer 1 und 2 des § 65 Abs. 2 Akt.G. erworben hat, so kann die Muttergesellschaft nur noch bis zu 5 % ihres Grundkapitals nach Ziffer 1 und 2 Aktien erwerben. Diese Regelung entspricht der bisher schon vertretenen Auslegung des § 65 (vgl. dazu Godin-Wilhelmi, Anm. 10 a).

Die Bestimmungen des bisherigen § 65 Absätze 2 bis 7 gelten unverändert weiter. Es kann insoweit auf die Kommentare zum Akt.G. Bezug genommen werden.

5. Die Neufassung des § 132 über die **Gliederung der Gewinn- und Verlustrechnung** enthält drei grundsätzliche Abweichungen von der bisherigen Regelung:

a) Es gilt das Bruttoprinzip. Ausgangspunkt für die Gewinn- und Verlustrechnung sind künftig die Umsatzerlöse.

b) Gesetzlich geregelt war bisher nur die Gewinn- und Verlustrechnung in Kontoform. Nunmehr wird auch die Staffelform in das Gesetz aufgenommen.

c) Während bisher die Vorschriften über die Gliederung der Gewinn- und Verlustrechnung für alle Aktiengesellschaften einheitlich galten, werden jetzt für bestimmte Aktiengesellschaften besondere Bestimmungen getroffen.

6. Die Einführung einer reinen Bruttorechnung bei der Gewinn- und Verlustrechnung wurde schon bei der Aktienrechtsnovelle von 1931 von betriebswirtschaftlicher Seite mit der Begründung verlangt, daß nur dadurch ein wirklicher Einblick in die Erfolgsstruktur der Gesellschaft gegeben werden kann (Adler, Anm. 10 zu § 132). Die Wirtschaft hat damals ebenso wie heute gegen das Bruttoprinzip erhebliche Bedenken geäußert, so daß sich damals die Anregung nicht durchsetzte.

7. Die Einführung der **Staffelform** neben der bisher allein üblichen Kontoform ist von betriebswirtschaftlicher Seite vorgeschlagen worden. Nach den Vorschlägen zur Aktienrechtsreform des Arbeitskreises Aktienrechtsreform, Institut der Wirtschaftsprüfer in Deutschland e. V. Seite 57, sollte die Staffelform als einzige Gliederungsvorschrift in das Gesetz aufgenommen werden. Es ist möglich, daß in der großen Aktienrechtsreform diesem Antrag stattgegeben wird. Im Augenblick erschien es zweckmäßig, bei dem Übergangscharakter der vorliegenden Bestimmung die alte Kontoform noch beizubehalten. Die Staffelform hat den Vorteil, daß sich das Ergebnis aus der Anfangszahl entwickelt und bestimmte Phasen einzeln ablesbar sind. Die einzelnen in den beiden Kontoformen auszuweisenden Posten sind die gleichen. Bei der Staffelform treten Zwischenposten hinzu, so der Posten Nr. 4 Gesamtleistung, Nr. 6 Rohertrag bzw. Rohaufwand, Nr. 29 Jahresüberschuß bzw. Jahresfehlbetrag.

8. Die Bestimmungen, nach denen die bisher für alle Aktiengesellschaften gemeinsame **Publizitätspflicht** nunmehr in der Weise **aufgesplittert** wird, daß ein Teil der Aktiengesellschaften einer eingeschränkten Publizitätsvorschrift unterliegen, zeigen, daß sich die Vorstellungen über den Zweck der Publizitätsvorschriften in einer Wandlung befinden. Bisher wurde die Verpflichtung der A.G. zur Publizität damit begründet, daß sich Aktiengesellschaften an den öffentlichen

Kapitalmarkt wenden und daß damit alle diejenigen, die Aktien erwerben wollen, einen Anspruch auf Orientierung über die Vermögens- und Erfolgslage der Gesellschaft haben. Daneben spielt der Gedanke des Gläubigerschutzes eine Rolle: Da ihnen nur das Gesellschaftsvermögen haftet, haben auch sie ein rechtlich zu schützendes Interesse, über die Situation der Gesellschaft sich orientieren zu können. Daß dies jedoch nur ein untergeordneter Gesichtspunkt war, ergibt sich aus der Tatsache, daß jedenfalls bis jetzt bei der GmbH, bei der auch nur das Gesellschaftsvermögen haftet, diese Möglichkeit den Gläubigern nicht gegeben ist. Wäre für die neuen Publizitätsvorschriften die bisherige Begründung für die Verpflichtung der Aktiengesellschaft zur Publikation allein maßgebend gewesen, so hätte man — wollte man schon eine Aufsplitterung der Publizität vornehmen — alle Gesellschaften, deren Aktien nicht an einer deutschen Börse zum amtlichen Handel zugelassen oder in den geregelten Freiverkehr einbezogen sind, der eingeschränkten Publizitätspflicht unterwerfen müssen. Das ist aber nicht geschehen. Es unterliegen zwar alle Gesellschaften, deren Aktien an der Börse, sei es amtlich oder im Freiverkehr, gehandelt werden, der verschärften Publizitätspflicht. Dagegen gilt keineswegs für alle Gesellschaften, deren Aktien nicht an der Börse gehandelt werden, die eingeschränkte Publizitätspflicht. Vielmehr spielt hier die Größe des Unternehmens eine Rolle. Damit findet zum ersten Male der in neuerer Zeit vertretene Gedanke einen gesetzlichen Niederschlag, es bestehe ein allgemeines öffentliches Interesse an der Kenntnis der wirtschaftlichen Lage solcher Gesellschaften, die durch ihre Größe eine nicht unerhebliche Rolle in der Gesamtwirtschaft spielen. Selbst wenn man die Berechtigung eines solchen allgemein öffentlichen Interesses in unserem Wirtschaftssystem bejaht, so erscheint es doch grundsätzlich bedenklich, diesen Gedanken in den Bestimmungen eines Gesetzes zum Ausdruck zu bringen, das seiner Natur nach lediglich Vorschriften für Unternehmen die in einer bestimmten Rechtsform betrieben werden, enthalten kann. Folgerichtig bedürfte es dann eines Gesetzes, daß eine Publizitätspflicht für alle Unternehmen von einer gewissen Größe an ohne Rücksicht auf die Rechtsform, in der sie betrieben werden, vorschreibt (ebenso Würdinger, Seite 172).

Der Regierungsentwurf enthielt lediglich die Bestimmung, daß Gesellschaften, deren Bilanzsumme 3 Millionen DM übersteigt, auch wenn ihre Aktien nicht an der Börse gehandelt werden, den allgemeinen Publizitätsvorschriften unterliegen. Bei der Beratung des Gesetzes ist der Antrag gestellt worden, zusätzlich Familiengesellschaften ganz allgemein der eingeschränkten Publizitätspflicht zu unterstellen, sofern ihre Aktien nicht an der Börse gehandelt werden.

Dieser Antrag hatte nur teilweise Erfolg. Auch hier ist die eingeschränkte Publizitätspflicht von der Höhe der Bilanzsumme abhängig gemacht worden. Diese ist auf 10 Millionen festgesetzt worden, so daß nunmehr zwei verschiedene Grenzen für die Größe des Unternehmens gelten, je nachdem, ob es sich um eine Familiengesellschaft oder um eine andere Gesellschaft handelt. Bei den Familiengesellschaften besteht noch die Besonderheit, daß jeder Aktionär, wenn die Gesellschaft an sich unter Abs. 5 Ziff.2 fällt, verlangen kann, daß ihm die Gewinn- und Verlustrechnung in der allgemein gültigen verschärften Form vorgelegt wird. Einen Anspruch auf Aushändigung hat er nicht. Die Vorlage kann nur vor der Hauptversammlung verlangt werden, da sie dem Zweck dient, sich zur sachgerechten Ausübung der Gesellschafterrechte in dieser Hauptversammlung die erforderlichen Informationen zu verschaffen (so Döllerer in BB 1960, Seite 110).

Maßgebend ist die Bilanzsumme, die sich aus der Bilanz, die für das Ende des Geschäftsjahres, für das die Gewinn- und Verlustrechnung aufgestellt wird, unverändert ergibt. Es ist deshalb möglich, daß eine Gesellschaft, die an der Grenze in ihrer Bilanzsumme liegt, das eine Jahr unter die normale Publizitätspflicht, das andere Jahr unter die eingeschränkte Publizitätspflicht fällt.

Der Begriff der Familiengesellschaft ist im Gesetz dahin definiert, daß entweder alle Aktien einer einzelnen natürlichen Person gehören oder mehreren natürlichen Personen, die untereinander im Sinne des § 10 Nr. 2 bis 5 des Steueranpassungsgesetzes verwandt oder verschwägert sind.

Das sind:

a) der Ehegatte, auch wenn die Ehe nicht mehr besteht (§ 10 Ziff. 3 StAG). Das gilt auch dann, wenn die Ehe für nichtig erklärt wurde, wie sich aus § 10 Ziff. 4 a StAG ergibt.

b) Verwandte in gerader Linie und Verwandte zweiten und dritten Grades in der Seitenlinie, und zwar auch, wenn die Verwandtschaft auf einer unehelichen Geburt beruht (§ 10 Ziff. 2 StAG). Für den Begriff der Verwandtschaft sind die Bestimmungen des BGB, mithin § 1589 Abs. 1 maßgebend, jedoch mit der wesentlichen Änderung, daß § 1589 Abs. 2, wonach ein uneheliches Kind und dessen Vater nicht als verwandt gelten, hier keine Anwendung findet. Angehörige im Sinne dieser Bestimmung sind mithin das uneheliche Kind des Vaters, zu dessen ehelichen Kindern und allen übrigen Verwandten des Vaters in gerader Linie und in der Seitenlinie zweiten und dritten Grades. Die Verwandtschaft des unehelich geborenen Kindes mit seiner Mutter und deren Verwandten ergibt sich aus dem BGB.

c) Verschwägerte in gerader Linie und Verschwägerte zweiten Grades in der Seitenlinie. Das gilt auch,

1. wenn die Ehe, die die Schwägerschaft begründet hat, nicht mehr besteht (für nichtig erklärt oder aufgelöst worden ist);
2. wenn die Schwägerschaft auf einer unehelichen Geburt beruht (§ 10 Ziff. 4 StAG). Auch hier gilt das zu b) Gesagte, das uneheliche Kind gilt auch als Angehöriger zu der Ehefrau des Vaters des unehelichen Kindes, wenn diese nicht seine Mutter ist;
3. durch Annahme an Kindes Statt in gerader Linie Verbundene (§ 10 Ziffer 5 StAG). Zu beachten ist hier, daß in der Seitenlinie durch die Annahme an Kindes Statt kein Angehörigenverhältnis im Sinne des Gesetzes begründet wird (vgl. hierzu die Kommentare zum StAG). Zu beachten ist, daß die Bezeichnung im Gesetz „verwandt oder verschwägert" nicht auf die Bestimmung des § 10 Ziffer 5 des Steueranpassungsgesetzes paßt, denn das Adoptivkind steht nicht in einem Verwandschafts- oder Schwägerschaftsverhältnis (§ 663 BGB). Da aber ausdrücklich die Ziffer 5 des StAG genannt ist, kann es keinem Zweifel unterliegen, daß hier auch Adoptivkinder zu den Angehörigen zählen. Aus dem § 10 StAG sind nicht übernommen Ziffer 1, das sind Verlobte und Ziffer 6, Pflegeeltern und Pflegekinder.

Zu bemerken ist, daß ein in den Beratungen des Gesetzes gestellter Antrag, solche Aktiengesellschaften, deren Aktien in vollem Umfang im Besitz einer juristischen Person sind, von der verschärften Publizitätspflicht freizustellen, von der Mehrheit abgelehnt wurde.

9. Abweichungen von den vorgeschriebenen Gliederungen sind sowohl bei der Kontoform wie bei der Staffelform entsprechend der bisherigen Bestimmung des § 132 zulässig, wenn der Geschäftszweig eine abweichende Gliederung bedingt, die gleichwertig sein muß, d. h. sie muß nach den nunmehr geltenden Grundsätzen, sofern die Ausnahme des Abs. 5 nicht Platz greift, eine Bruttorechnung darstellen. Die im Gesetz gegebenen Gliederungsvorschriften sind Mindestvorschriften. Eine Erweiterung der Gliederung ist zulässig. Andererseits können auch Posten weggelassen werden, wenn diese nicht vorkommen. Eine Fehlanzeige ist nicht erforderlich. Auf der anderen Seite ist es aber unzulässig, einen bei der Gesellschaft vorkommenden Betrag anderweitig auszuweisen, als in den in den Gliederungsvorschriften enthaltenen Posten. Insbesondere ist eine Verrechnung unzulässig.

10. Bei der folgenden Erläuterung der Posten, die nach der Gliederung besonders auszuweisen sind, wird von der Staffelform ausgegangen, weil sämtliche dort vorkommenden Posten auch bei der Kontoform vorkommen. Es wird jeweils auf die Ziffer in der Kontoform verwiesen, wobei I. bedeutet, daß der Posten auf der Seite der Aufwendungen und II., daß der Posten auf der Seite der Erträge steht. Die dieser Erläuterung voranstehenden Ziffern bedeuten jeweils die Nummer des betreffenden Postens in der Staffelform.

11. Nr. 1 (II, 1).

Unter **Umsatzerlöse** fallen alle Beträge, die dem Unternehmer in dem Zeitraum, auf den sich die Gewinn- und Verlustrechnung bezieht, zufließen, mit Ausnahme derjenigen, die unter besonderen Posten aufzuführen sind. Abzugsfähig sind nach Abs. 4 nur Preisnachlässe und zurückgewährte Entgelte, da in Höhe dieser Beträge Umsatzerlöse nicht erzielt worden sind. Unter den Begriff „Preisnachlässe", der dem § 1 des Rabattgesetzes entspricht, fallen daher vor allem auch die Skonti (amtliche Begründung Bundestagsdrucksache 416). Damit ist die bisherige Streitfrage, ob Skonti als Zins für pünktliche Zahlung oder als Minderung des Erlöses anzusehen sind, im Sinne der letzteren Ansicht vom Gesetzgeber entschieden.

Zu den Preisnachlässen gehören auch alle Rückerstattungen von bereits empfangenen Beträgen, die auf Grund von Differenzen über ordnungsgemäße Lieferung oder wegen Rücktritt vom Vertrage zurückgezahlt werden müssen.

Abzugsfähig sind aber stets nur die Preisnachlässe usw., die zur Erlösschmälerung in dem betreffenden Wirtschaftsjahr geführt haben, nicht dagegen Preisnachlässe usw. im Zusammenhang mit Lieferungen früherer Wirtschaftsjahre (so auch Döllerer in BB 1960, Seite 109).

Nebenkosten, die vertragsgemäß der Verkäufer zu tragen hat, wie etwa Frachten und Provisionen, fallen nicht unter den Begriff der Preisnachlässe, selbstverständlich auch nicht Steuern. (Vgl. Gessler, WM 1960, Sonderbeilage Nr. 1, Seite 27.)

12. Nr. 2 (I, 1, II, 2).

Aufgabe der Gewinn- und Verlustrechnung ist es, das Erfolgsergebnis der Gesellschaft innerhalb des Zeitraumes, auf den sich die Rechnungslegung bezieht, darzustellen. Infolgedessen bedarf der Posten Umsatzerlöse einer Ergänzung durch die Angabe, ob und in welchem Umfang eine **Erhöhung oder Verminderung des Bestandes an fertigen und halbfertigen Erzeugnissen** während der Berichtszeit eingetreten ist. Der hier einzusetzende Betrag ist die Differenz zwischen dem Betrag, der in der vorangegangenen Bilanz unter halbfertigen Erzeugnissen (§ 131 A III, 2 Akt.G.) und fertigen Erzeugnissen (§ 131 A III, 3 Akt.G.) eingesetzt ist und dem Betrag, der sich aus der neuen Bilanz, die den Zeitraum abschließt, auf den sich die Gewinn- und Verlustrechnung bezieht, ergibt. Die Möglichkeit, hier stille Rücklagen zu schaffen, bleibt nach wie vor bestehen. Diese werden aber, da es sich um Umlaufvermögen handelt, durch den späteren Umsatz der Erzeugnisse von selbst aufgelöst.

13. Nr. 3 (II, 3).

Zur Feststellung der Gesamtleistung des Unternehmens (Nr. 4) ist es notwendig, unter die Erträge der GUV auch diejenigen **Leistungen des Unternehmens mit eigenen Arbeitskräften** aufzunehmen, die aktivierungsfähig sind und auch aktiviert worden sind (z. B. aktivierte Ausbauten und Umbauten an Gebäuden, aktivierte Vorrichtungen). Hierdurch wird keine zusätzliche Verpflichtung zur Aktivierung eingeführt, sondern nur der offene Ausweis für tatsächlich aktivierte eigene Leistungen auch in der GUV verlangt, da die Aufwendungen hierfür in den Aufwendungen der GUV enthalten sind. Nicht aktivierte Eigenleistungen sind nicht in der GUV auszuweisen. Die Bildung stiller Rücklagen durch Behandlung derartiger Eigenleistungen als Unkosten bleibt daher unberührt.

14. Nr. 4.

Der nur in der Staffelform vorkommende Posten **„Gesamtleistung"** bildet die Zusammenfassung der vorangegangenen Posten Nr. 1 bis 3 und zeigt die Gesamtleistung des Jahres. Die Bestandsveränderung für Roh-, Hilfs- und Betriebsstoffe (Bilanzposten A, III, 1 § 131 Akt.G.) sind, da sie unter 2 nicht aufgeführt sind, in diesem Posten nicht miterfaßt. Betriebswirtschaftlich gesehen stellt die Erhöhung des Bestandes keine Leistung der Gesellschaft, die Verminderung keine Leistungsschmälerung dar (vgl. Döllerer in BB 1960, Seite 109).

15. Nr. 5 (I, 2).

Aufwendungen für Roh-, Hilfs- und Betriebsstoffe. Hierunter ist aufzuführen die Differenz, die sich aus einem Vergleich zwischen der vorangegangenen Bilanz und der Bilanz aus dem Bilanzposten A III, 1 ergibt, die den Zeitraum abschließt, auf den sich die GUV bezieht. Es ist nicht zulässig, etwa den gesamten Aufwand für die im Geschäftsjahr angeschafften Rohstoffe und Waren auszuweisen. Döllerer in BB 1960, Seite 109 gibt folgendes zutreffende Schema:

Auszuweisen ist „Anfangsbestand plus Zugänge minus Endbestand gleich Aufwand".

Unter gleichzusetzenden Fremdleistungen sind solche zu verstehen, die unmittelbar in das Produkt eingehen, wie z. B. alle Aufwendungen für Leistungen an Dritte, die in Lohnbe- und -verarbeitung der Erzeugnisse oder Forderungen aufgebracht werden (Gessler, WM 1960, Sonderbeilage 1, Seite 28).

Unter Waren sind ebenso wie im § 131 A, III Nr. 3 Akt.G. Handelswaren zu verstehen, die zur Weiterveräußerung angeschafft sind, dagegen nicht solche Waren, die im Betrieb der Gesellschaft verwandt werden sollen (vgl. Döllerer in BB 1960, Seite 109).

16. Nr. 6.

Der Posten **Rohertrag — Rohaufwand** ist ein Zwischenposten, der nur in der Staffelform vorkommt. Er entspricht ungefähr dem vor Inkrafttreten des Aktiengesetzes nach § 261 c HGB auszuweisenden Posten „Jahresertrag".

17. Nr. 7 (II, 4).

Die **Erträge aus Gewinnabführungsverträgen** waren bisher nicht ausweispflichtig. Sie wurden mit dem Jahresertrag (§ 132, II, 1 a. F.) verrechnet. Für die Begriffsbestimmung ist der § 256 Akt.G. maßgebend. Es fallen deshalb nicht nur Erträgnisse aus einem Vertrag unter diese Bestimmung, der einseitig eine Gewinnabführung bestimmt, sondern auch die Erträgnisse aus Gewinngemeinschaften und aus Interessengemeinschaften, soweit sie sich auf den Gewinn erstrecken (vgl. Baum-Bach-Hueck, § 256 Anm. 2).

Nicht darunter fallen die Erträge aus Arbeitsgemeinschaften. Sie sind Umsatzerlöse im Sinne der Nr. 1; die im Rahmen der Arbeitsgemeinschaft gemachten Aufwendungen sind unter den entsprechenden Posten auszuweisen (vgl. Gessler in WM 1960, Seite 28, Döllerer in BB 1960, Seite 109).

Bestehen mehrere Gewinnabführungsverträge, so sind deren Erträge in einer Summe anzuführen. Eine Saldierung der Aufwendung, die die Gesellschaft auf Grund eines Verlustübernahmevertrages oder auf Grund eines Gewinnabführungsvertrages zu leisten hat, ist nicht zulässig. Diese sind vielmehr unter Nr. 26 und 28 auszuweisen.

18. Nr. 8 (II, 5).

Erträge aus Beteiligungen. Was unter Beteiligungen zu verstehen ist, ergibt sich aus § 131, II 6 Akt.G. Die Beteiligung kann an einer Kapital- oder auch an einer Personengesellschaft bestehen. Sie ist in den verschiedensten Formen möglich, durch den Besitz von Wertpapieren und unverbrieften Anteilen, aber auch durch stille Beteiligung und beteiligungsähnliche Darlehen. Maßgebend ist die Zweckbestimmung. Sie muß auf eine gewisse Dauer gerichtet sein und eine mehr oder weniger enge wirtschaftliche Verbindung mit dem Unternehmen bezwecken (vgl. Adler, § 131, Anm. 44). Eine Beteiligung liegt im Zweifel, vor, wenn eine Gesellschaft 25 % einer Kapitalgesellschaft besizt, gleichgültig, ob diese Beteiligung in Wertpapieren verkörpert ist oder nicht. Der Posten entspricht dem § 132, II, 2, a. F.

Die Erträge aus Beteiligungen sind grundsätzlich in dem Jahresabschluß auszuweisen, der den Zeitraum umfaßt, in dem der Rechtsanspruch auf die Erträge entstanden ist. Bei einer Kapitalgesellschaft entsteht dieser mit dem Gewinnverteilungsbeschluß der Haupt- oder Gesellschafterversammlung. Ist dieser Beschluß nicht vor Beendigung des Geschäftsjahres der beteiligten Gesellschaft gefaßt worden, so kann der Anspruch nicht in die Bilanz und demgemäß auch nicht in die Gewinn- und Verlustrechnung für dieses Geschäftsjahr aufgenommen werden (weitergehend Adler, § 131, Anm. 84 und § 132 Anm. 115 und Schl.Qu. § 131 Anm. 23). Bei der Beteiligung an einer Personengesellschaft gelten die gleichen Grundsätze. Jedoch wird häufig kein Beschluß erforderlich sein, um den Anspruch auf die Erträgnisse aus der Beteiligung zur Entstehung gelangen zu lassen. In allen diesen Fällen ist der Anspruch auf die Erträge aus der Beteiligung mit dem Ablauf des Geschäftsjahres des Unternehmens, an dem die Beteiligung besteht, entstanden und kann infolgedessen unbedenklich noch in die Gewinn- und Verlustrechnung der beteiligten Gesellschaft für das Geschäftsjahr eingestellt werden, das etwa am gleichen Tage abläuft.

19. Nr. 9 (II, 6).

Erträge aus anderen Wertpapieren des Anlagevermögens. Während bisher nur die Erträge aus Beteiligungen besonders auszuweisen waren, sind jetzt auch die Erträge aus anderen Wertpapieren des Anlagevermögens gesondert aufzuführen, so daß man aus den unter Nr. 8 und 9 aufzuführenden Erträgen einen vollständigen Überblick über die Erträgnisse der Gesellschaft aus Finanzanlagen erhält (§ 131 A, II, 6 und 7 Akt.G.). Hierunter sind auch die Erträge von Wertpapieren aufzuführen, wenn diese 25 % oder mehr Grundkapital der Gesellschaft ausmachen, sofern im Ausnahmefall die gesetzliche Vermutung des § 131 A, II, 6, daß alsdann eine Beteiligung vorliegt, nicht zutrifft, beispielsweise deshalb, weil die Gesellschaft von vornherein nur vorübergehend liquide Mittel anlegen wollte.

20. Nr. 10 (II, 7).

Sonstige Zinsen und ähnliche Erträge. Soweit bereits in den Nr. 8 und 9 Zinsen enthalten sind, müssen sie dort aufgeführt werden. Eine Verrechnung der Zinsen, wie sie bisher zulässig war, ist jetzt nicht mehr möglich (vgl. Nr. 23).

21. Nr. 11 (II, 8).

Erträge aus dem Abgang von Gegenständen und aus Zuschreibungen zu Gegenständen des Anlagevermögens. Die unter Nr. 11 bis 13 und 31 b aufzuführenden Erträge bzw. Einnahmen waren bisher unter § 132 II, 4 in einem Sammelposten aufzuführen. Unter Nr. 11 sind zunächst die Buchgewinne auszuweisen, die dadurch entstehen, daß Gegenstände des Anlagevermögens über dem Buchwert veräußert werden. Zuschreibungen zu Gegenständen des Anlagevermögens bedeuten die Auflösung bisher bestehender stiller Reserven und ist zu unterscheiden von dem durch Eigenleistung tatsächlich geschaffenen Mehrwert, der unter Nr. 2 (vgl. Anm. 13) auszuweisen ist.

Auf eine Zuschreibung zu Gegenständen des Umlaufvermögens bezieht sich nach dem Wortlaut die Bestimmung nicht. Solche Zuweisungen sind vielmehr unter Nr. 14 „sonstige Erträge" auszuweisen (vgl. Döllerer in BB 1960, Seite 109).

22. Nr. 12 (II, 9).

Erträge aus der Auflösung von Wertberichtigung. Wertberichtigungen sind aufzulösen, wenn die Gegenstände, für die sie als Gegenposten eingesetzt sind, nicht mehr unter den Aktiven erscheinen. Dann erfolgt ihr Ausweis unter Nr. 11. Bleiben jedoch die Gegenstände weiterhin im Vermögen der Gesellschaft, so kann die Auflösung der Wertberichtigung erfolgen, wenn sich ergibt, daß der aktivierte Gegenstand den in seinem Buchwert zum Ausdruck kommenden Wert hat. Der sich aus diesem Vorgang ergebende Ertrag ist unter Nr. 12 auszuweisen.

Das Gesetz spricht hier nicht ausdrücklich von Wertberichtigungen beim Anlagevermögen, so daß auch die Auflösung eines Wertberichtigungspostens für das Umlaufvermögen, beispielsweise für die Debitoren (Delkredere-Konto, Dubiosen-Konto) unter diese Bestimmung fällt, wenn seine Auflösung erfolgt (vgl. Baumbach-Hueck § 131 Anm. 9).

23. Nr. 13 (II, 10).

Erträge aus der Auflösung von Rückstellungen. Nicht mehr benötigte Rückstellungen sind über die Gewinn- und Verlustrechnung aufzulösen, soweit nicht eine gleichartige und gleichwertige Rückstellung, z. B. für Steuern, erneut nach kaufmännischen Grundsätzen notwendig erscheint (vgl. Adler-Düring-Schmalz zu § 131 Anm. 162). Die bisher als zulässig erachtete Umbuchung einer freigewordenen oder zu hohen Rückstellung auf Rücklagen dürfte jetzt nicht mehr zulässig sein. Vielmehr ist unter Ziffer 13 die Auflösung der Rückstellungen auszuweisen, während unter Ziffer 32 b die Einstellung in freie Rücklagen gesondert auszuweisen ist.

24. Nr. 14 (II, 11).

Der Posten **„Sonstige Erträge"** wird keine erhebliche Bedeutung mehr haben, nachdem in den Nrn. 11 bis 13 eine weitgehende Aufschlüsselung der außerordentlichen Erträge erfolgt ist. Hierunter sind beispielsweise aufzuführen die außerordentlichen Zuwendungen im Sinne des bisherigen § 132, II, 6. Ein Ausweis von Beträgen unter diesem Posten war bisher jedoch äußerst selten, da es sich um unentgeltliche Zuwendungen handeln mußte.

25. Nr. 15 (II, 12).

Erträge aus Verlustübernahmeverträgen. Der Posten kommt nur dann in Frage, wenn die Gesellschaft einen Vertrag geschlossen hat, auf Grund dessen ein Dritter verpflichtet ist, ihre Verluste zu decken (zu übernehmen) und sie ohne den Ertrag aus diesem Verlustübernahmevertrag einen Bilanzverlust ausweisen würde. Eine solche Vereinbarung wird zumeist im Zusammenhang mit einem Gewinnabführungsvertrag getroffen (vgl. Anm. 17).

Die Summe der Posten 6 bis 15, die gesondert aufzuführen ist, stellt die Gesamterträge der Gesellschaft dar.

26. Nr. 16 (I, 3).

Löhne und Gehälter. Der Posten entspricht dem bisherigen § 132, I, 1. Es kann auf die Ausführungen in den Kommentaren Bezug genommen werden bei Godin-Wilhelmi, Anm. II, 2. Aufzuführen sind die gesamten Bruttobezüge in dem Geschäftsjahr, gleichgültig, ob es sich um produktive oder unproduktive Arbeitsleistungen handelte. Hierher gehören alle festen Verpflichtungen, auch die an den Vorstand gezahlten Gehälter sowie die garantierten Tantiemen an Vorstand und Aufsichtsrat, soweit sie nicht aus dem Gewinn zu zahlen sind. Ferner fallen unter diese Bestimmung Gratifikationen und Tantiemen für Angestellte, die nicht Mitglieder des Vorstandes sind, Umsatzprovisionen an feste Angestellte, nicht aber an freie Agenten. Nicht hierher gehören Unkosten, die an Arbeitnehmer erstattet werden, wie z. B. Reisekosten. Die Aufwendungen für Jubiläumsgaben und Ruhegehälter sind jetzt unter Nr. 18 auszuweisen. (Vgl. Muscheid in Betrieb 1960, Seite 93 ff.)

27. Nr. 17 (I, 4).

Soziale Abgaben. Der Posten entspricht dem des § 132, I, 2 Akt.G. alter Fassung. Hierunter fallen die sozialen Abgaben, die die Gesellschaft kraft Gesetzes zu tragen hat. Freiwillige Sozialleistungen fallen unter Nr. 18.

28. Nr. 18 (I, 5).

Soziale Aufwendungen, soweit sie nicht unter anderen Posten auszuweisen sind. Die jetzige Formulierung weicht von der Regierungsvorlage ab. Diese spricht von zusätzlichen sozialen Aufwendungen. Tatsächlich werden aber über die sozialen Abgaben (Nr. 17, Anm. 27) hinaus nicht alle weiteren sozialen Aufwendungen unter Nr. 18 erfaßt. Die Abschreibungen für ein Erholungsheim oder eine Kantine fallen unter Nr. 19. Das Gehalt eines Werkarztes oder Sozialbetreuers fällt unter Nr. 16 (vgl. Döllerer in BB 1960, Seite 110).

Der in den Beratungen aufgetauchte Gedanke, unter der Nr. 18 die freiwilligen sozialen Aufwendungen zusammenzufassen, wurde nicht weiter verfolgt, da es gleichgültig sein muß, ob der Empfänger einen Rechtsanspruch hat oder ob es sich um eine rein freiwillige Aufwendung handelt. Ein solcher Rechtsanspruch besteht beispielsweise auf die Pension, wenn entsprechende Verträge abgeschlossen worden sind. Unter diesem Posten sind deshalb sowohl laufende Pensionszahlungen aus dem Ertrag wie auch Zuweisungen an Pensionsrückstellungen aufzuführen. Sie werden den Hauptbestandteil dieses Postens bilden (vgl. Gessler in WM 1960, Seite 29, und Vogt, Die Kleine Aktienrechtsreform in Rechts- und Wirtschaftspraxis 428, 19, Seite 25).

29. Nr. 19 (I, 6).

Abschreibungen und Wertberichtigungen auf Sachanlagevermögen und immaterielle Anlagewerte. In der bisherigen Fassung des § 132 waren unter I, 3 die Abschreibungen und Wertberichtigungen auf das gesamte Anlagevermögen in einem Posten auszuweisen. Nunmehr sind sie zu trennen in Abschreibungen auf das Sachanlagevermögen und immaterielle Anlagewerte einerseits und auf das Finanzanlagevermögen andererseits (Nr. 20). Was unter Sachanlagevermögen zu verstehen ist, ergibt sich aus der Aufzählung im § 131 A II, 1 bis 4. Man kann es nicht einfach dahin definieren, daß dies das Vermögen sei, das zum Betrieb der Gesellschaft notwendig ist, denn es können sowohl unbenutzte unbebaute Grundstücke, wie Wohngebäude, die nicht zum Betrieb der Gesellschaft erforderlich sind, zum Sachanlagevermögen gehören. Immaterielles Anlagevermögen sind Konzessionen, Patente, Lizenzen, Marken und ähnliche Rechte (§ 131 A II, 5). Die Aufteilung der Abschreibungen und Wertberichtigungen auf diese beiden Untergruppen ist deshalb vorgenommen worden, weil die wirtschaftliche Bedeutung der Abschreibungen und Wertberichtigungen bei beiden Gruppen sehr verschieden ist. Die Abschreibungen und Wertberichtigungen auf das Sachanlagevermögen und auf immaterielle Anlagewerte sind in der Regel Teil der Herstellungskosten. Die Abschreibungen und Wertberichtigungen auf das Finanzanlagevermögen dagegen in der Regel echte Verluste (vgl. Bundestagsdrucksache 416, Seite 17).

30. Nr. 20 (I, 7).

Abschreibungen auf das Finanzanlagevermögen. Über die Abrenzung zwischen Finanzanlagevermögen und Sachanlagevermögen vgl. Anm. 29. Zum Finanzanlagevermögen gehören nach § 131, II, 6 alle Beteiligungen, und zwar sowohl an Kapitalgesellschaften als auch an Personengesellschaften.

31. Ziffer 21 (I, 8).

Abschreibungen und Wertberichtigungen auf das Umlaufvermögen. Abschreibungen und Wertberichtigungen auf das Umlaufvermögen waren in dem bisher geltenden Aktienrecht nicht ausdrücklich vorgesehen. Trotzdem wurden sie vorgenommen (vgl. hierzu Anm. 22). Die Frage, ob es Abschreibungen auf Vorräte begrifflich geben kann oder ob es sich hier nicht um eine Bewertungsfrage handelt, war streitig. Deshalb sind die Abschreibungsmöglichkeiten auf die Ziffern 4 bis 16 des § 131 A, III beschränkt (vgl. Gessler in WM 1960 S. 29).

32. Nr. 22 (I, 9).

Verluste aus dem Abgang von Gegenständen des Anlagevermögens. Der Posten korrespondiert mit dem Posten Nr. 11, Anm. 21. Wird ein Gegenstand des Anlagevermögens unter dem Buchwert veräußert, so entsteht ein entsprechender Verlust, der hier über GUV auszuweisen ist. Die Bestimmung findet übrigens nicht nur bei einem Verkauf des Gegenstandes, sondern auch bei seiner Zerstörung Anwendung (vgl. Gessler in WM 1960, Seite 29). Der Posten ist notwendig geworden wegen des Fortfalls des § 132, I, 8 Akt.G. alter Fassung.

33. Nr. 23 (I, 10).

Zinsen und ähnliche Aufwendungen. Der Posten korrespondiert mit Nr. 10. Eine Saldierung der Zinsen, wie sie bisher zulässig war, ist nicht mehr möglich. Unter ähnliche Aufwendungen wird z. B. die Bereitstellungsprovision für Kredite sowie ein Disagio oder ein Damnum zu verstehen sein. Die neu eingeführte Verpflichtung, die Ertragszinsen einerseits unter Ziffer 10 und die Aufwandszinsen andererseits unter Ziffer 23 getrennt aufzuführen, hat nicht den Sinn, die bisherige bilanzmäßige Behandlung der Zinsen und ähnlicher Aufwendungen zu ändern. Es kann deshalb insoweit auf die bisherige Literatur zurückgegriffen werden (vgl. Adler. § 132, Anm. 68, 74).

34. Nr. 24 (I, 11).

Steuern. Nach der bisherigen Vorschrift des § 132, I, 5 waren nur die Steuern vom Einkommen, vom Ertrag und vom Vermögen (jetzt 24 a) anzugeben, während die sonstigen Steuern in dem allgemeinen Verrechnungsposten II, 1 aufgerechnet wurden. Die jetzige Vorschrift vermittelt einen Einblick in die gesamte Steuerbelastung der Firma. Es ist aber nicht möglich, aus ihr die Steuer vom Einkommen und vom Ertrag gesondert abzulesen. Ein solcher weitergehender Aufgliederungsantrag wurde im Wirtschaftsausschuß des Bundestages gestellt, aber abgelehnt. Ein besonderer Ausweis der „sonstigen Steuern" im einzelnen ist nicht erforderlich. Vielmehr genügt ein zusammenfassender Posten.

35. Nr. 25 (I, 12).

Lastenausgleichsvermögensabgabe. Es herrschte bisher ein erheblicher Streit darüber, wo dieser Posten auszuweisen sei. Um hierüber Klarheit zu schaffen, ist ein besonderer Posten gebildet worden, unter dem der Ausweis zu erfolgen hat.

36. Nr. 26 (I, 13).

Aufwendungen aus Verlustübernahmeverträgen. Die Bestimmung korrespondiert nur scheinbar mit der Nr. 15. Während Erträge aus Verlustübernahmeverträgen nur in Frage kommen können, wenn die bilanzierende Gesellschaft einen Verlust hätte ohne diese Erträge, so ist es keineswegs so, daß die Aufwendungen aus Verlustübernahmeverträgen etwa einen Gewinn der bilanzierenden Gesellschaft voraussetzen. Vielmehr handelt es sich um vertragliche Verpflichtungen, die mannigfaltig gestaltet sein können. Es ist also durchaus denkbar, daß auch bei einem Verlust die bilanzierende Gesellschaft die Aufwendungen aus Verlustübernahmeverträgen zu machen hat. Bisher wurden diese Beträge meist als außerordentliche Aufwendungen verbucht oder über II, 1 bei der Feststellung des Jahresergebnisses verrechnet. Die neue Bestimmung soll sicherstellen, daß die Aktionäre einen Einblick in die Ergebnisse der Verträge und die ihnen aus diesen drohenden Gefahren erhalten (so Gessler in WM 1960, Seite 30).

37. Nr. 27 (I, 14).

Sonstige Aufwendungen. Es handelt sich um einen Sammelposten, dem nach der weitgehenden Aufgliederung der Aufwendungen in den übrigen Posten kaum eine große Bedeutung zuzumessen ist. Er korrespondiert mit der Nr. 14.

38. Nr. 28 (I, 15).

Auf Grund eines Gewinnabführungsvertrages abgeführte Gewinne. Über den Begriff eines Gewinnabführungsvertrages vgl. Anm. 17. Man kann darüber streiten, ob es sich hier um eine echte Aufwendung der Gesellschaft handelt. Eine Gewinnabführung kommt nur in Frage, wenn ein Gewinn erzielt ist, und zwar nur aus diesem Gewinn. Andererseits ist bei Vorliegen eines Gewinnabführungsvertrages die Verpflichtung, einen Teil oder den ganzen Gewinn abzuführen, eine Schuld und damit ihre Begleichung auch eine Aufwendung. Die Einsetzung dieses Postens war umstritten, da nicht zu Unrecht eingewandt wurde, man könne nicht ersehen, welche Gegenleistungen von der Firma, die den Gewinn erhält, erbracht werden (z. B. Unterhaltung einer besonderen Forschungsabteilung, deren Ergebnisse der gewinnabführenden Gesellschaft zugute kommen usw.). Man hat trotzdem die Bestimmung eingefügt, weil man mit Recht davon ausging, daß die gewinnabführende Gesellschaft in der Lage ist, in ihrem Geschäftsbericht hinreichende Aufklärung über die Beziehungen zu der Gesellschaft, die den Gewinn erhält, zu machen.

39. Nr. 29.

Jahresüberschuß / Jahresfehlbetrag. Hier handelt es sich um einen Zwischenposten, der nur in der Staffelform vorkommt. Aus ihm ergibt sich das unverfälschte Jahresergebnis. Man hat deshalb nicht den Gewinnvortrag / Verlustvortrag aus dem Vorjahr vor diesen Posten, sondern dahinter gesetzt. Er folgt als Berichtigungsposten unter Nr. 30.

40. Nr. 30 (I, 16 und II, 13).

Gewinnvortrag / Verlustvortrag aus dem Vorjahr. Um zu dem Gesamtergebnis, der dem Bilanzergebnis entspricht, in der Gewinn- und Verlustrechnung zu kommen, ist es erforderlich, den Gewinnvortrag oder Verlustvortrag aus dem Vorjahr zu berücksichtigen. Er gehört aber nicht zum Jahresüberschuß oder Jahresfehlbetrag. Deshalb ist dieser Posten hinter den erstgenannten eingesetzt worden. Der Betrag ist vom Jahresüberschuß / Jahresfehlbetrag abzuziehen bzw. hinzuzusetzen. Alsdann erhält man den Betrag, der, wenn es sich um einen Verlust handelt, um etwaige Entnahmen aus den Rücklagen zu berichtigen ist oder, wenn es ein Gewinnbetrag ist, zur Einstellung in Rücklagen oder zur Gewinnausschüttung zur Verfügung steht.

41. Nr. 31 (II, 14).

Entnahmen aus Rücklagen. Nach der alten Fassung des § 132, II, 5 waren Entnahmen aus der gesetzlichen Rücklage besonders auszuweisen. Das gilt auch jetzt in der neuen Fassung unter a). Dagegen war die Entnahme aus freien Rücklagen nicht besonders auszuweisen. Sie fiel unter den Sammelbegriff „außerordentliche Erträge". Es besteht eine erhebliche Gefahr, wenn eine Gesellschaft, die an sich keinen Jahresüberschuß erzielt hat, nur durch Entnahmen aus Rücklagen etwa zu einem Gewinn kommt und diesen möglicherweise sogar verteilt. Ein solches Verfahren ist zwar nicht unerlaubt. Es sollte aber jedenfalls der Öffentlichkeit deutlich zur Kenntnis gebracht werden. Das geschieht durch die neue Bestimmung, wonach auch Entnahmen aus einer freien Rücklage gesondert aufzuführen sind.

42. Nr. 32 (I, 17).

Einstellungen in Rücklagen. Da die Rücklagen nach § 131 E II getrennt in gesetzliche Rücklagen und andere Rücklagen (freie Rücklagen) in der Bilanz auszuweisen sind, hat die vorliegende Bestimmung keine erhebliche Bedeutung. Bei einem Vergleich der Jahresbilanz mit der vorangegangenen Bilanz konnte man ohne weiteres ersehen, wie sich die gesetzlichen Rücklagen und die freien Rücklagen verändert haben. Es soll aber durch die Aufnahme dieser Veränderungen in die GUV auch ohne einen solchen Vergleich die Feststellung, wie sich die Rücklagen verändert haben, erleichtert werden.

43. Nr. 33 (I, 18, II, 15).

Reingewinn / Reinverlust. Der Betrag muß sich mit dem Reingewinn / Reinverlust der Jahresbilanz nach § 131 III decken. Es ist der Betrag, der als Gewinn der Hauptversammlung zur Verfügung steht oder den sie als Verlust vorzutragen oder sonst auszugleichen hat.

Dritter Abschnitt

Strafvorschrift. Übergangs- und Schlußvorschriften

§ 20

Mitglieder des Vorstands oder des Aufsichtsrats einer Aktiengesellschaft, persönlich haftende Gesellschafter oder Mitglieder des Aufsichtsrats einer Kommanditgesellschaft auf Aktien sowie Geschäftsführer einer Gesellschaft mit beschränkter Haftung, welche die in § 7 Abs. 1 Satz 2 vorgeschriebene Erklärung vorsätzlich der Wahrheit zuwider abgeben, werden mit Gefängnis bestraft.

Nur eine **vorsätzlich der Wahrheit zuwider abgegebene Erklärung** darüber, daß die zur Umwandlung benutzten Rücklagen noch vorhanden sind, wird unter Strafe gestellt (im einzelnen siehe zu der Abgabe der Erklärung und ihren Wortlaut, Anm. 1 zu § 7).

§ 21

(1) Die Vorschriften des § 19 Nr. 2 über die Neufassung des § 132 des Aktiengesetzes sind erstmals auf den Jahresabschluß für das am 31. Dezember 1960 endende oder laufende Geschäftsjahr anzuwenden; sie können auf Jahresabschlüsse für frühere Geschäftsjahre angewandt werden.

(2) Wo in anderen gesetzlichen Vorschriften auf § 132 oder auf § 132 Abs. 1 des Aktiengesetzes verwiesen wird, tritt an ihre Stelle § 132 des Aktiengesetzes in der Fassung dieses Gesetzes; wo nur auf § 132 Abs. 2 des Aktiengesetzes verwiesen wird, entfällt die Verweisung.

Um eine Gewinn- und Verlustrechnung nach den neuen Vorschriften aufstellen zu können, ist es erforderlich, in der **Buchhaltung gewisse Veränderungen vorzunehmen,** um die nach der neuen Gliederung verlangten Zahlen aus der Buchhaltung zuverlässig zu bekommen. Es ist deshalb nicht angängig gewesen, diese Bestimmung schon für die Jahresabschlüsse, die zur Zeit in Bearbeitung bei den Gesellschaften sind, für anwendbar zu erklären. Sie müssen erstmals für das am 31. 12. 1960 endende oder laufende Geschäftsjahr angewendet werden; sie können auch schon früher angewandt werden. Dies letztere steht aber dann im freien Belieben der Gesellschaft. Es ist nicht zu verkennen, daß auch die im Gesetz nunmehr festgelegte Frist für die Umstellung der Buchhaltung und die Aufstellung der Jahresgliederung reichlich kurz bemessen ist. Am ungünstigsten sind die Gesellschaften gestellt, deren Geschäftsjahr am 31. 12. 1960 endet. Diese müssen sofort die notwendigen Maßnahmen ergreifen, um aus ihrer Buchhaltung per 31. 12. 1960 die Zahlen zu erhalten, die für die neue Gliederung erforderlich sind. Günstiger gestellt sind alle die Gesellschaften, deren Geschäftsjahr zu einem späteren Termin endet, da deren Geschäftsjahr am 31. 12. 1960 noch läuft. Sie brauchen also erstmals am 31. 3., 30. 6. oder 30. 9. 1961 die Gewinn- und Verlustrechnung nach dem neuen Schema aufzustellen.

§ 22

Dieses Gesetz gilt nach Maßgabe des § 13 Abs. 1 des Dritten Überleitungsgesetzes vom 4. Januar 1952 (Bundesgesetzbl. I S. 1) auch im Land Berlin.

Das Gesetz gilt selbstverständlich im ganzen Bundesgebiet, auch im Saarland. Saarländische Kapitalgesellschaften können eine Kapitalerhöhung aus Gesellschaftsmitteln jedoch frühestens zugleich mit der Neufestsetzung ihres Nennkapitals in Deutscher Mark nach § 55 Abs. 2 DM-Bilanzgesetz Saarland bestimmen (vgl. Gessler in WM 1960, Sonderbeilage 1, Seite 12).

§ 23

Dieses Gesetz tritt am Tage nach seiner Verkündung in Kraft.

Das ist der 31. Dezember 1959. Die Vorschriften des 2. Abschnitts sind erstmals auf den Jahresabschluß für das am 31. Dezember 1960 endende oder laufende Geschäftsjahr anzuwenden.

Gesetz über steuerrechtliche Maßnahmen bei Erhöhung des Nennkapitals aus Gesellschaftsmitteln und bei Überlassung von eigenen Aktien an Arbeitnehmer

Vom 30. Dezember 1959

(BGBl. 1959 I S. 834)

§ 1

Steuern vom Einkommen und Ertrag der Gesellschafter

Erhöht eine Kapitalgesellschaft (Aktiengesellschaft, Kommanditgesellschaft auf Aktien, Gesellschaft mit beschränkter Haftung) das Nennkapital nach den Vorschriften des Gesetzes über die Kapitalerhöhung aus Gesellschaftsmitteln und über die Gewinn- und Verlustrechnung vom 23. Dezember 1959 (Bundesgesetzblatt I S. 789), so unterliegt der Erwerb der neuen Anteilsrechte nicht den Steuern vom Einkommen und Ertrag.

I. Literatur.
II. Geschichtliche Entwicklung.
III. Erläuterungen:
1. Kapitalgesellschaft.
2. Kapitalerhöhung.
3. Bindung für Besteuerung.
4. Erwerb der neuen Anteile.
5. Steuerliche Auswirkungen.
a) beim Gesellschafter
b) bei der Gesellschaft.
c) keine Rückwirkung
d) Maßgeblichkeit des erhöhten Kapitals.

I. **Literatur** zur Kapitalerhöhung aus Gesellschaftsmitteln im Steuerrecht aus neuerer Zeit:

Rauch: „Kapitalerhöhung aus Gesellschaftsmitteln“ 3. Auflage; Graz 1947 Verlag Hermann Böhlaus Nachf. GmbH.; Littmann: Wpfg 1952 S. 207; Westerfelhaus: Wpfg 1952 S. 155; Heuer: GmbH. Rundschau 1956 S. 29; Zintzen: StB J B 1955/56 S. 221; Albers: DStZ 1955 S. 119; Weisensee: DStZ 1955 S. 372; Friedrich: Betriebsberater 1954 S. 845; StW 1955 Sp. 629 und 1956 Sp. 311, 1958 Sp. 237; BB 1957 S. 1100; Rasch: Betriebsberater 1956 S. 151; Meyer: Betriebswirtschaftliche Forschung und

Praxis 1955 Heft 11 S. 629; Schmölders: Die Aktiengesellschaft 1956 S. 12; Kuhn: Wertpapiermitteilungen Teil IV B 1956 S. 1366; Schilling: Betriebsberater 1957 S. 373; Döllerer: Betrieb 1957 S. 373 und 397; Dopfer: Wirtschaftsprüfung 1957 S. 215; Grieger: Betriebsberater 1957 S. 1099; Vangerow: StW 1958 Sp. 109; Spital-Frenking: Betrieb 1958 S. 169; BB 1958 S. 688.

Zum Gesetz vom 30. 12. 1959:

Steinberg: Betriebsberater 1960 S. 90; Thiel: FR 1960 S. 30; Börnstein: Betrieb 1960 S. 216; Hübl: DStZ 1960 S. 57; Jung: Wertpapiermitteilungen IV B Sonderbeilage 1/1960 S. 33.

II. **Die geschichtliche Entwicklung.**

Das deutsche Steuerrecht hat jahrzehntelang an der Auffassung festgehalten, daß die Berichtigung des Gesellschaftskapitals durch Umwandlung von Rücklagen oder Gewinn in Nennkapital, die sog. Kapitalerhöhung aus Gesellschaftsmitteln, einkommensteuerrechtlich als eine Ausschüttung des Nennbetrages der Erhöhung und eine Wiedereinzahlung des vollen ausgeschütteten Betrages auf die neu ausgegebenen Anteile anzusehen sei. Das Gesetz vom 30. 12. 1959 ist die bewußte Abkehr von dieser bisherigen Rechtsauffassung. Da dieses Gesetz das Problem jedoch nur für die wichtigsten Gesellschaftsformen, die AG. und GmbH sowie die K.G.a.A., und auch hier nur für die Kapitalerhöhung löst, bleibt die Frage für andere Gesellschaftsformen und für andere Formen der Umwandlung von Rücklagen in haftendes Kapital bestehen. Deshalb werden im folgenden die sämtlichen bekannten Urteile des RFH und des BFH zu dem Problem zusammengestellt.

Für die Einkommen- und Körperschaftsteuer der Gesellschafter von **inländischen AG. oder GmbH** sind folgende Entscheidungen ergangen:

RFH Gutachten v. 14. 12. 1920 I D 4/20 Bd. 4 S. 222.
RFH 15. 12. 1922 I A 20/22, 21/22 und 199/21 Bd. 11 S. 157.
RFH Gutachten v. 20. 1. 1925 I D 2/24 Bd. 15 S. 226.
RFH v. 7. 3. 1928 VI A 63-65/28 StW 1928 Nr. 189.
RFH v. 20. 12. 1928 I A 259/28 Bd. 24 S. 294.
RFH v. 9. 4. 1930 VI A 547/29 RStBl. 1930 S. 483.
RFH v. 13. 5. 1931 VI 925/31 BD. 28 S. 326.
RFH v. 15. 8. 1931 VI A 726/31 StW 1931 Nr. 877.
RFH v. 29. 11. 1933 VI A 1933/32 RStBl. 1934 S. 370.
RFH v. 19. 11. 1936 VI A 737/36, RStBl. 1937 S. 97.
RFH v. 1. 2. 1939 VI 743/38 Bd. 46 S. 227.
BFH v. 24. 6. 1957 I 143/56 U BStBl. 1957 III S. 400.
BFH v. 1. 8. 1958 VI 13/57 BStBl. 1958 III S. 390.

Für Gesellschafter ausländischer Kapitalgesellschaften:

RFH v. 19. 2. 1930 VI A 179/30 StW 1930 Nr. 613.
RFH v. 28. 3. 1940 IV 324/39 RStBl. 1940 S. 570.
RFH v. 19. 11. 1942 IV 136/42 RStBl. 1943 S. 226.

Sonderfälle:

RFH v. 17. 10. 1933 I A 349/32 RStBl. 1934 S. 359 betrifft eine inländische Genossenschaft.

RFH v. 8. 8. 1941 IV 62/41 RStBl. 1941 S. 874 betrifft die Volleinzahlung teileingezahlter Aktien einer inländischen Versicherungsgesellschaft.

Die **Kapitalgesellschaft übernimmt die Anteile** bei einer Kapitalerhöhung selbst:

RFH v. 17. 7. 1935 VI A 434/34 Bd. 38 S. 154.
RFH v. 18. 10. 1938 I 86/38 RStBl. 1939 S. 207.
BFH. v. 17. 9. 1957 I 165/54 S BStBl. 1957 III S. 401.

Nur für die **Gesellschaftsteuer** hat der RFH die Gesellschaftsteuerfreiheit der Umwandlung von Rücklagen in Nennkapital ausgesprochen:

RFH v. 8. 1. 1929 II A 614/28 StW 1929 Nr. 269,
RFH v. 24. 4. 1929 II A 49/29 RStBl. 1929 S. 397,
bis das Gesetz selbst im KVG 1934 bewußt auch hier eine Änderung brachte und die Rechtslage bei der Gesellschaftsteuer der bei den Ertragsteuern durch die Rechtsprechung bereits geschaffenen Rechtslage anpaßte (vgl. die Begründung zum KVG 1934 RStBl. 1934 S. 1463) und der RFH dann seine Beurteilung ändern mußte:

RFH v. 18. 2. 1943 II 9/42 RStBl. 1943 S. 590.
RFH v. 17. 12. 1943 II 29/43 RStBl. 1944 S. 444.
BFH v. 29. 8. 1952 II 83/52 BStBl. 1952 III S. 263.

Die geschichtliche Entwicklung ist ziemlich eingehend behandelt in dem Urteil des BFH vom 17. 9. 1957 I 165/54 S BStBl. 1957 III S. 401.

III. Erläuterungen:

1. Kapitalgesellschaft.

Das Gesetz gilt laut ausdrücklicher Vorschrift nur für Aktiengesellschaften, Kommanditgesellschaften auf Aktien und Gesellschaften mit beschränkter Haftung, nicht dagegen für bergrechtliche Gesellschaften, Genossenschaften, Versicherungsvereine auf Gegenseitigkeit, sonstige juristische Personen des privaten Rechts, nicht-rechtsfähige Vereine und die anderen in § 1 KStG genannten körperschaftssteuerpflichtigen Gebilde. Daß auch für solche körperschaftssteuerpflichtige Rechtspersonen das Problem bedeutsam sein kann, zeigt das für eine Genossenschaft ergangene Urteil des RFH vom 17. 10. 1933 I A 349/32 RStBl. 1934 S. 359. Dort hat eine Genossenschaft Reserven zur Erhöhung der Geschäftsguthaben der Genossen verwendet. Der RFH hat die Mindeststeuerpflicht der Genossenschaft bejaht. Da das Gesetz vom 30. 12. 1959 nicht etwa einen an sich steuerpflichtigen Rechtsvorgang von den Ertragssteuern und der Gesellschaftssteuer befreit, sondern der Erkenntnis zum Durchbruch verholfen hat, daß hier überhaupt kein steuerbarer Vorgang vorliegt (siehe Anmerkung 5, so auch Steinberg BB 1960 S. 90 unter 1) wird man hoffen können, daß dieser Grundsatz nun von der Rechtsprechung auch bei den anderen körperschaftssteuerpflichtigen Gebilden anerkannt wird, soweit die Verhältnisse dort ähnlich wie bei den im Gesetz ausdrücklich genannten Kapitalgesellschaften liegen.

Auch fallen nach dem Wortlaut der Vorschrift nur **inländische** Kapitalgesellschaften darunter, nicht etwa auch ausländische. Denn nur inländische Kapitalgesellschaften können ihr Kapital nach den Vorschriften des Gesetzes vom 23. 12. 1959 erhöhen. Man wird jedoch auch hier aus den im vorherigen Absatz genannten Gründen hoffen können, daß das Steuerrecht und die Steuergerichte bei den Gesellschaftern ausländischer Kapitalgesellschaften die Steuerfreiheit einer Kapitalerhöhung aus Gesellschaftsmitteln ebenfalls anerkennen werden. Die Ansicht von Hübl DStZ 1960 S. 57/58, daß die Gesellschafter ausländischer Kapitalgesellschaften bei einer Kapitalerhöhung aus Gesellschaftsmitteln nach wie vor steuerpflichtig sind, weil für ausländische Kapitalgesellschaften eine dem § 5 dieses Gesetzes entsprechende Vorschrift zur Verhinderung von Mißbräuchen fehle, ist nicht überzeugend. Auch Hübl gibt zu, daß das Gesetz vom 30. 12. 1959 eine **grundsätzliche** Abkehr von der bisherigen Auffassung ausdrückt, die Mißbrauchsvorschrift des § 5 daher nicht die Voraussetzung für die Anerkennung der Steuerfreiheit, sondern nur eine von der Verwaltung und vom BFH für wünschenswert gehaltene gesetzliche Festlegung eines Mißbrauchstatbestandes ist. Auch ohne diese Vorschrift des § 5 könnte mit Hilfe des § 6 StAnpG dasselbe Ergebnis erreicht werden. Dann muß aber bei der Einkommenbesteuerung deutscher Gesellschafter ausländischer Kapitalgesellschaften, die eine Kapitalerhöhung aus Gesellschaftsmitteln vorgenommen haben, dem Grundsatz des Gesetzes vom 30. 12. 1959 Rechnung getragen werden. Etwaigen Mißbräuchen kann mit § 6 StAnpG entgegengetreten werden.

2. Kapitalerhöhung.

Das Gesetz stellt ausdrücklich auf die Kapitalerhöhung ab. Dies geht zurück auf die Vorschriften des handelsrechtlichen Gesetzes vom 23. 12. 1959. Nach Handelsrecht fällt die Volleinzahlung teileingezahlter Anteile aus Rücklagen nicht unter das Gesetz vom 23. 12. 1959 (vgl. Anmerkung 2 zu § 12 des handelsrechtlichen Gesetzes). Für diesen Fall bleibt nach Handelsrecht nur der schon bisher gangbare Weg der formellen Ausschüttung mit Wiedereinzahlung. Fraglich ist, ob die Steuerbehörden und Steuergerichte den Fall der Volleinzahlung teileingezahlter Anteile nach den alten Grundsätzen als steuerpflichtig behandeln (vgl. RFH vom 8. 8. 1941 IV 62/41 RStBl. 1941 S. 874 und den Aufsatz von Prölss StW 1940 Sp. 287) oder ob sie aus dem Gesetz vom 30. 12. 1959 den allgemeinen Grundsatz entnehmen, daß derartige Maßnahmen kein steuerbares Einkommen schaffen und deshalb auch die Volleinzahlung teileingezahlter Anteile steuerfrei lassen. Ein wesentlicher Unterschied ist zweifellos vorhanden. Bei der Kapitalerhöhung aus Gesellschaftsmitteln nach dem Gesetz vom 23. 12. 1959 kann der einzelne Gesellschafter niemals Auszahlung des auf ihn entfallenden Anteils an den in Nennkapital umgewandelten Rücklagen verlangen. Bei der Volleinzahlung teileingezahlter Aktien handelt es sich handelsrechtlich stets um eine Gewinnverwendung. Mindestens der in der Hauptversammlung nicht der Wiedereinzahlung zustimmende Gesellschafter kann in diesem Fall nach Handelsrecht Auszahlung seines Gewinnanteils verlangen. Denn die Mehrheit der Gesellschafterversammlung kann für die Minderheit bindend nur über Ausschüttung oder Nichtausschüttung des Gewinns bestimmen, nicht dagegen über seine Verwendung zur Volleinzahlung teileingezahlter Anteile. Wenn die Steuerbehörden und Steuergerichte also auf die Rechtsform abstellen, werden sie in diesen Fällen nach wie vor eine Gewinnausschüttung annehmen und besteuern. Nur bei wirtschaftlicher Betrachtungsweise kommt man zur Verneinung einer Ausschüttung, indem man die berühmte Doppelmaßnahme als wirtschaftliche Einheit ansieht (vgl. auch Anmerkung 5 b).

3. Bindung für Besteuerung.

§ 8 des handelsrechtlichen Gesetzes vom 23. 12. 1959 bestimmt, daß mit der Eintragung des Beschlusses über die Erhöhung des Nennkapitals das Nennkapital erhöht ist. § 9 desselben Gesetzes sagt, daß ein Beschluß, durch den die neuen Anteilsrechte den Gesellschaftern in einem anderen Verhältnis als ihrer bisherigen Beteiligung entspricht, zugeteilt werden, nichtig ist. Es gibt aber auch noch andere Nichtigkeitsgründe. Trägt der Registerrichter die Kapitalerhöhung wegen Nichtigkeit des Beschlusses nicht in das Handelsregister ein, so entstehen keine neuen Anteile, die Frage der Steuerpflicht ist überhaupt nicht zu prüfen. Weist der Steuerpflichtige dem FA die Eintragung der Kapitalerhöhung aus Gesellschaftsmitteln in das Handelsregister nach, so muß das FA die Steuerfreiheit auf Grund des Gesetzes vom 30. 12. 1959 anerkennen, selbst wenn der Beschluß nichtig sein sollte und das Registergericht diese Nichtigkeit übersehen hat, was immer einmal vorkommen kann, wie die Erfahrung zeigt. Der Auffassung von Steinberg BB 1960 S. 90 unter 1, daß das Recht der Finanzbehören, selbständig nachzuprüfen, ob die Voraussetzungen für eine zulässige nominelle Kapitalerhöhung gegeben sind, bestehen bleibe, erscheint unrichtig. Das FA kann allenfalls nach Eintragung der Kapitalerhöhung aus Gesellschaftsmitteln in das Handelsregister beim Registergericht die Löschung der Eintragung anregen. Folgt das Registergericht dieser Anregung und löscht die Eintragung (§ 142 FGG), so hat der Vorgang steuerrechtlich keinerlei Auswirkung (vgl. RFH 26. 3. 1937 VI A 685/36 Bd. 41 S. 319). Läßt das Registergericht die Eintragung über die Kapitalerhöhung unverändert, so kann höchstens zweifelhaft sein, ob nach Handelsrecht eine Kapitalerhöhung aus Gesellschaftsmitteln oder eine Kapitalerhöhung mit Einlage durch die Gesellschafter oder überaupt keine

Kapitalerhöhung vorliegt (vgl. für die GmbH: Scholz, GmbH-G. 2. Auflage Anmerkung 22 zu § 55, Anmerkung 5 zu § 56, BGH v. 13. 10. 1954 NJW 1954 S. 1842 = BGH 15 S. 52, teilweise anders für die AG Godin-Wilhelmi 2. Auflage Anmerkung 8 zu § 155 Akt.G., Fischer in Großkomm. Akt.G., Berlin 1959 Anmerkung 6 zu § 158). In keinem Fall würde der Gesellschafter einkommensteuerpflichtig. Ob eine wirksame Kapitalerhöhung aus Gesellschaftsmitteln vorliegt oder eine Kapitalerhöhung mit Einzahlungsverpflichtung für die die Anteile übernehmenden Gesellschafter oder überhaupt keine Kapitalerhöhung, in jedem Fall fehlt es an einem steuerbaren Vorgang bei den Gesellschaftern. Die Eintragung der Kapitalerhöhung als solche aus Gesellschaftsmitteln in das Handelsregister ist jedenfalls als rechtsgestaltende Eintragung auch für die Steuerbehörden und Steuergerichte bindend, ebenso wie für die Prozeßgerichte (vgl. RGZ 81 S. 208, Keidel „Freiwillige Gerichtsbarkeit" 4. Auflage S. 63). Auch der BFH hat rechtsgestaltenden Entscheidungen durch die Behörden und Gerichte stets eine für die Finanzbehörden und Gerichte bindende Wirkung zugesprochen (vgl. 8. 2. 1952 I 10/52 S BStBl. 1952 III S. 71; 22. 7. 1952 I 62/52 BStBl. 1952 III S. 226; 8. 11. 1955 I 86/55 BstBl. 1956 III S. 20).

4. Erwerb der neuen Anteile.

Erwerber der neuen Anteile kann nur ein Gesellschafter sein. § 9 des Gesetzes vom 23. 12. 1959 sagt: Die neuen Anteile stehen den Gesellschaftern im Verhältnis ihrer Anteile am bisherigen Nennkapital zu. Ein entgegenstehender Beschluß der Gesellschafterversammlung ist nichtig. Damit wird der Fall ausgeschlossen, daß die Gesellschaft selbst Anteile übernimmt, die durch Umwandlung von Rücklagen in Nennkapital geschaffen werden, soweit sie nicht bereits eigene Anteile besitzt, auf die solche neuen Anteile entfallen (§ 12 des Gesetzes vom 23. 12. 1959). Der RFH und der BFH haben solche Kapitalerhöhungen mit Übernahme der Anteile durch die Gesellschaft selbst stets grundsätzlich für steuerpflichtige Ausschüttungen an die Gesellschafter erklärt (vgl. Anmerkung II). Wenn nunmehr trotz des handelsrechtlichen Verbots eine Kapitalgesellschaft solche Anteile aus der Kapitalerhöhung selbst übernehmen würde und das Registergericht die Kapitalerhöhung einträgt, so kann steuerrechtlich darin nur eine Einlage der eigenen Anteile in die Gesellschaft durch die Gesellschafter gesehen werden, die weder bei der Gesellschaft noch bei den Gesellschaftern ein den Steuern vom Einkommen und Ertrag unterliegender Vorgang ist.

Wenn unter Verstoß gegen § 9 des Gesetzes vom 23. 12. 1959 oder nach einer ordnungsgemäß durchgeführten Kapitalerhöhung aus Gesellschaftsmitteln die Gesellschafter untereinander sich die Anteile in einem anderen Verhältnis zuteilen, als ihrer bisherigen Beteiligung entspricht, so ist darin steuerrechtlich unter Umständen eine Schenkung eines Gesellschafters an einen anderen oder ein entgeltliches Geschäft zwischen den Gesellschaftern zu erblicken, keinesfalls aber eine der Einkommensteuer unterliegende Ausschüttung der Gesellschaft (vgl. BFH vom 1. 4. 1952 I 2/52 BStBl. 1952 III S. 148). Wendet eine Gesellschaft nach der Kapitalerhöhung aus Gesellschaftsmitteln sämtlichen Gesellschaftern anteilig oder einigen von ihnen diejenigen neuen Anteile zu, die auf in ihrem Eigentum stehende Eigenanteile entfallen, so kann darin eine verdeckte Gewinnausschüttung in Höhe des Wertes der neuen Anteile liegen. Erhalten alle Gesellschafter gleichmäßig entsprechend ihrer Beteiligung die auf die eigenen Anteile der Gesellschaft entfallenden neuen Anteile, so ändert sich an dem Beteiligungsverhältnis nichts. Man kann daher wirtschaftlich diesen Vorgang ebenfalls als nicht steuerbar ansehen. Da die Tendenz des BFH jedoch dahin geht, der von den Beteiligten gewählten rechtlichen Form größeres Gewicht auch für die Besteuerung beizumessen, ist zu erwarten, daß er auch in diesen Fällen an die Form anknüpft, die Steuerpflicht der Gesellschafter bejaht und bei der Gesellschaft u. U. eine steuerpflichtige Gewinnrealisierung annimmt.

5. Steuerliche Auswirkungen.

a) beim Gesellschafter.

Der Erwerb des neuen Anteilsrechts unterliegt nicht den Steuern vom Einkommen und Ertrag. Steuern vom Einkommen und Ertrag sind zur Zeit die Einkommensteuer, Körperschaftsteuer und die Gewerbesteuer. Der Vorgang ist nicht steuerbar. Es handelt sich also nicht etwa um die Steuerbefreiung eines an sich steuerpflichtigen Vorgangs (so auch Steinberg BB 60 S. 90 unter 1). Damit ist auch § 1 Abs. 4 KapErtrStDV vom 20. 5. 1959 BGBl. I S. 268 überholt. Für die weiteren steuerlichen Auswirkungen beim Gesellschafter hinsichtlich der Anschaffungskosten, der Besitzdauer für das Schachtelprivileg und das Spekulationsgeschäft sowie der Veräußerung wesentlicher Beteiligungen siehe die Erläuterungen zu § 3.

Die Steuerbefreiung gilt nur für den Erwerb der neuen Anteile. Die Realisierung der in den Anschaffungskosten oder im Buchwert steckenden stillen Reserven bei einer späteren Veräußerung, wenn die Anteile zu einem Betriebsvermögen oder zu einer wesentlichen Beteiligung gehören, wird dadurch nicht steuerfrei. Endgültig steuerfrei bleibt der Vorgang nur bei Gesellschaftern, deren Anteile weder zu einem Betriebsvermögen noch zu einer wesentlichen Beteiligung gehören und bei denen auch kein steuerpflichtiges Spekulationsgeschäft vorliegt. In den anderen Fällen liegt nur eine Verschiebung der Steuerpflicht bis zur Realisierung der stillen Reserven durch einen anderen Vorgang (z. B. Kauf, Tausch) vor, wie wenn keine Kapitalerhöhung aus Gesellschaftsmitteln erfolgt wäre.

b) bei der Gesellschaft.

Bei der Gesellschaft kommt künftighin anders als bisher für derartige Kapitalerhöhungen aus Gesellschaftsmitteln der ermäßigte Steuersatz für Gewinnausschüttungen nach § 19 Abs. 3 KStG nicht mehr in Betracht, weil es sich niemals um eine Gewinnausschüttung auf Grund eines den gesellschaftsrechtlichen Vorschriften entsprechenden Gewinnverteilungsbeschlusses handelt. Eine Gesellschaft kann aber den ermäßigten Steuersatz nach § 19 Abs. 3 KStG in Anspruch nehmen, wenn sie die Kapitalerhöhung aus Gesellschaftsmitteln nicht auf dem Wege des Gesetzes vom 23. 12. 1959 vornimmt, sondern auf dem bisher üblichen Wege der Doppelmaßnahme. Der Gewinn muß als solcher in der Bilanz ausgewiesen werden, evtl. durch Auflösung von Rücklagen. Die Gesellschafterversammlung beschließt Ausschüttung und Wiedereinzahlung dieses Gewinnes auf die gleichzeitig beschlossene Kapitalerhöhung. Da die Gesellschaften in diesem Fall sowohl die Möglichkeit der Umwandlung der Rücklagen in Nennkapital nach dem Gesetz vom 23. 12. 1959 wie die Möglichkeit der Ausschüttung und Wiedereinzahlung haben, ist dem gewählten Weg entscheidende Bedeutung beizumessen und im Falle der Doppelmaßnahme eine steuerpflichtige Gewinnausschüttung anzunehmen, die auch bei der Gesellschaft zur Anwendung des ermäßigten Steuersatzes führt. Denn bei der Doppelmaßnahme hat der Gesellschafter die Möglichkeit, Auszahlung des auf ihn treffenden Gewinnanteils zu verlangen, nicht dagegen bei der Umwandlung der Rücklagen in Nennkapital nach dem Gesetz vom 23. 12. 1959 (vgl. oben Anmerkung 2). Diese steuerliche Betrachtung wird selbst dann gelten müssen, wenn bei der Doppelmaßnahme gleichwohl alle Gesellschafter den auf sie entfallenden Gewinnanteil wiederum eingezahlt haben. Dieser Weg der Doppelmaßnahme wird besonders dann zu einer Steuerersparnis führen, wenn alle Anteile der Kapitalgesellschaft in der Hand anderer inländischer Kapitalgesellschaften sind, denen die Schachtelvergünstigung zusteht für die bei der Doppelmaßnahme vorliegende Gewinnausschüttung. Da die Kapitalerhöhung aus Gesellschaftsmitteln bei der Gesellschaft stets das Vorliegen oder die Schaffung von zum vollen Körperschaftsteuergesetz versteuerten Rücklagen voraussetzt, kann die Doppelmaßnahme aber auch sonst bei der Gesellschaft und den Gesellschaftern zusammen infolge des ermäßigten Steuersatzes bei der Gesellschaft für die Ausschüttung zu einer geringeren steuerlichen Belastung führen als die Kapitalerhöhung aus Gesellschaftsmitteln, nämlich immer dann, wenn der Gesellschafter z. B. als Ausländer oder wegen eines möglichen Verlustausgleichs usw. nach einem geringeren Steuersatz als 30 % versteuert wird. Gleicher Ansicht ist Hübl, DStZ 1960 S. 57/58.

c) Keine Rückwirkung.

Die neue gesetzliche Regelung hat keine Rückwirkung auf bereits vor ihrem Inkrafttreten (1. 1. 1960) durchgeführte Kapitalerhöhung aus Gesellschaftsmitteln. Maßgebend ist in diesem Fall nicht die Eintragung in das Handelsregister, sondern der Tag der Beschlußfassung, weil die Eintragung nach dem Gesetz vom 23. 12. 1959 nur dann erfolgen kann, wenn der Beschluß bereits den Vorschriften dieses Gesetzes entspricht. Den Gesellschaftern wird für solche frühere steuerpflichtige Kapitalerhöhungen aus Gesellschaftsmitteln auch nicht mehr allgemein ein Erlaß aus Billigkeitsgründen gewährt werden können, weil keine sachliche Härte vorliegt. Die bisherige Rechtslage war zum mindesten seit den Urteilen des BFH von 1957 eindeutig klar und ist nunmehr ebenso eindeutig für die Zukunft geändert worden. Deshalb stellen auch die vor Inkrafttreten des Gesetzes vom 30. 12. 1959 beschlossenen Kapitalerhöhungen aus Gesellschaftsmitteln bei der Gesellschaft Gewinnausschüttungen dar, die den ermäßigten Körperschaftsteuersatz zur Folge haben.

d) Maßgeblichkeit des erhöhten Kapitals.

§ 14 Abs. 2 des handelsrechtlichen Gesetzes vom 23. 12. 1959 gestattet es, einen Beschluß über die Kapitalerhöhung, der vor dem Beschluß über die Verteilung des Reingewinns des letzten abgelaufenen Geschäftsjahrs gefaßt wird, auf dieses zurückzubeziehen. Die handelsrechtliche Wirkung eines solchen Beschlusses muß auch bei der Besteuerung beachtet werden. Die Ausschüttungen auf das erhöhte Stammkapital sind daher berücksichtigungsfähige Ausschüttungen im Sinne des § 19 Abs. 3 KStG. Wo Ausschüttungen durch steuerliche Vorschriften auf bestimmte Hundertsätze des Grund- oder Stammkapitals begrenzt sind, bezieht sich die Begrenzung auf das erhöhte Stammkapital, so z. B. nach § 8 der VO über die steuerliche Begünstigung von Wasserkraftwerken vom 26. 10. 1944 (RGBl. I S. 278) in der Fassung des Gesetzes vom 26. 7. 1957 (BGBl. I S. 807). Dies entspricht einer Auskunft des Bayerischen Finanzministeriums. Für die Frage, ob ein wesentlich Beteiligter im Jahr nicht mehr als 1 % des Grund- oder Stammkapitals veräußert (§ 17 Abs. 1 S. 1 EStG), ist jeweils die Höhe des Grund- oder Stammkapitals maßgebend, wie es im Zeitpunkt der Veräußerung vorhanden war. Eine Kapitalerhöhung aus Gesellschaftsmitteln ist dabei zu berücksichtigen, wenn die Veräußerung nach der Eintragung dieser Kapitalerhöhung in das Handelsregister erfolgt.

§ 2
Gesellschaftsteuer

In den Fällen des § 1 unterliegt der Erwerb der neuen Anteilsrechte durch die Gesellschafter nicht der Besteuerung nach § 2 Nr. 1 des Kapitalverkehrsteuergesetzes.

Nach § 2 Ziff. 1 KVG 1934 war bisher auch die Ausgabe von „Freianteilen“ gesellschaftsteuerpflichtig (vgl. dazu die Begründung zum KVG 1934 RStBl. 1934 S. 1463). Diese Bestimmung wird durch die vorstehende Vorschrift eingeschränkt.

§ 3
Anschaffungskosten

Als Anschaffungskosten der vor der Erhöhung des Nennkapitals erworbenen Anteilsrechte und der auf sie entfallenden neuen Anteilsrechte gelten die Beträge, die sich für die einzelnen Anteilsrechte ergeben, wenn die Anschaffungskosten der vor der Erhöhung des Nennkapitals erworbenen Anteilsrechte auf diese und auf die auf sie entfallenden neuen Anteilsrechte nach dem Verhältnis der Nennbeträge verteilt werden.

Erläuterungen:
1. Handelsrecht und Steuerrecht
2. Anschaffungskosten
3. Buchwert
4. Besitzdauer
5. Anschaffungskosten bei Kapitalherabsetzung.

1. Handelsrecht und Steuerrecht.

Dieser Wortlaut entspricht völlig dem Wortlaut des § 17 des handelsrechtlichen Gesetzes vom 23. 12. 1959 mit der einen Ausnahme, daß im handelsrechtlichen Gesetz noch der Satz angefügt ist: „Der Zuwachs an Anteilsrechten ist nicht als Zugang auszuweisen.“ Die steuerrechtliche Vorschrift hat diesen Satz als steuerlich entbehrlich weggelassen. Der im übrigen gleiche Wortlaut der handelsrechtlichen und der steuerrechtlichen Vorschrift zwingt zu einer gleichen Auslegung. Deshalb wird hier ausdrücklich auf die Ausführungen zu § 17 des Gesetzes vom 23. 12. 1959 verwiesen.

2. Anschaffungskosten.

Der Begriff der Anschaffungskosten ist ein handelsrechtlicher Begriff ordnungsmäßiger Buchführung und Bilanzierung, der auch in das Steuerrecht Eingang gefunden hat. Seine große Bedeutung im Steuerrecht hat zu einer reichen Literatur und Rechtsprechung geführt, für die auf die verschiedenen Kommentare zum EStG verwiesen wird.

Die Anschaffungskosten von Aktien und GmbH-Anteilen sind steuerlich bedeutsam, wenn die Aktien oder Anteile zu einem Betriebsvermögen oder zu einer wesentlichen Beteiligung im Sinne des § 17 EStG gehören oder wenn ein steuerpflichtiges Spekulationsgeschäft nach § 23 EStG vorliegt. Während nach der bisherigen steuerlichen Behandlung von Kapitalerhöhungen aus Gesellschaftsmitteln als steuerpflichtige Gewinnausschüttungen die Anschaffungskosten der neuen Anteile gleich ihrem Nennbetrag waren, weil dieser Nennbetrag als Gewinnausschüttung behandelt und versteuert und die Wiedereinzahlung dieses Betrages in die Gesellschaft unterstellt wurde, der Gesellschafter nach dieser Betrachtung daher Anschaffungskosten in Höhe des wiedereingezahlten Betrages hatte (vgl. auch die Regelung in den §§ 57, 58 der I. DADV), geht die neue Regelung davon aus, daß nichts ausgeschüttet und nichts eingezahlt wird, für die neuen Anteile daher keine besonderen Anschaffungskosten aufgewendet worden sind, vielmehr die Anschaffungskosten der alten Anteile auch für die neuen Anteile anteilig aufgewendet wurden. Deshalb sind die Anschaffungskosten der alten Anteile zu verteilen auf die alten und die neuen Anteile. Die Verteilung hat nach dem Verhältnis der nach der Kapitalerhöhung gegebenen Nennbeträge der alten und der neuen Anteille zu erfolgen. Wenn also die alten Anteile für je 1000,— DM Nennbetrag Anschaffungskosten von 1000,— DM hatten und im Wege der Kapitalerhöhung aus Gesellschaftsmitteln das Kapital verdoppelt wurde, dann entfallen auf jeden alten und jeden neuen Anteil Anschaffungskosten von je 500,— DM für 1000,— DM Nennbetrag. Haben die alten Anteile unterschiedliche Anschaffungskosten, so ist der Durchschnitt der Anschaffungskosten der alten Anteile zu nehmen, sofern dafür nur ein neuer Anteil gewährt wird. Im übrigen sind jedoch die Unterschiede aufrechtzuerhalten. Dies sei an folgendem Beispiel erläutert. Ein Gesellschafter hatte 4 Aktien zu 1000,— DM einer Kapitalgesellschaft, von denen er eine für 1000,— DM, die drei anderen für je 1500,— DM erworben hat. Die Gesellschaft gibt neue Anteile im Verhältnis 2 : 1 aus, das heißt auf zwei alte Aktien wird eine neue Aktie von 1000,— DM Nennbetrag zugeteilt. Der Gesellschafter erhält also zwei neue Aktien. Die Anschaffungskosten von je zwei alten Aktien zusammen sind

(1000 + 1500 = 2500,— DM und (1500 + 1500 =) 3000,— DM. Die Anschaffungskosten für eine der neuen Aktien betragen (2500 : 3 =) 833,— DM, für die andere (3000 : 3 =) 1000,— DM. Erfolgt die Kapitalerhöhung durch Erhöhung der Nennbeträge der vorhandenen Aktien (§ 6 Abs. 2 und § 12 des Gesetzes vom 23. 12. 1959), so sind die Anschaffungskosten für jede einzelne Aktie gesondert aufzuteilen.

Die Aufteilung der Anschaffungskosten gilt auch für neue Anteile, die auf eine Schachtelbeteiligung entfallen. Hier tritt eine Verschlechterung der Lage des Gesellschafters insofern ein, als er bisher die neuen Anteile als Gewinnausschüttung auf eine Schachtelbeteiligung steuerfrei erhielt und mit dem Nennbetrag der neuen Anteile steuerfrei einbuchen konnte. Im Falle eines Verkaufs der Schachtelbeteiligung war der Veräußerungsgewinn daher um den Nennbetrag der neuen Anteile geringer als nach der jetzigen Rechnung, bei der die Anschaffungskosten der ganzen Beteiligung gleich den Anschaffungskosten der alten Anteile sind. Genießen sämtliche Gesellschafter einer Kapitalgesellschaft die Schachtelvergünstigung, so können sie die Kapitalerhöhung in der alten Form der Gewinnausschüttung und Wiedereinzahlung vornehmen. Die Gewinnausschüttung ist dann steuerfrei nach § 9 KStG, soweit nicht die Nachsteuer nach § 9 Abs. 3 KStG in Frage kommt. Die Gesellschaft genießt die Vergünstigung des mäßigen Steuersatzes (vgl. § 1 Anm. 5 b).

3. Buchwert.

Bei Aktien oder GmbH-Anteilen, die zu einem Betriebsvermögen gehören, kann der Buchwert infolge von Entwertungsabschreibungen unter den Anschaffungskosten liegen. Das Gesetz spricht nur von Anschaffungskosten. Thiel FR 1960 S. 31 unter III 1 c hält es für zweifelsfrei, daß im Falle der Bewertung von zu einem Betriebsvermögen gehörigen Aktien oder Anteilen mit einem unter den Anschaffungskosten liegenden Buchwert der Buchwert an die Stelle der Anschaffungskosten tritt, also der Buchwert der alten Anteile auf die alten und die neuen Anteile nach dem Verhältnis ihrer Nennbeträge aufzuteilen ist.

Wenn auch der Wortlaut des Gesetzes klar und eindeutig und auch bei einem niedrigeren Buchwert die Bewertung der neuen Anteile mit den anteiligen Anschaffungskosten der alten Anteile möglich ist, ist doch Thiel beizupflichten. Das Gesetz enthält hier eine Lücke, die sinngemäß dadurch auszufüllen ist, daß man in diesem Falle an Stelle der Anschaffungskosten den niedrigeren Buchwert aufteilt. Würde man die Anschaffungskosten aufteilen und die neuen Anteile mit den anteiligen Anschaffungskosten einbuchen, die alten Anteile dagegen mit dem anteiligen Buchwert fortführen, so müßte man einmal den auf die neuen Anteile entfallenden Buchwert ausbuchen, zum anderen würde in Höhe des Unterschiedes zwischen dem auf die neuen Anteile entfallenden anteiligen Buchwert und den auf sie entfallenden anteiligen Anschaffungskosten ein buchmäßiger Gewinn ausgewiesen. Dies kann überhaupt zu einer unrichtigen Bewertung der neuen Anteile führen, wenn ihr Teilwert nicht höher ist als der anteilige Buchwert, es kann aber auch eine teilweise Realisierung stiller Reserven im Buchwert der alten Anteile zur Folge haben, die vom Gesetz gerade nicht gewollt wird, wie die Regelung über die Aufteilung der Anschaffungskosten auf alte und neue Anteile deutlich zeigt.

Mit Recht weist Thiel a.a.O. darauf hin, daß der Steuerpflichtige bei einer zu einem Betriebsvermögen gehörigen Beteiligung nach § 6 Abs. 1 Ziff. 2 EStG die Möglichkeit hat, vom niedrigeren Buchwert unter Umständen wieder auf die Anschaffungskosten heraufzugehen. Dieses Recht steht ihm sowohl für die alten Anteile wie für die neuen Anteile zu. Die dadurch eintretende Gewinnerhöhung fällt jedoch nicht unter § 1 des Gesetzes vom 30. 12. 1959, sondern ist eine grundsätzlich steuerpflichtige Gewinnrealisierung.

4. Besitzdauer.

Außer den Anschaffungskosten kann auch noch die Besitzdauer steuerlich bedeutsam sein, so z. B. bei Steuerfreiheit von Ausschüttungen auf eine Schachtelbeteiligung oder für die steuerliche Beurteilung eines Spekulationsgeschäfts.

Der RFH hat in der Entscheidung vom 16. 4. 1943 III 23/43 RStBl. 1943 S. 548 ausgesprochen, daß er für neue Aktien, die die Obergesellschaft bei einer echten Kapitalerhöhung der Untergesellschaft, an der sie zu mehr als 25 % beteiligt ist, übernimmt, die Schachtelvergünstigung für die Vermögensteuer erst gewähren will, wenn die Obergesellschaft auch die jungen Aktien mindestens 12 Monate vor dem Bewertungsstichtag besessen hat. Er hat dort ausdrücklich hervorgehoben, daß er dagegen bei einer Kapitalberichtigung, das ist einer Kapitalerhöhung aus Gesellschaftsmitteln, die Besitzdauer für die jungen Aktien der Besitzdauer der alten Aktien gleichsetzen würde. Die VStR sind dieser Auffassung gefolgt (VStR 1953 Abschnitt 19 BStBl. 1954 I S. 439). Für die Körperschaftsteuer wird richtigerweise auch bei echten Kapitalerhöhungen die Besitzdauer der alten Anteile auf die neuen Anteile übertragen (vgl. KStR 1958 Abschnitt 39 BStBl. 1959 I S. 901). Bei einer Kapitalerhöhung aus Gesellschaftsmitteln nach dem Gesetz vom 23. 12. 1959 ist daher für VermSt. und KSt. die Besitzdauer für die neuen Anteile gleich der Besitzdauer für die alten Anteile. Dies gilt nicht nur für die Schachtelvergünstigung, sondern auch für das Spekulationsgeschäft.

5. Anschaffungskosten bei Kapitalherabsetzung.

Hierzu wird auf die Erläuterungen zu § 5 verwiesen.

§ 4

Mitteilung der Erhöhung des Nennkapitals an das Finanzamt

Die Kapitalgesellschaft hat die Erhöhung des Nennkapitals innerhalb von zwei Wochen nach der Eintragung des Beschlusses über die Erhöhung des Nennkapitals in das Handelsregister dem Finanzamt mitzuteilen und eine Abschrift des Beschlusses über die Erhöhung des Nennkapitals einzureichen.

1. Die Verpflichtung zur Mitteilung an das Finanzamt hat der Vorstand der Kapitalgesellschaft. Eine besondere Form der Mitteilung ist nicht vorgeschrieben. Der Mitteilung muß eine Abschrift des Beschlusses über die Erhöhung des Nennkapitals beigefügt werden. Die Mitteilung hat innerhalb von zwei Wochen nach der Eintragung des Erhöhungsbeschlusses in das Handelsregister zu erfolgen.

2. Mitteilungspflichtig ist nur eine Kapitalerhöhung aus Gesellschaftsmitteln im Sinn des Gesetzes über die Kapitalerhöhung aus Gesellschaftsmitteln und über die Gewinn- und Verlustrechnung vom 23. 12. 1959, nicht auch eine Kapitalerhöhung mit Gewinnausschüttung und Wiedereinzahlung.

3. Die Mitteilung dient zur Überwachung wegen der in § 5 des Gesetzes geregelten Folgen von Mißbräuchen.

4. Die Unterlassung der Mitteilung ist nicht strafbar. Das Finanzamt kann jedoch die Mitteilung durch besondere Verfügung anordnen und nach § 202 AO erzwingen (vgl. die Beispiele aus der Rechtsprechung bei Hübschmann-Hepp-Spitaler § 202 AO Anm. 7).

§ 5

Herabsetzung des Nennkapitals

(1) Setzt eine Kapitalgesellschaft innerhalb von fünf Jahren nach einer Erhöhung des Nennkapitals (§ 1) das Nennkapital herab und zahlt sie die dadurch freiwerdenden Mittel ganz oder teilweise an die Gesellschafter zurück, so gelten die Rückzahlungen insoweit als Gewinnanteile (Dividenden), als sie den Betrag der Erhöhung des Nennkapitals nicht übersteigen. Als Gewinnanteile (Dividenden) gelten auch die Be-

träge, die die Kapitalgesellschaft innerhalb von 5 Jahren nach der Erhöhung des Nennkapitals für den Erwerb eigener Anteile aufwendet, soweit die Nennbeträge dieser Anteile den Betrag der Erhöhung des Nennkapitals nicht übersteigen. Satz 2 gilt nicht, soweit

1. **der Erwerb notwendig ist, um einen schweren Schaden von der Gesellschaft abzuwenden,**
2. **die Anteile den Arbeitnehmern der Gesellschaft zum Erwerb angeboten werden sollen, oder**
3. **auf die Anteile der Nennbetrag oder der höhere Ausgabebetrag voll geleistet ist und der Erwerb unentgeltlich geschieht oder die Gesellschaft mit dem Erwerb eine Einkaufskommission ausführt.**

Der Gesamtnennbetrag der zu den Zwecken nach Satz 3 Nr. 1 und 2 erworbenen Anteile darf jedoch zusammen mit dem Betrag anderer Anteile der Gesellschaft, die die Gesellschaft oder ein abhängiges Unternehmen bereits zu diesen Zwecken erworben hat und noch besitzt, 10 vom Hundert des Nennkapitals nicht übersteigen.

(2) Die auf die Gewinnanteile (Dividenden) im Sinne des Abs. 1 entfallenden Steuern vom Einkommen des Gesellschafters werden im Wege der Pauschbesteuerung erhoben. Die Steuer ist von der Kapitalgesellschaft zu entrichten. Sie beträgt 30 vom Hundert der Gewinnanteile. Sie ist bei der Ermittlung des Einkommens der Kapitalgesellschaft nicht abzugsfähig.

(3) § 4 gilt entsprechend. Die Mitteilung der Herabsetzung des Nennkapitals gilt als Steuererklärung im Sinn des § 166 der Abgabenordnung.

(4) Das Finanzamt setzt durch Steuerbescheid (§ 212 der AO) die Steuer fest. Die Steuer ist innerhalb eines Monats nach Bekanntgabe des Steuerbescheids zu entrichten.

(5) Als Anschaffungskosten der nach der Kapitalherabsetzung verbleibenden Anteilsrechte gelten die Beträge, die sich für die einzelnen Anteilsrechte ergeben, wenn die Anschaffungskosten der vor der Kapitalherabsetzung vorhandenen gesamten Anteilsrechte auf die nach der Kapitalherabsetzung verbleibenden Anteilsrechte nach dem Verhältnis ihrer Nennbeträge verteilt werden.

Erläuterungen:

1. Zweck der Bestimmung.
2. Kapitalherabsetzung — Frist.
3. Kapitalrückzahlung.
4. Schädlicher Erwerb eigener Anteile.
5. Behandlung der eigenen Anteile bei der Gesellschaft.
6. Versteuerung für den Gesellschafter.

7. Nichtabziehbarkeit der Steuer bei der Gesellschaft.
8. Mitteilung an Finanzamt.
9. Pauschsteuerbescheid.
10. Anschaffungskosten beim Gesellschafter.
11. Unschädlicher Erwerb eigener Anteile
    a) zur Abwendung eines schweren Schadens,
    b) zur Weitergabe an Arbeitnehmer,
    c) unentgeltlicher Erwerb,
    d) Einkaufskommission,
    e) Überschreitung der 10-%-Grenze.

1. Zweck der Bestimmung.

Diese Vorschrift entspringt der Angst der Finanzverwaltung, daß die Steuerfreiheit der Erhöhung des Nennkapitals aus Gesellschaftsmitteln dazu mißbraucht werden könnte, den Gesellschaftern im Wege der nach der Rechtsprechung einkommensteuerfreien Kapitalherabsetzung mit Rückzahlung Mittel aus der Gesellschaft in Höhe des Nennbetrages der Kapitalherabsetzung bzw. der auf den Herabsetzungsbetrag entfallenden anteiligen Anschaffungskosten steuerfrei zuzuführen (vgl. die Darlegungen hierzu in der Entscheidung des BFH vom 17. 9. 1957 I 165/54 S BStBl. 1957 III S. 401). In der Literatur ist immer darauf hingewiesen worden, daß solche spätere Kapitalherabsetzungen als Mißbrauch von Formen und Gestaltungsmöglichkeiten des bürgerlichen Rechts im Sinne des § 6 StAnpG gewertet werden könnten. Es ist erfreulich, daß der Gesetzgeber die Finanzverwaltung für diese Fälle nicht auf die schwer abgrenzbare und schwer zu handhabende Bestimmung des § 6 StAnpG verwiesen, sondern eine eigene Bestimmung in das Gesetz aufgenommen hat, wann er einen Mißbrauch für gegeben hält. Trotzdem wird vermutlich gerade diese Bestimmung des Gesetzes der Auslegung noch manche Schwierigkeiten bereiten.

2. Kapitalherabsetzung — Frist.

Während nach der Rechtsprechung im Normalfall Kapitalrückzahlungen bei einer Kapitalherabsetzung bis zur Höhe des Nennbetrages der Kapitalerhöhung nicht als Einkommen des Gesellschafters anzusehen sind (vgl. BFH vom 17. 9. 1957 I 165/54 S BStBl. 1957 III S. 401), wird davon hier eine Ausnahme gemacht, wenn die Kapitalherabsetzung innerhalb von 5 Jahren nach einer steuerfreien Kapitalerhöhung aus Gesellschaftsmitteln erfolgt. Eine Kapitalerhöhung aus Gesellschaftsmitteln, die als Gewinnausschüttung besteuert worden ist, führt nicht zu den Folgen des § 5, sondern gilt als Kapitalerhöhung mit Einzahlung durch die Gesellschafter. Für die Berechnung der Frist von 5 Jahren ist die Eintragung der Kapitalerhöhung aus Gesellschaftsmitteln und der Kapitalherabsetzung in das Handelsregister maßgebend. Nach dem Wortlaut des Gesetzes muß nur die Eintragung der Kapitalherabsetzung, nicht auch die Rückzahlung der dadurch freiwerdenden Mittel innerhalb der 5-Jahresfrist erfolgen, damit die Rückzahlungsbeträge steuerlich als Gewinnanteile angesehen werden können. Die Rückzahlung auf die Kapitalerhöhung kann daher auch später als 5 Jahre nach Eintragung der Kapitalerhöhung aus Gesellschaftsmitteln erfolgen. Sie ist auch dann schädlich. Die Rückzahlung ist in dem Augenblick als erfolgt anzunehmen, in dem der Rückzahlungsbetrag den Gesellschaftern zugeflossen ist im Sinne des § 11 EStG. Die Passivierung bei der Gesellschaft ist dafür nicht allein entscheidend.

3. Kapitalrückzahlung.

Die Rückzahlung ist ein Tatbestandsmerkmal der steuerlich schädlichen Kapitalherabsetzung. Über ihren Zeitpunkt siehe Anmerkung 2. Die Rückzahlung beeinflußt den Gewinn der Gesellschaft nicht. Eine Kapitalherabsetzung durch Einziehung eigener Anteile, zur Deckung eines Verlustes, zur Vornahme von Abschreibungen oder zur Bildung von Rücklagen wirkt sich nicht auf die Einkommensteuer der Gesellschafter aus, weil den Gesellschaftern dabei nichts zufließt.

Dei Rückzahlungsbetrag gilt nur bis zur Höhe der seinerzeitigen Kapitalerhöhung aus Gesellschaftsmitteln als Gewinnanteil. Geht der Rückzahlungsbetrag über den Nennbetrag der seinerzeitigen Kapitalerhöhung aus Gesellschaftsmitteln hinaus, gelten für den übersteigenden Betrag die von der Rechtsprechung entwickelten Grundsätze für die steuerliche Behandlung von Kapitalrückzahlungen anläßlich einer Kapitalherabsetzung.

4. Schädlicher Erwerb eigener Anteile.

Der Kapitalherabsetzung ist der Erwerb eigener Anteile gleichgestellt. Für die Ausnahmen siehe Anmerkung 11. Werden innerhalb von 5 Jahren nach Eintragung der Kapitalerhöhung aus Gesellschaftsmitteln in das Handelsregister eigene Anteile erworben, so gilt der dafür aufgewendete Kaufpreis als Gewinnanteil, der dem veräußernden Gesellschafter gezahlt wird, soweit der Nennbetrag des erworbenen eigenen Anteils nicht höher ist als der **gesamte** Nennbetrag der vorhergegangenen Kapitalerhöhung aus Gesellschaftsmitteln. Übersteigt der Nennbetrag der so erworbenen eigenen Anteile diesen Nennbetrag der Kapitalerhöhung, so gilt der für den übersteigenden Nennbetrag gezahlte Kaufpreis nicht mehr als Gewinnanteil, sondern auch steuerlich als echter Kaufpreis, seine Angemessenheit vorausgesetzt. Dabei ist für die

Annahme einer Gewinnausschüttung gleichgültig, daß der die von der Gesellschaft erworbenen Anteile veräußernde Gesellschafter bei der Kapitalerhöhung aus Gesellschaftsmitteln weniger neue Anteile erhalten hat, als er nunmehr an die Gesellschaft veräußert. Auch die veräußerten alten Anteile gelten als Gewinnausschüttung. Wesentlich ist nur, daß der Nennbetrag der von der Gesellschaft erworbenen eigenen Anteile unter dem Nennbetrag der Kapitalerhöhung aus Gesellschaftsmitteln während der letzten 5 Jahre bleibt.

Die prohibitive Wirkung dieser Regelung wird an folgendem Beispiel deutlich. Das Kapital einer Gesellschaft betrage 3 Millionen DM. Eine Kapitalerhöhung aus Gesellschaftsmitteln habe nom. 500 000,— DM betragen. Der Wert der Anteile der Gesellschaft beträgt 4 Jahre nach der Kapitalerhöhung aus Gesellschaftsmitteln 600 %. Die Gesellschaft erwirbt von einem Gesellschafter nom. 100 000,— DM Eigenanteile zu 600 %, also für 600 000,— DM. Die vollen 600 000,— DM Kaufpreis werden als Gewinnausschüttung behandelt, weil der Nennbetrag der erworbenen Anteile (100 000,— DM) hinter dem Nennbetrag der Kapitalerhöhung zurückbleibt. Hätte die Gesellschaft seinerzeit die Kapitalerhöhung aus Gesellschaftsmitteln nicht nach dem Gesetz vom 23. 12. 1959, sondern im Wege der Doppelmaßnahme mit Ausschüttung und Wiedereinzahlung vorgenommen, so wären damals insgesamt nur 500 000,— DM Gewinnausschüttung angenommen und versteuert worden und der Erwerb der eigenen Anteile nach 4 Jahren zum angemessenen Wert bliebe ertragsteuerlich ohne Auswirkung. Logisch richtiger wäre gewesen, den Kaufpreis für die eigenen Anteile dem Nennbetrag der Kapitalerhöhung gegenüberzustellen. Dann wäre gewährleistet gewesen, daß stets nur der Nennbetrag der Kapitalerhöhung aus Gesellschaftsmitteln nachträglich steuerlich als Gewinnausschüttung erfaßt wird. Diese Regelung ist aber nicht getroffen worden.

Werden von einer Kapitalgesellschaft unmittelbar vor einer Kapitalerhöhung aus Gesellschaftsmitteln eigene Anteile erworben, so kann darin nicht eine unzulässige Umgehung der Steuerpflicht für den Erwerb nach der Kapitalerhöhung gesehen werden. Die Steuerpflichtigen sind in der Wahl ihrer Maßnahmen frei, auch wenn sie diese Maßnahmen zur Ersparung von Steuern gerade in dieser Weise oder in dieser zeitlichen Reihenfolge treffen, solange es sich nicht um ungewöhnliche Maßnahmen oder eine ungewöhnliche Reihenfolge handelt.

5. Behandlung der eigenen Anteile bei der Gesellschaft.

Auch wenn der Erwerb eigener Anteile als Gewinnausschüttung behandelt wird, sind die eigenen Anteile bei der Gesellschaft gleichwohl mit den Anschaffungskosten zu aktivieren. Bei einer späteren Veräußerung liegt also insoweit kein Veräußerungsgewinn vor. Die nach § 5 Abs. 2 von der Gesellschaft zu entrichtende Einkommensteuer der Gesellschafter in Höhe von 30 % der angenommenen Gewinnausschüttung darf nicht als Teil der Anschaffungskosten aktiviert werden. Diese Steuer ist handelsrechtlich gewinnmindernde Ausgabe, obwohl der Erwerb eigener Anteile u. U. nicht von allen Gesellschaftern gleichmäßig, sondern nur von einzelnen Gesellschaftern erfolgt ist, diese Gesellschafter also allein begünstigt sind. Es braucht hier nicht erörtert zu werden, ob der Vorstand einer Gesellschaft durch eine solche einseitige Begünstigung von Gesellschaftern pflichtwidrig handelt. Steuerlich ist dies jedenfalls bedeutungslos. Er wird sich ohnedies in solchen Fällen stets die Zustimmung der Gesellschafterversammlung geben lassen.

Weder durch die Kapitalherabsetzung mit Kapitalrückzahlung noch durch den Erwerb eigener Anteile wird der Gewinn der Gesellschaft gemindert.

6. Versteuerung für den Gesellschafter.

Unklar ist, ob der als Gewinnausschüttung angesehene Rückzahlungsbetrag bei einer Kapitalherabsetzung oder der als Gewinnausschüttung behandelte Kaufpreis beim Erwerb eigener Anteile durch die Gesellschaft beim Gesellschafter zu den Einkünften aus Kapitalvermögen gehört mit der Wirkung, daß die von der Gesellschaft entrichtete Steuer von 30 % auf die Einkommensteuer des Gesellschafters anzurechnen ist oder ob diese Beträge beim Gesellschafter überhaupt nicht zum Einkommen rechnen. Im letzteren Fall könnte eine doppelte Besteuerung erfolgen, wenn die Beträge beim Gesellschafter wenigstens teilweise Gewinn aus Gewerbebetrieb (Überschuß des Erlöses über den Buchwert) oder Gewinn aus der Veräußerung einer wesentlichen Beteiligung (Überschuß des Erlöses über die Anschaffungskosten) sind. Die Wahl des Wortes „Pauschbesteuerung" im § 5 Abs. 2 legt die Annahme nahe, daß das Gesetz die als Gewinnanteile geltenden Beträge bei den Gesellschaftern nicht zu den Einkünften aus Kapitalvermögen zählen will. Das EStG kennt eine Art Pauschbesteuerung nach Feststellung der Verfassungswidrigkeit des § 30 EStG 1934 nur noch in § 42 a EStG für die Lohnsteuer. Dort wird jedoch ausdrücklich vorgeschrieben, daß die Bezüge und die davon erhobene Lohnsteuer bei der Veranlagung des Arbeitnehmers außer Betracht bleiben. Ähnlich schon § 59 der I. DADV für den Zuwachs an Anteilsrechten, der damals ebenfalls einer von der Gesellschaft zu entrichtenden Pauschsteuer unterworfen wurde. § 5 des Gesetzes vom 30. 12. 1959 enthält keine derartige Regelung. Eine etwaige GewSt. wird durch die Pauschsteuer ohnedies nicht abgegolten. Sie muß beim Gesellschafter erhoben werden.

Aus alledem muß gefolgert werden, daß diese Beträge auch in die steuerpflichtigen Einkünfte des Gesellschafters einzubeziehen sind und die von der Gesellschaft entrichtete Steuer auf die Einkommensteuer oder Körperschaftsteuer des Gesellschafters anzurechnen ist. Dies gilt für eine als Gewinnausschüttung behandelte Kapitalherabsetzung mit Rückzahlung ebenso wie für den als Gewinnausschüttung behandelten Kaufpreis für einen eigenen Anteil. Beim Vorliegen einer Schachtelbeteiligung wird der Vorgang dadurch praktisch wiederum körperschaftsteuerfrei, weil es sich um eine Gewinnausschüttung auf eine Schachtelbeteiligung handelt, die beim Gesellschafter steuerfrei ist. In diesem Falle ist eine Pauschsteuer überhaupt nicht zu erheben (vgl. Behrens, GmbH Rundschau 1960 S. 49).

Es ist zuzugeben, daß alles dies wenig sinnvoll ist. Die Regelung, diese Gewinnausschüttungen nicht in die Einkünfte des Gesellschafters einzubeziehen, die Pauschsteuer darauf nicht auf seine Einkommensteuer anzurechnen, sondern als eine Art Objektsteuer zu behandeln, die von der Gesellschaft getragen wird, ähnlich der Pauschsteuer nach § 13 der Div.Abg.VO, wäre an sich einfacher. Da im Gesetz vom 30. 12. 1959 jedoch ebenso wie im EStG eine dem § 59 I. DADV ähnliche Bestimmung für die als Gewinnausschüttung behandelten Beträge des § 5 fehlt, ist die Einbeziehung in die Einkünfte des Gesellschafters zwingend. Würde man etwa das EStG dahin ergänzen, daß diese Gewinnanteile nach § 5 des Gesetzes vom 30. 12. 1959 nicht zu den Einkünften des Gesellschafters zählen und die Steuer ihm nicht anzurechnen ist, so müßte zur Vermeidung einer sachlich völlig ungerechtfertigten doppelten Besteuerung bestimmt werden, daß der Vorgang als solcher für die Einkommenbesteuerung des Gesellschafters unerheblich ist. Denn anderenfalls würde der Gesellschafter den Betrag u. U. weitgehend der Einkommensteuer unterwerfen müssen, wenn die Anteile bei ihm zu einem Betriebsvermögen oder zu einer wesentlichen Beteiligung gehören und die Anschaffungskosten oder der Buchwert niedrig sind, obwohl der gleiche Betrag bei der Gesellschaft bereits im Wege der Pauschsteuer erfaßt wird. Dies kann keineswegs die Absicht des Gesetzgebers sein. Diese doppelte Erfassung des Betrages müßte daher immer ausgeschaltet werden. Andererseits muß der Wegfall der Anteile steuerlich außer Betracht bleiben. Damit würde auch eine etwaige GewSt-Pflicht entfallen.

7. Nichtabziehbarkeit der Steuer bei der Gesellschaft.

Die von der Gesellschaft für die Gesellschafter entrichtete Pauschsteuer auf die Gewinnanteile ist als Teil einer Gewinnausschüttung vom Einkommen der Gesellschaft nicht abziehbar. Da sie handelsrechtlich eine Ausgabe ist, muß sie für die steuerliche Gewinnermittlung außerhalb der Bilanz dem Gewinn wieder hinzugerechnet werden. Die Belastung der Gesellschaft für 1000,— DM Rückzahlungsbetrag aus einer Kapitalherabsetzung oder Kaufpreis für einen eigenen Anteil beträgt daher 30 % Pauschsteuer auf 1000,— DM = 300,— DM. Da diese 300,— DM aus dem versteuerten Gewinn gezahlt werden müssen, kommt noch die Körperschaftsteuer und Gewerbesteuer mit rund 450,— DM hinzu. Die Belastung beträgt also rund 750,— DM oder rund 75 % der angenommenen Ausschüttung.

8. Mitteilung an Finanzamt.

Der vor Ablauf von 5 Jahren nach einer Kapitalerhöhung aus Gesellschaftsmitteln gefaßte Beschluß über die Herabsetzung des Nennkapitals ist binnen 2 Wochen nach Eintragung in das Handelsregister dem Finanzamt mitzuteilen. Dem Finanzamt ist eine Abschrift des Beschlusses einzureichen. Diese Mitteilung gilt als Steuererklärung im Sinne des § 166 AO mit allen daran geknüpften gesetzlichen Folgen, z. B. Verspätungszuschlag nach § 168 AO. Die Unterlassung der Mitteilung ist nur strafbar, wenn sie Teil einer Steuergefährdung oder Steuerhinterziehung ist (§§ 402, 396 H.AO). Die Abgabe der Erklärung kann nach § 202 AO erzwungen werden.

Die entsprechende Anwendung des § 4 des Gesetzes über die Pflicht zur Mitteilung an das Finanzamt gilt auch für den Fall des Erwerbs eigener Anteile, wenn der Erwerb vor Ablauf von 5 Jahren nach einer Kapitalerhöhung aus Gesellschaftsmitteln erfolgt. Die Gesellschaft hat also auch den Erwerb eigener Anteile dem Finanzamt binnen 2 Wochen nach Abschluß des Vertrags mitzuteilen, wenn nicht eine der in § 5 Abs. 1 Ziff. 1—3 genannten Ausnahmen vorliegt. Da das Gesetz ausdrücklich nur für die Mitteilung über die Herabsetzung des Nennkapitals bestimmt, daß sie als Steuererklärung im Sinne des § 166 AO gilt, trifft dies mangels ausdrücklicher Vorschrift für die Mitteilung über den Erwerb eigener Anteile nicht zu. Es kann bei Nichtabgabe der Erklärung über den Erwerb eigener Anteile also kein Verspätungszuschlag erhoben werden (§ 168 AO), dagegen kann die Abgabe auch dieser Erklärung nach § 202 AO erzwungen werden.

9. Pauschsteuerbescheid.

Das Finanzamt setzt die Pauschsteuer gegen die Gesellschaft durch Steuerbescheid nach § 212 AO fest. Der Bescheid kann nur nach § 222 AO berichtigt werden. Rechtsmittelberechtigt ist allein die Gesellschaft. Die Gesellschafter können und müssen als Beteiligte zugezogen werden (§ 266 AO), solange eine Bestimmung fehlt, daß der Vorgang für die Besteuerung des Gesellschafters völlig unbeachtlich bleibt. Die Steuer wird nach Ablauf eines Monats nach Bekanntgabe des Steuerbescheids fällig.

10. Anschaffungskosten beim Gesellschafter.

Die Anschaffungskosten des Gesellschafters für die nach der steuerschädlichen Kapitalherabsetzung, nicht auch nach einem steuerschädlichen Erwerb eigener Anteile durch die Gesellschaft dem Gesellschafter verbleibenden Anteilsrechte werden durch die Behandlung der Kapitalherabsetzung oder des Erwerbs eigener Anteile als Gewinnausschüttung insgesamt nicht vermindert oder erhöht. Auch wenn diese Anteilsrechte erst nach der Kapitalerhöhung aus Gesellschaftsmitteln erworben wurden. Wie die Anschaffungskosten der alten Anteile vor der Kapitalerhöhung aus Gesellschaftsmitteln auf die alten und die neuen Anteile zu verteilen sind, regelt § 3. Diese so ermittelten Anschaffungskosten zusammen mit den Anschaffungskosten etwa später hinzuerworbener Anteile sind für sämtliche Anteile eines Gesellschafters vor der steuerschädlichen Kapitalherabsetzung zusammenzuzählen und im Verhältnis der Nennbeträge auf die sämtlichen ihm nach der schädlichen Kapitalherabsetzung verbleibenden Anteile aufzuteilen. Das bedeutet mit anderen Worten, daß diese steuerschädlichen Maßnahmen als Gewinnausschüttungen anzusehen sind und deshalb die Anschaffungskosten der Anteile insgesamt nicht berühren. Die Anschaffungskosten der durch die Herabsetzung aus dem Vermögen des Gesellschafters ausgeschiedenen Anteile werden vielmehr auf die übrigen Anteile des Gesellschafters verteilt.

Auch hier ist keine Durchschnittsbewertung, sondern Einzelbewertung vorzunehmen, wenn die Anteile verschieden hohe Anschaffungskosten haben (vgl. § 3 Anm. 2 und Hübl DStZ 1960 S. 57—60). Bei einem steuerschädlichen Erwerb eigener Anteile durch die Gesellschaft werden die gesamten Anschaffungskosten des veräußernden Gesellschafters wegen des Fehlens einer entsprechenden Vorschrift um die Anschaffungskosten für den veräußerten Anteil vermindert.

11. Unschädlicher Erwerb eigener Anteile

a) zur Abwendung eines schweren Schadens.

Der Erwerb eigener Anteile wird nicht als Gewinnausschüttung angesehen, wenn der Erwerb notwendig ist, um einen schweren Schaden von der Gesellschaft abzuwenden. Dies ist die gleiche Voraussetzung, wie sie § 65 Abs. 1 Akt.G. in der Fassung des Gesetzes vom 23. 12. 1959 für den Erwerb eigener Aktien aufstellt. Ob diese Voraussetzung gegeben ist, kann nur von Fall zu Fall entschieden werden. Die Entscheidung hängt, soweit daran steuerliche Folgen zu knüpfen sind, allein von der Finanzverwaltung bzw. den Steuergerichten ab. Die Unternehmungen können eine Sicherheit nur dadurch erlangen, daß sie vor dem Erwerb der eigenen Anteile den Sachverhalt dem zuständigen Finanzamt darlegen und um eine Auskunft darüber bitten, ob hier die Ausnahme des § 5 Abs. 1 Ziff. 1 anerkannt wird. Die Finanzverwaltung ist nicht gezwungen, diese Auskunft zu geben. Gibt sie aber die Auskunft, ohne sie ausdrücklich für unverbindlich zu erklären, so kann sie nach der Rechtsprechung des BFH für die Beurteilung des Sachverhalts daran gebunden sein.

b) zur Weitergabe an Arbeitnehmer.

Literatur: Niethammer BB 1960 S. 257.

Der Erwerb eigener Anteile wird auch dann nicht als Gewinnausschüttung angesehen, wenn die Anteile von der Gesellschaft erworben werden, um sie den Arbeitnehmern der Gesellschaft zum Erwerb anzubieten. Unklar ist, bis wann die Absicht, die Anteile den Arbeitnehmern anzubieten, verwirklicht werden muß. Da eine solche Entscheidung dem Vorstand und Aufsichtsrat einer Kapitalgesellschaft eine große Verantwortung aufbürdet, muß man einen ausreichenden Spielraum für die Klärung aller damit zusammenhängenden Fragen lassen. Es kann deshalb wohl steuerlich nicht als schädlich angesehen werden, wenn die eigenen Anteile nicht vor der nächsten Gesellschafterversammlung den Arbeitnehmern angeboten werden. Werden sie den Arbeitnehmern überhaupt nicht angeboten, so müssen sie zweckmäßig alsbald nach der Entscheidung darüber wieder veräußert werden, um die Gefahr zu vermeiden, daß der Erwerb doch noch nachträglich als Gewinnausschüttung angesehen wird. Dabei dürfte es steuerlich unschädlich sein, wenn die eigenen Anteile den sie veräußernden Gesellschaftern wieder zum selben Preis überlassen werden, zu dem sie von der Gesellschaft erworben wurden, selbst wenn der Kurs inzwischen gestiegen sein sollte. Hier ist jedoch Vorsicht geboten, weil bei fiskalischer Betrachtung in dem Unterschied zwischen dem alten Kurs und dem höheren neuen Kurs eine verdeckte Gewinnausschüttung gesehen werden könnte. Man wird jedoch annehmen können, daß die Gesellschafter ihre Anteile der Gesellschaft immer nur zu dem Zweck überlassen, zu dem sie erworben werden. Falls sich dieser Zweck nicht verwirklichen läßt, kann aus der tatsächlichen Rückübertragung der Anteile auf die veräußernden Gesellschafter die Pflicht der Gesellschaft zur Rückgabe der Anteile zum Erwerbspreis gefolgert werden. Dann kann darin keine verdeckte Gewinnausschüttung gesehen werden.

Wenn die Anteile den Arbeitnehmern zum Erwerb angeboten werden, diese aber den Erwerb ablehnen, hat diese Ablehnung keine Rückwirkung auf die steuerliche Behandlung des Erwerbs der eigenen Anteile durch die Gesellschaft. Die Annahme einer Gewinnausschüttung scheidet dann aus.

Nach dem Wortlaut der Vorschrift ist es gleichgültig, ob die eigenen Anteile allen Arbeitnehmern gleichmäßig zum Erwerb angeboten werden oder nur einzelnen bevorzugten Arbeitnehmern, etwa leitenden Angestellten. Wenn diese Angestellten die Anteile erwerben, dürfte der Sinn der Vorschrift erfüllt sein. Wenn diese Angestellten jedoch den Erwerb ablehnen oder die Gesellschaft ihre Absicht, ihnen die Anteile anzubieten, wieder fallen läßt, können steuerliche Schwierigkeiten entstehen, indem in diesem Anbieten und Ablehnen eine Scheinhandlung im Sinne des § 5 StAnpG gesehen werden könnte. Es kommt jedoch stets auf die Umstände des einzelnen Falles an. Entscheidend sind also die Tatsachen und Beweismittel. Notwendig ist nicht ein steuerfreier Erwerb durch die Arbeitnehmer nach § 6 des Gesetzes vom 20. 12. 1959. Auch der steuerpflichtige Erwerb oder der Erwerb zum Börsenkurs fällt unter § 5.

c) unentgeltlicher Erwerb.

Zweifelsfragen wirft die Ziff. 3 auf. Werden voll eingezahlte Anteile der Gesellschaft unentgeltlich überlassen, wird keine Gewinnausschüttung angenommen. Dies ist selbstverständlich und brauchte nicht gesagt zu werden, soweit es den überlassenden Gesellschafter betrifft. Denn in diesem Fall ist dem Gesellschafter nichts zugeflossen. Die Vorschrift schließt auch die Annahme einer Gewinnausschüttung gegenüber den anderen Gesellschaftern aus. Dasselbe gilt für nicht voll eingezahlte Anteile, wenn sie in Verstoß gegen die Vorschriften des Aktiengesetzes (§ 65 Abs. 1) und des GmbHG (§ 33) unentgeltlich überlassen werden. Eine besondere Erwähnung dieses Falles im Gesetz war daher entbehrlich.

Im übrigen ist eine solche unentgeltliche Überlassung nicht voll eingezahlter Anteile höchst unwahrscheinlich, wenn die Gesellschaft vorher eine Kapitalerhöhung aus Gesellschaftsmitteln vorgenommen hat, was ja die Voraussetzung für die Annahme einer Steuerpflicht wäre. Der Vollständigkeit halber sei darauf hingewiesen, daß Anteile, die durch die Kapitalerhöhung aus Gesellschaftsmitteln neu geschaffen worden sind, selbstverständlich zu den volleingezahlten Anteilen gehören.

d) Einkaufskommission.

Der Wortlaut der Ziffer 3 läßt weiter nicht erkennen, ob die Unschädlichkeit der Ausführung einer Einkaufskommission für eigene Anteile sich nur auf volleinbezahlte oder auch auf teileinbezahlte Anteile erstreckt. Der Sinn legt das Letztere nahe. Da Banken zumeist volleinbezahlte Aktien haben, hat die Frage wenig praktische Bedeutung. Dagegen schließt die Vorschrift durch die Gefahr der hohen Steuerbelastung praktisch aus, das künftig Banken in ihrem Wertpapierbestand eigene Aktien halten, wenn sie weniger als 5 Jahre zuvor eine Erhöhung des Nennkapitals aus Gesellschaftsmitteln vorgenommen haben.

e) Überschreitung der 10-%-Grenze.

Der Nennbetrag der eigenen Anteile, die eine Kapitalgesellschaft nach einer vorherigen Erhöhung des Nennkapitals aus Gesellschaftsmitteln auf Grund der Ausnahmevorschrift des § 5 Abs. 1 Ziff. 1 und 2 ohne steuerliche Folgen besitzen darf, ist auf 10 % des Nennkapitals begrenzt. Wenn der Besitz darüber hinausgeht, so ist der Kaufpreis insoweit Gewinnausschüttung, auch wenn der Erwerb zur Abwendung eines schweren Schadens von der Gesellschaft notwendig war oder erfolgte, um den Arbeitnehmern der Gesellschaft die Anteile zum Erwerb anzubieten.

Den Anteilen im Eigentum der Kapitalgesellschaft stehen die Anteile gleich, die ein von ihr abhängiges Unternehmen besitzt. Der Begriff des abhängigen Unternehmens ist im Atkienrecht u. a. in § 15 Akt.G. verwendet. Die Auslegung des Begriffs ist nicht einheitlich, wie die Kommentare zum Akt.G. zeigen. Das Steuerrecht kennt den Begriff des abhängigen Unternehmens nicht. Man wird als abhängiges Unternehmen ein finanziell beherrschtes Unternehmen verstehen müssen, das ist ein Unternehmen, dessen Anteile unmittelbar oder mittelbar zu mehr als 50 % in den Händen des herrschenden Unternehmens sind.

§ 6

Einkommensteuer (Lohnsteuer) bei Überlassung von eigenen Aktien an Arbeitnehmer zu einem Vorzugskurs

Überläßt eine Aktiengesellschaft oder eine Kommanditgesellschaft auf Aktien ihren Arbeitnehmern eigene Aktien zu einem unter dem Börsen-

kurs liegenden Kurs (Vorzugskurs) und wird hierbei vereinbart, daß die Aktien innerhalb von 5 Jahren nicht veräußert werden dürfen (Sperrfrist), so gehört der Vorteil, der sich aus dem Unterschied zwischen dem am Tag der Beschlußfassung maßgebenden Börsenkurs und dem Vorzugskurs (Kursunterschied) errechnet, außer in den Fällen der Sätze 2 und 3, nicht zu den Einkünften aus nichtselbständiger Arbeit. Soweit der Unterschied höher ist als die Hälfte des Börsenkurses, gehört der Vorteil aus dem Kursunterschied in voller Höhe zu den Einkünften aus nichtselbständiger Arbeit. Das gleiche gilt, soweit der Vorteil aus den Kursunterschieden für den einzelnen Arbeitnehmer 500,— Deutsche Mark im Kalenderjahr übersteigt. Bei Aktien, die nicht zum Handel an der Börse oder im geregelten Freiverkehr zugelassen sind, tritt an die Stelle des Börsenkurses der gemeine Wert. Wird außer im Fall des Todes des Arbeitnehmers oder des Eintritts seiner völligen Erwerbsunfähigkeit die Sperrfrist nicht eingehalten, so wird nach Maßgabe einer Rechtsverordnung eine Nachversteuerung durchgeführt.

I. Literatur.
II. Erläuterungen.
1. Entstehungsgeschichte.
2. Anwendungsgebiet.
3. Kreis der Arbeitnehmer.
4. Vorzugskurs.
5. Steuerfreiheit.
6. Die Begrenzung des Kursvorteils.
7. Sperrfrist.
8. Versteuerung.
9. Erwerb von Aktien außerhalb § 6.

I. Literatur: Görbing: DStZ 1960 S. 62, BB 1960 S. 260;
Jung: Wertpapiermitteilungen IV B Sonderbeilage 1/1960.

II. Erläuterungen:

1. Entstehungsgeschichte.

Die Vorschrift hat keinen Zusammenhang mit der Kapitalerhöhung aus Gesellschaftsmitteln, wie sie nunmehr in den Gesetzen vom 23. 12. 1959 und 30. 12. 1959 geregelt ist. Sie hängt jedoch zusammen mit der Änderung des § 65 Akt.G., wonach eine Kapitalgesellschaft eigene Aktien zum Zwecke der Weitergabe an ihre Arbeitnehmer erwerben darf (vgl. hierzu Jung a.a.O. unter I).

2. Anwendungsgebiet.

Die Vorschrift ist nur anwendbar auf die Fälle, in denen Aktiengesellschaften oder Kommanditgesellschaften auf Aktien (nicht auch

GmbH) ihren Arbeitnehmern eigene Aktien überlassen. Die Überlassung durch die Gesellschaft setzt nach Ansicht der Finanzverwaltung voraus, daß die Gesellschaft selbst zunächst Eigentümer der eigenen Aktien geworden ist. Dabei ist gleichgültig, wie die Gesellschaft das Eigentum an diesen eigenen Aktien erlangt hat, ob durch Kauf, durch unentgeltliche Überlassung durch die Gesellschafter, ob es sich um Aktien handelt, die durch eine Kapitalerhöhung entstanden sind oder schon bei Gründung der Gesellschaft ausgegeben wurden. Nicht erforderlich ist, daß die Aktien zum Handel an der Börse zugelassen sind. Verzichten die Gesellschafter einer Aktiengesellschaft bei einer echten Kapitalerhöhung durch Zuführung neuer Mittel auf das Bezugsrecht zugunsten der Arbeitnehmer der Gesellschaft und üben die Arbeitnehmer das Bezugsrecht aus, so wendet nach Ansicht der Finanzverwaltung nicht die Gesellschaft den Arbeitnehmern etwas zu, sondern die Aktionäre. Die Gesellschaft wird in diesem Falle nicht vorher Eigentümer der Aktien. Das günstige Bezugsrecht bei einer Kapitalerhöhung ist auch keine Zuwendung der Gesellschaft an den Aktionär, die dieser dann weitergibt (vgl. BFH vom 17. 9. 1957 I 165/54 S BStBl. 1957 III S. 401). Der Verzicht auf das Bezugsrecht zugunsten der Arbeitnehmer wird als eine Leistung der Aktionäre an die Arbeitnehmer angesehen, die nicht unter § 6 fällt. Diese Betrachtung ist jedoch nicht zwingend. Man kann auch annehmen, daß die Aktionäre der Gesellschaft die Aktien zu dem günstigen Bezugskurs zur Verfügung stellen mit der Auflage der Weitergabe an die Arbeitnehmer. Übernehmen die Arbeitnehmer die Aktien nicht, stehen sie den Aktionären zu.

Es fällt nicht unter § 6, wenn nicht die Kapitalgesellschaft selbst ihren Arbeitnehmern eigene Aktien überläßt, sondern wenn etwa die Tochtergesellschaft oder die Muttergesellschaft der Kapitalgesellschaft den Arbeitnehmern der Kapitalgesellschaft eigene Aktien (der Tochtergesellschaft bzw. der Muttergesellschaft) oder die Kapitalgesellschaft Aktien ihrer Tochtergesellschaft überläßt. Auch wenn die Muttergesellschaft Aktien der Tochtergesellschaft den Arbeitnehmern der Tochtergesellschaft überläßt, liegt kein Fall des § 6 vor. Für die lohnsteuerliche Behandlung dieser Fälle siehe Anmerkung 9.

3. Kreis der Arbeitnehmer.

Ebenso wie es sich um eigene Aktien der überlassenden Gesellschaft handeln muß, müssen Empfänger auch die eigenen Arbeitnehmer der überlassenden Gesellschaft sein, wenn § 6 zum Zuge kommen soll. Die Überlassung von eigenen Aktien an Arbeitnehmer der Muttergesellschaft oder einer Tochtergesellschaft ist nicht begünstigt. Dagegen ist es gleichgültig, ob die Überlassung an sämtliche Arbeitnehmer erfolgt oder nur an einzelne Arbeitnehmer, z. B. Jubilare oder Arbeitnehmer in gehobener Stellung.

4. Vorzugskurs.

Die Vorschrift kann nur Bedeutung erhalten, wenn den Arbeitnehmern bei der Überlassung der Aktien durch die Gesellschaft ein Vorzugskurs eingeräumt wird, das ist ein unter dem Börsenkurs liegender Kurs. Denn nur dann haben die Arbeitnehmer einen Vorteil erhalten, der zu den anderen Bezügen und Vorteilen für eine Beschäftigung im privaten Dienst im Sinne der §§ 8, 19 EStG gehört. Als Stichtag für den Börsenkurs wird der Tag der Beschlußfassung vom Gesetz ausdrücklich festgelegt. Da die Überlassung eigener Aktien an die Arbeitnehmer zur Zuständigkeit des Vorstandes der Aktiengesellschaft gehört, ist an sich der Tag der Beschlußfassung durch den Vorstand maßgebend. Es wird zweckmäßig sein, diesen Tag jeweils eindeutig festzuhalten. Schwierigkeiten können sich jedoch dadurch ergeben, daß der Vorstand die Genehmigung des Aufsichtsrats für seinen Beschluß benötigt und bis zur Erteilung dieser Genehmigung unter Umständen längere Zeit vergehen kann. Möglicherweise wollen Vorstand und Aufsichtsrat die Verantwortung nicht selbst übernehmen und legen die Frage der Hauptversammlung zur Entscheidung vor, so daß erst deren Beschluß abgewartet werden muß. Ist in diesen Fällen der Börsenkurs seit der Beschlußfassung des Vorstandes weiter gefallen und genehmigen Aufsichtsrat und Hauptversammlung den Beschluß des Vorstandes, so scheint es angebracht, den Börsenkurs im Zeitpunkt des letzten Beschlusses, also des Beschlusses der Hauptversammlung, maßgebend sein zu lassen. Denn der Aufsichtsrat oder die Hauptversammlung werden ihre Genehmigung nicht erteilen im Hinblick auf einen unter Umständen schon seit Wochen überholten Börsenkurs, sondern unter Berücksichtigung des Börsenkurses im Zeitpunkt der Erteilung der Genehmigung. Ist der Börsenkurs zwischen der Beschlußfassung durch den Vorstand und der Genehmigung durch Aufsichtsrat oder Hauptversammlung gestiegen, so könnten an sich dieselben Überlegungen gelten. Doch dürfte es in diesen Fällen gerechtfertigt sein, den Börsenkurs vom Tage der Beschlußfassung des Vorstandes maßgebend sein zu lassen, wenn die Gesellschaft den damals beschlossenen Vorzugskurs unverändert läßt. Es ist nicht sicher, ob die Finanzverwaltung und die Steuergerichte diese unterschiedliche Handhabung mitmachen. Es wird sich deshalb empfehlen, die Frage vorher mit der Finanzverwaltung bindend zu klären oder aber den Vorzugskurs, zu dem überlassen wird, durch den Vorstand erst in dem Zeitpunkt endgültig festsetzen zu lassen, in dem die

Überlassung alsbald beginnen kann. Dann kann der Vorzugskurs nicht nur nach dem Börsenkurs bei Beschlußfassung durch den Vorstand, sondern auch nach der zwischenzeitlichen Kursentwicklung festgesetzt werden.

Bei Aktien, die nicht an der Börse zugelassen sind, tritt an die Stelle des Börsenkurses der gemeine Wert. Über die Ermittlung des gemeinen Wertes ist im Gesetz nichts gesagt. Es sind daher nach § 1 BewG die Bestimmungen der §§ 10, 13 BewG maßgebend. Zum Stichtag für die Ermittlung des gemeinen Wertes gilt dasselbe, was für die Ermittlung des maßgebenden Börsenkurses gesagt wurde. Beim gemeinen Wert werden die Veränderungen in kürzeren Zeiträumen nicht so wesentlich sein, daß sich daraus ernste Schwierigkeiten ergeben.

5. Steuerfreiheit.

Der dem einzelnen Arbeitnehmer gewährte Vorteil, der in dem Unterschied zwischen dem maßgeblichen höheren Börsenkurs und dem tatsächlich gewährten Vorzugskurs liegt, gehört beim Arbeitnehmer nicht zu den Einkünften aus nichtselbständiger Arbeit, aber auch nicht zu anderen Einkunftsarten, wenn die folgenden Voraussetzungen erfüllt sind:

Der Kursvorteil darf für den einzelnen Arbeitnehmer die Hälfte des Börsenkurses und DM 500,— im Kalenderjahr nicht übersteigen (siehe Anmerkung 6)
Die Aktien dürfen innerhalb von 5 Jahren nicht veräußert werden (siehe Anmerkung 7)

Grund für die Steuerfreiheit ist das Kursrisiko, das der Arbeitnehmer innerhalb der Sperrfrist wegen der Möglichkeit sinkender Börsenkurse läuft (vgl. Görbing 1960 S. 62).

6. Die Begrenzung des Kursvorteils.

Nur wenn der Kursvorteil für den einzelnen Arbeitnehmer nicht mehr als die Hälfte des Börsenkurses und nicht mehr als 500,— DM im Kalenderjahr beträgt, gehört er nicht zu den steuerbaren Einkünften. Beide Grenzen sind klar und eindeutig. Nicht klar und eindeutig sind dagegen die steuerlichen Folgen bei Überschreiten dieser Grenzen. Der Wortlaut des Gesetzes ist unklar und läßt sowohl die Auslegung zu, daß beim Überschreiten der Grenze der ganze Vorteil aus dem Kursunterschied „in voller Höhe“ zu den steuerbaren Einkünften des Arbeitnehmers gehört, als auch die Auslegung, daß nur der über die Grenze hinausgehende Teil steuerpflichtig wird, wofür die Verwendung des

Wortes „soweit" spricht. Allerdings haben wir in unserem Steuerrecht leider immer wieder Fälle, in denen der Gesetzgeber sprachlich ungenau das Wort „soweit" an Stelle des Wortes „wenn" verwendet, (siehe z. B. BFH 30. 8. 1951 III 97/51 BStBl. 1951 III S. 185). Das Wort „soweit" ist deshalb kein eindeutiger Beweis. Görbing DStZ 1960 S. 62/65, der wohl an der Fassung der Vorschrift maßgebend beteiligt gewesen sein dürfte, vertritt die Auffassung, daß hier ein echter Freibetrag geschaffen werden sollte, der auch dann steuerfrei bleibt, wenn die Grenze überschritten wird, so daß dann nur der überschießende Betrag steuerpflichtig wird. Es ist anzunehmen, daß die Verwaltung und die Steuergerichte der Ansicht von Görbing folgen und einen echten Freibetrag annehmen werden. Der darüber hinausgehende Teil des Kursvorteils zählt dann in seinem ganzen Umfang zu den steuerbaren Einkünften.

7. Sperrfrist.

Die Lohnsteuerfreiheit des § 6 tritt ferner nur ein, wenn bei der Übernahme der Aktien durch den Arbeitnehmer vereinbart wird, daß die Aktien innerhalb von 5 Jahren nicht veräußert werden dürfen. Die Frist beginnt mit dem Tage der Übernahme durch den Arbeitnehmer. Das Gesetz schreibt nicht vor, wo die Aktien verwahrt werden müssen. Es wird jedoch sinngemäß verlangt werden müssen, daß die Verwahrung entweder bei der Gesellschaft selbst oder bei einer Bank im gesperrten Depot erfolgt mit Mitteilungspflicht der Bank an die Gesellschaft für den Fall der Entnahme der Aktien aus dem Sperrdepot. Denn der Arbeitnehmer kann nicht gehindert werden, die Aktien aus dem Sperrdepot zu entnehmen und zu veräußern. Die einzige Folge dieser Entnahme und Veräußerung ist eine Nachversteuerung des frei gebliebenen Betrages, für die in einer Rechtsverordnung eine Regelung getroffen werden soll.

Die Nachversteuerung erfogt nicht, wenn die Aktien vor Ablauf der 5 Jahre veräußert werden nach dem Tode des Arbeitnehmers oder nach Eintritt seiner völligen Erwerbsunfähigkeit. Da es erfahrungsgemäß sehr lange dauert, bis die völlige Erwerbsunfähigkeit eines Arbeitnehmers endgültig festgestellt ist, sollte die Finanzverwaltung in diesem Punkt großzügig sein.

8. Versteuerung.

Tritt die Steuerpflicht der Arbeitnehmer ein, weil die Freibeträge überschritten werden, so hat die Gesellschaft den Steuerabzug vom Arbeitslohn vorzunehmen. Sie wird dann in aller Regel die Lohnsteuer in Gestalt eines Pauschbetrages nach § 42 a EStG selbst übernehmen müssen, weil die Arbeitnehmer keine flüssigen Mittel in die Hand bekommen. Denn auch bei Überschreitung der Freibeträge müssen die Aktien 5 Jahre gesperrt bleiben, wenn der Steuervorteil für den Freibetrag erhalten bleiben soll.

9. Erwerb von Aktien außerhalb § 6.

Wie oben unter 2 bereits erwähnt, kommt § 6 nur zur Anwendung, wenn ein Arbeitnehmer Aktien von der Arbeitgebergesellschaft erwirbt, die Gesellschaft selbst die Aktien erworben hat und ihren eigenen Arbeitnehmern zu einem Vorzugskurs überläßt. Daneben kommt der Erwerb von Aktien des Arbeitgeberunternehmens aus einer Kapitalerhöhung zu einem günstigen Bezugskurs in Betracht oder der käufliche Erwerb von Aktien der Muttergesellschaft oder einer Tochtergesellschaft des Arbeitgeberunternehmens durch Vermittlung der Arbeitgebergesellschaft. In allen diesen Fällen greifen nach Ansicht der Finanzverwaltung die normalen einkommen- und lohnsteuerrechtlichen Vorschriften ein. Der geldwerte Vorteil ist mit den üblichen Mittelpreisen des Verbrauchsortes anzusetzen (§ 8 EStG). Die Höhe des geldwerten Vorteils wird wesentlich beeinflußt durch die meistens damit verbundene Verpflichtung, die Aktien während einer bestimmten Frist nicht zu veräußern. Das in dieser Sperrung liegende Risiko des Kursverlustes gegenüber dem Erwerbspreis muß bei der Ermittlung des geldwerten Vorteils angemessen berücksichtigt werden. Es wird nicht immer leicht sein festzustellen, was ein Fremder für eine Aktie, die mit einer derartigen Veräußerungssperre belastet ist, bezahlen würde. Keinesfalls würde er den Börsenkurs bezahlen, sondern stets einen Abschlag davon machen. Die Höhe dieses Abschlags ist mangels anderer Anhaltspunkte zu schätzen. Plant ein Unternehmen eine derartige nicht unter § 6 fallende Maßnahme, so wird es sich zweckmäßig vorher mit der Finanzverwaltung wegen der Höhe des Abschlags vom Börsenkurs für das Kursrisiko während der Sperrfrist ins Benehmen setzen. Görbing DStZ 1960 S. 65 glaubt, daß dieser Abschlag stets geringer sein werde, als der sich nach § 6 ergebende steuerfreie Betrag in Höhe der Hälfte des Börsenkurs bzw. 500,— DM pro Kalenderjahr. Ich sehe für diese Annahme keinen Grund. Es kommt immer auf die Umstände des einzelnen Falles an. Man kann auch mit guten Gründen diese Fälle überhaupt unter § 6 einreihen (siehe oben Anmerkung 2).

Erwirbt der Arbeitnehmer Aktien bei einer Kapitalerhöhung gegen Zeichnung des Ausgabebetrages, entweder weil die Aktionäre auf ihr Bezugsrecht verzichtet haben oder weil er ein Bezugsrecht erworben hat und werden die Aktien auf 5 Jahre gesperrt, so liegt ein Ersterwerb von Aktien durch den Arbeitnehmer vor, für die er nach dem Gesetz vom 5. 5. 1959 BGBl. 1959 I S. 241 und § 5 Abs. 1 DV vom 22. 7. 1959 BGBl. 1959 I S. 503 Anspruch auf eine Sparprämie hat. Hier ist die Sparprämie das Entgelt für die Festlegung. Ist dem Arbeitnehmer der günstige Bezugskurs durch die auf ihr Bezugsrecht verzichtenden Aktionäre eingeräumt worden, so ist dies nur im Hinblick auf das bestehende Arbeitsverhältnis geschehen und der Vorteil ist beim Arbeitnehmer mit dem börsenmäßigen Wert des Bezugsrechtes lohnsteuerpflichtig. Die Gesellschaft ist zur Einbehaltung des Steuerabzugs vom Arbeitslohn verpflichtet. Auch hier könnte eine pauschale Abgeltung der Steuer nach § 42 a EStG erfolgen. Soweit auch diese Fälle unter § 6 des Gesetzes vom 30. 12. 1959 fallen (siehe oben Anmerkung 2), kann nur einer der steuerlichen Vorteile zum Zuge kommen, nicht beide zugleich.

§ 7

Anwendung im Land Berlin

Dieses Gesetz gilt nach Maßgabe des § 12 Abs. 1 des Dritten Überleitungsgesetzes vom 4. Januar 1952 (Bundesgesetzbl. I S. 1) auch im Land Berlin. Rechtsverordnungen, die auf Grund dieses Gesetzes erlassen werden, gelten im Land Berlin nach § 14 des Dritten Überleitungsgesetzes.

§ 8

Inkrafttreten

Dieses Gesetz tritt am Tage nach seiner Verkündung in Kraft.

Das Gesetz ist am 31. Dezember 1959 verkündet worden, also am 1. Januar 1960 in Kraft getreten.

Sachverzeichnis

Die fetten Zahlen bedeuten die Paragraphen, die mageren die Anmerkungen; die Zahlen ohne Zusatz betreffen das Gesetz über die Kapitalerhöhung aus Gesellschaftsmitteln und über die Gewinn- und Verlustrechnung, Zahlen mit dem Zusatz St. betreffen das Gesetz über steuerrechtliche Maßnahmen bei Erhöhung des Nennkapitals aus Gesellschaftsmitteln.

Abschreibung auf das Finanzanlagevermögen **19,** 30; auf Sachanlagevermögen **19,** 29; auf das Umlaufvermögen **19,** 31.

Aktien, Ausgabe von neuen Aktien **6** 1; Ausführung der Kapitalerhöhung bei A.G. und K.G.a.A. durch Ausgabe neuer Aktien **6,** 1; eigene der A.G. **12,** 1; Erwerb eigener der Gesellschaft **19,** 2; Geltendmachung der Rechte aus eigenen der A.G. **12,** 1; Erhöhung des Nennbetrages der alten Aktien **6,** 1; Sonderbestimmung bei Erhöhung des Nennbetrages der alten Aktien **2,** 6; **6,** 4; Stimmrecht der Ationäre mit teileingezahlten Aktien **13,** 3; Stückelung der neuen Aktien **6,** 2.

Aktiengesellschaft, Anmeldung des Erhöhungsbeschlusses **1,** 7; Ausführung der Kapitalerhöhung durch Ausgabe neuer Aktien **6,** 1; Feststellung des Jahresabschlusses **1,** 6; Kapitalerhöhung durch Erhöhung des Nennbetrages der Anteile **2,** 6; Kapitalerhöhungsbeschluß **1,** 2 und 4; Prüfung vor Kapitalerhöhung **1,** 6; Stückelung der neuen Aktien **6,** 2; Umwandlung des Gewinnvortrages in Nennkapital **2,** 1; Umwandlung freier Rücklagen in Nennkapital **2,** 1 und 2; Voraussetzung einer besonders aufgestellten Jahresbilanz **4,** 2; zweckgebundene Rücklagen **2,** 11.

Aktionär, Berechnung des Anschaffungswertes für den bilanzierungspflichtigen Aktionär **17;** Einfluß der Kapitalerhöhung auf Nebenverpflichtungen des Aktionärs **13,** 7; Enteignung durch Belegschaftsaktien? **19,** 3; Entsendungsrecht des Aktionärs in den Aufsichtsrat **13,** 2; Entstehung neuer Anteile in der Person der bisherigen Aktionäre **9,** 2; Stimmrecht der Aktionäre mit teileingezahlten Aktien bei der Kapitalerhöhung **13, 3.**

Aktienurkunde, Aufforderung zum Umtausch **11,** 1; Aufforderung an die Aktionäre zur Abholung der neuen Aktienurkunde **11,** 3; keine Kraftloserklärung der nicht zum Umtausch eingereichten Urkunde bei Erhöhung des Nennbetrages **11,** 1; nicht erfolgter Umtausch trotz Aufforderung **11,** 1; Recht der Aktionäre auf Aushändigung **11,** 2; Recht des Aktionärs auf Ausstellung der neuen Aktienurkunde **11,** 2; Übertragung der Aktienurkunde **11,** 1; Umtausch **11,** 1; Verkauf nicht abgeholter Aktienurkunden trotz öffentlicher Bekanntmachung **11,** 3.

Anfechtbarkeit, Einfluß auf Eintragung des Erhöhungsbeschlusses **7, 3;** des Jahresbeschlusses **2,** 3; des Umwandlungsbeschlusses **2,** 7.

Ankündigung der Kapitalerhöhung **1,** 3.

Anmeldung der Durchführung der Kapitalerhöhung **8,** 1; **9,** 1; des Kapitalerhöhungsbeschlusses. (Form und Inhalt) **7,** 1 — beizufügende Schriftstücke **7,** 2 — verspätete Anmeldung wegen Überschreitens der Siebenmonatsfrist **7,** 3.

Anschaffungskosten, Behandlung bei niedrigerem Buchwert **3,** 3 St; Berechnung der Anschaffungskosten der alten und neuen Anteile **3,** 2 St; eigene Anteile der Gesellschaft sind mit Anschaffungskosten zu aktivieren **5,** 5 St; bei Kapitalherabsetzung **5,** 10 St; steuerliche Bedeutung der Anschaffungskosten von Aktien und GmbH-Anteilen **3,** 2 St; siehe auch unter „Anschaffungswert“.

Anschaffungswert, Berechnung des Anschaffungswertes für den bilanzierungspflichtigen Aktionär **17;** siehe auch Anschaffungskosten,

Anspruch der Gesellschaft **13,** 7; gegen die Gesellschaft **13,** 7.

Anteile, Aktivierungspflicht eigener Anteile der Gesellschaft **5,** 5 St; Berichtigung der Anteile **1,** 1; Besitzdauer der durch Kapitalerhöhung erlangten Anteile **3,** 4 St; Behandlung der teileingezahlten Anteile bei der Kapitalerhöhung **13,** 3; Beginn der Teilnahme neuer Anteile an der Gewinnverteilung **14,** 1 und 2; Erwerb eigener Anteile unmittelbar vor einer Kapitalerhöhung **5,** 4 St; Kapitalherabsetzung durch Einziehung eigener Anteile **5,** 3 St; Mitteilungspflicht des Erwerbes eigener Anteile an das Finanzamt **5,** 8 St; steuerliche Behandlung des Erwerbs eigener Aktien **5,** 4 St; steuerlich unschädlicher Erwerb eigener Anteile: zur Abwendung eines schweren Schadens **5,** 11 a St — beachte aber **5,** 11 e St — zur Weitergabe an den Arbeitnehmer **5,** 11 b St — beachte aber **5,** 11 e St — unentgeltlicher Erwerb **5,** 11 c St; unentgeltliche Überlassung nicht voll eingezahlter Anteile **5,** 11 c St; steuerliche Behandlung bei Erwerb eigener Anteile von mehr als 10 % des Nennbetrages **5,** 11 e St; Steuerpflicht des Gesellschafters bei Erwerb eigener Anteile der Gesellschaft **5,** 6 St; Verhältnis der mit den Anteilen verbundenen Rechte zueinander, wenn sie anteilig im Verhältnis der Nennbeträge vorhanden sind **13,** 1 — wenn sie sich nicht anteilig auf den Nennbetrag beziehen **13,** 2; Verteilung der auf eigene Anteile der Gesellschaft entfallenden neuen Anteile an die Gesellschafter — steuerliche Beurteilung **1,** III, 4 St; Volleinzahlung teileingezahlter Anteile aus Rücklagen **1,** III, 2 St; Zuteilung der Anteile entgegen der bisherigen Beteiligung — steuerliche Beurteilung **1,** III, 4 St.

Anteilsrecht, Begründung des neuen Anteilsrechts **11,** 1; eigene Anteilsrechte der GmbH **12,** 1; Einziehung nicht voll eingezahlter Anteilsrechte **12,** 2; Entstehung des neuen Anteilsrechts **9,** 1; Entstehung in der Person des bisherigen Aktionärs bzw. Gesellschafters — Nichtigkeit des dem entgegenstehenden Beschlusses **9,** 2; Erwerb eigener Anteilsrechte der Gesellschaft **1,** III, 4 St; Ausübung von Teilrechten **9,** 1; **10;** Zuteilen der neuen Anteilsrechte **11,** 1; Zuteilung des neuen Anteilsrechts, wenn Aktienurkunden nicht ausgegeben sind **11,** 5.

Arbeitnehmer, Kreis der Arbeitnehmer, die steuerbegünstigt Belegschaftsaktien erwerben können **6,** 3 St.

Aufsichtsrat, Entscheidung bei Ausgabe von Belegschaftsaktien **19,** 3; Entsendungsrecht des Aktionärs **13,** 2; Schadensersatzpflicht **19,** 3.

Aufwendungen, „sonstige Aufwendungen" bei Gewinn- und Verlustrechnung **19,** 37.

Bedingtes Kapital, Einfluß der Kapitalerhöhung auf das bedingte Kapital **15,** 1; mit Umtauschrecht der Gläubiger von Wandelschuldverschreibungen **15,** 2.

Belegschaftsaktie **19,** 2; **19,** 3; Arten der Ausgabe von Belegschaftsaktien **6,** 2 und 9 St; bei Aktien, die an der Börse nicht zugelassen sind **6,** 4 St; Entscheidung des Aufsichtsrats über Ausgabe von Belegschaftsaktien **19,** 3 — und des Vorstandes **19,** 3; Enteignung der Aktionäre? **19,** 3; Frist zur Ausgabe von Belegschaftsaktien **19,** 3; Kontrolle der Hauptversammlung **19,** 3; Kreis der Arbeitnehmer, die steuerbegünstigt Belegschaftsaktien erwerben können **6,** 3 St; lohnsteuerliche Behandlung des Erwerbes außerhalb des Gesetzes **6,** 9 St; Mitteilungspflicht der Banken bei Entnahme von Belegschaftsaktien **6,** 7 St; Nachversteuerung bei vorzeitigem Verkauf **6,** 7 St; Sperrfrist für Verkauf **6.** 7 St; steuerlicher Freibetrag bei Erwerb **6,** 6 St; steuerliche Auswirkung der Ablehnung durch den Arbeitnehmer **5,** 11 b St; steuerlich unschädlicher Erwerb eigener Anteile, die als Belegschaftsaktie angeboten werden sollen **5,** 11 b St — beachte aber **5,** 11 e St; Steuerfreiheit des Arbeitnehmers bei Erwerb **6,** 5 St; Steuerpflicht des Arbeitnehmers bei Erwerb **6,** 6 St; Stichtag für Börsenkurs **6,** 4 St; Vornahme der Besteuerung bei Erwerb **6,** 8 St; Vorzugskurs **6,** 4 St.

Bekanntmachung des Kapitalerhöhungsbeschlusses **7,** 4; zur Abholung der neuen Aktienurkunden **11,** 3; der Androhung des Verkaufs nicht abgeholter Aktienurkunden **11,** 4; der Versteigerung nicht abgeholter Aktienurkunden **11,** 4.

Benachrichtigung der Beteiligten der Versteigerung **11,** 4.

Berichtigung der Anteilsrechte **1,** 7; des Nennkapitals **1,** 1.

Besitzdauer der Anteile im Hinblick auf die Steuerpflicht **3,** 4 St; der durch Kapitalerhöhung erlangten Anteile **3,** 4 St.

Bestandsveränderungen 19, 12.

Besteuerung, doppelte. **5,** 6 St; von „Freianteilen" **2** St; Maßgeblichkeit des erhöhten Kapitals **1,** III, 5 d St; siehe auch unter „Steuerpflicht".

Beteiligung 19, 18.

Bevollmächtigter beim Abholen der Aktienurkunde **11,** 2; bei Anmeldung eines Kapitalerhöhungsbeschlusses **7,** 1.

Beziehungen, vertragliche der Gesellschaft zu Dritten, **13,** 4; vertragliche zu Dritten, die sich nach dem Nennbetrag ihrer Anteile richten **13,** 6.

Bilanz, Behandlung der Pauschsteuer in der Bilanz **5,** 7 St.

Bindung der Steuerbehörden an die Eintragung des Erhöhungsbeschlusses **1,** III, 3 St.

Bezugsrecht 1, 1.

Bruttoprinzip bei Gewinn- und Verlustrechnung **19,** 6.

Buchwert, Behandlung der Anschaffungskosten bei niedrigerem Buchwert **3,** 3 St; von zum Betriebsvermögen gehörenden Anteilen **3,** 3 St.

Dividendengarantie, Einfluß der Kapitalerhöhung auf eine Dividendengarantie, **13,** 7.

Doppelmaßnahme 1, 1; **5,** 4 St; als wirtschaftliche Einheit im Steuerrecht **1,** III, 2 St; steuerliche Vergünstigung der Kapitalerhöhung auf dem Wege der Doppelmaßnahme **1,** III, 5 b St.

Eigenleistungen, aktivierte 19, 13; zur Bildung stiller Rücklagen **19,** 13.

Einkaufskommission 5, 11 d St.

Einkünfte am Kapitalvermögen **5,** 6 St; steuerbare Einkünfte des Arbeitnehmers bei Erwerb von Belegschaftsaktien **6,** 6 St.

Eintragung des Kapitalerhöhungsbeschlusses **7,** 4; bei Anfechtbarkeit **7,** 3; bindende Wirkung der Eintragung für Steuerbehörden **1,** III, 3 St; bei Nichtigkeit **7,** 3; fehlerhafte Eintragung **7,** 3; Löschung von amtswegen **7,** 3.

Enteignung der Aktionäre bei Ausgabe von Belegschaftsaktien? **19,** 3.

Entsendungsrecht der Aktionäre in den Aufsichtsrat **13,** 2.

Erträge aus Arbeitsgemeinschaften **19,** 17; aus der Auflösung von Rückstellungen **19,** 23; aus der Auflösung von Wertberichtigung **19,** 22; aus Beteiligungen **19,** 18; aus dem Abgang von Gegenständen **19,** 21; aus Zuschreibungen zu Gegenständen des Anlagevermögens **19,** 21; aus Gewinnabführungsverträgen **19,** 17; „sonstige Erträge" bei Gewinn- und Verlustrechnung **19,** 24; aus Verlustübernahmeverträgen **19,** 25; aus Wertpapieren des Anlagevermögens **19,** 19.

Erwerb eigener Anteile der Gesellschaft **12,** 1; steuerliche Beurteilung **1,** III, 4 St; siehe auch unter „Anteile".

Familiengesellschaft, Begriff **19,** 8; Publizitätspflicht **19,** 8.

Forderungen der Gesellschaft **13,** 7; gegen die Gesellschaft **13,** 7.

Freianteile, Besteuerung **2,** St.

Freibetrag bei Erwerb von Belegschaftsaktien **6,** 6 St.

Frist für die Androhung des Verkaufs nicht abgeholter Aktienurkunden **11,** 4; zur Anmeldung einer Kapitalerhöhung **1,** 5; zur Auslegung der Zwischenbilanz **5;** zur Ausgabe von Belegschaftsaktien **19,** 3; der Kapitalherabsetzung nach Kapitalerhöhung aus Gesellschaftsmitteln **5,** 2 St; innerhalb der Belegschaftsaktien, die nicht veräußert werden dürfen **6,** 7 St; zur Mitteilung des Erwerbes eigener Anteile an das Finanzamt **5,** 8 St; zur Mitteilung der Kapitalerhöhung an das Finanzamt **4,** 1 St; zur Mitteilung einer Kapitalherabsetzung an das Finanzamt **5,** 8 St; für den Verkauf nicht abgeholter Aktienurkunden **11,** 4; für die Versteigerung nicht abgeholter Aktienurkunden **11,** 4.

Gattungen von Aktien **1,** 4.

Gemeiner Wert bei Aktien, die an der Börse nicht zugelassen sind **6,** 4 St.

Genehmigtes Kapital, Einfluß der Kapitalerhöhung auf das genehmigte Kapital **15,** 3; maßgebender Zeitpunkt für die zulässige Höhe des genehmigten Kapitals **15,** 3; **16.**

Genossenschaft, steuerliche Behandlung der Kapitalerhöhung bei einer Genossenschaft **1,** III, 1 St.

Genußschein, 13, 5.

Gesamtleistung als Posten in Gewinn- und Verlustrechnung **19,** 14.

Geschäftsanteil, Ausgabe von neuen Geschäftsanteilen **6,** 1; Erhöhung des Nennbetrages der alten Geschäftsanteile **6,** 1; Stückelung der Geschäftsanteile **6,** 2.

Gesellschaft m.b.H., allgemeine Prüfungspflicht **3,** 3; Anmeldung des Erhöhungsbeschlusses **1,** 7; Feststellung des Jahresabschlusses **1,** 6; gesetzliche Rücklagen **2,** 4; Grundsätze für Jahresabschluß **3,** 3; Kapitalerhöhung durch Erhöhung des Nennbetrages der Anteile **2,** 6; Kapitalerhöhungsbeschluß **1,** 2 und 4; Stückelung der neuen Anteile **6,** 2; Umwandlung freier Rücklagen in Nennkapital **2,** 3; Voraussetzung einer besonders aufgestellten Jahresbilanz **4,** 2; zweckgebundene Rücklagen **2,** 4.

Gesellschafter, inländische Gesellschaften ausländischer Kapitalgesellschaften **1,** III, 1 St.

Gesellschafterversammlung, Einberufung **1,** 3.

Gesellschaftsvertrag, Änderung des Gesellschaftsvertrages, **1,** 2.

Gewinn aus Gewerbebetrieb (Besteuerung) **5,** 6 St; aus der Veräußerung einer wesentlichen Beteiligung (Besteuerung) **5,** 6 St.

Gewinnabführungsvertrag, Erträge daraus **19,** 17; auf Grund eines Gewinnabführungsvertrages abgeführte Gewinne bei Gewinn- und Verlustrechnung **19,** 38.

Gewinnanteil, Kaufpreis für eigene Anteile steuerrechtlich als Gewinnanteil **5,** 4 St.

Gewinnminderung der Gesellschaft durch Erwerb eigener Anteile **5,** 5 St; der Gesellschaft durch Kapitalherabsetzung mit Kapitalrückzahlung **5,** 5 St.

Gewinn- und Verlustrechnung 19, 5; Bruttoprinzip **19,** 6; Bestandsveränderungen **19,** 12; aktivierte Eigenleistungen **19,** 13; Einstellungen in Rücklagen **19,** 42; Entnahmen aus Rücklagen **19,** 41; auf Grund eines Gewinnabführungsvertrages abgeführte Gewinne **19,** 38; Jahresüberschuß **19,** 39; Lastenausgleichsvermögensabgabe **19,** 35; Löhne und Gehälter **19,** 26; gespaltene Publizitätspflicht **19,** 8; Reingewinn und Reinverlust **19,** 43; Aufwendungen für Roh-, Hilfs- und Betriebsstoffe **19,** 15; Aufwendungen aus Verlustübernahmeverträgen **19,** 36; „sonstige Aufwendungen" **19,** 37; Rohertrag - Rohaufwand **19,** 16; „sonstige Erträge" **19,** 24; soziale Abgaben **19,** 27; andere soziale Aufwendungen **19,** 28; Staffelform **19,** 7; **19,** 10; Abweichungen von Staffelform und Kontoform **19,** 9; Steuern **19,** 34; Umsatzerlöse **19,** 11; Zinsen **19,** 20; Zinsen und ähnliche Aufwendungen **19,** 33.

Gewinnverteilung bei Gesellschaften mit teileingezahlten Aktien **13,** 3; Beginn der Teilnahme neuer Anteile an der Gewinnverteilung **14,** 1 und 2.

Gewinnverteilungsbeschluß 1, 6; Aufteilung des Gewinnverteilungsbeschlusses in zwei Beschlüsse **2,** 1; mit Bezug auf das neue erhöhte Nennkapital **14,** 3.

Gewinnvortrag 1, 1; Umwandlung des Gewinnvortrages in Nennkapital bei A.G. und K.G.a.A. **2,** 1; Verwendung des letztjährigen Gewinnvortrages zu Rücklagen **2,** 1; Gewinnvortrag des Vorjahres **19,** 39 und 40.

Gratisaktie 1, 1.

Haftung wegen unterlassener Bekanntmachung zur Abholung neuer Aktienurkunden **11,** 3; des Vorstandes bei fehlerhafter Bekanntmachung **11,** 4.

Hauptversammmlung, Einberufung **1,** 3; Kontrolle der Hauptversammlung über Belegschaftsaktien **19,** 3; Reihenfolge der erforderlichen Beschlüsse bei der Katitalerhöhung **1,** 6.

Heilung der Nichtigkeit **7,** 3.

Hinterlegung des Erlöses aus der Verwertung nicht abgeholter Aktien **11,** 4.

Jahresabschluß, Anfechtbarkeit **2,** 3; Feststellung **1,** 6; Folgen bei Zugrundelegung eines ungeprüften Jahresabschlusses **3,** 2; Grundsätze für Jahresabschluß bei GmbH **3,** 3; allgemeine Prüfungspflicht bei GmbH **3,** 3; Prüfungs- und Bestätigungsvermerk **3,** 1; Prüfung des besonders aufgestellten Jahresabschlusses **4,** 3; als Voraussetzung für den Kapitalerhöhungsbeschluß **1,** 6; Voraussetzung der Prüfung bei der GmbH **3,** 3.

Jahresbilanz, Prüfer der besonders aufgestellten Jahresbilanz **4,** 3; Prüfung bei Versicherungs A.G.; Voraussetzung einer besonders aufgestellten Jahresbilanz bei A.G. und K.G.a.A. **4,** 2 — bei GmbH **4,** 2; Zugrundelegen einer besonders aufgestellten Jahresbilanz **4,** 1; Zugrundelegen der letzten Jahresbilanz bei A.G. und K.G.a.A. **3,** 1.

Jahresfehlbetrag in Gewinn- und Verlustrechnung **19,** 39.

Jahresgewinn, Umwandlung in Rücklagen **2,** 1.

Jahresüberschuß in Gewinn- und Verlustrechnung **19,** 39.

Kapital, bedingtes **1,** 1; Einfluß der Kapitalerhöhung auf das bedingte Kapital **15,** 1; bedingtes Kapital mit Umtauschrecht der Gläubiger von Wandelschuldverschreibungen **15,** 2; Einfluß der Kapitalerhöhung auf das genehmigte Kapital **15,** 3; maßgebender Zeitpunkt für zulässige Höhe des genehmigten Kapitals **15,** 3, 16; Maßgeblichkeit des erhöhten Kapitals für die Besteuerung **1,** III, 5 d St.

Kapitalangleichung 1, 1.

Kapitalberichtigung 1, 1; **1,** 7.

Kapitalbeschaffung, Maßnahmen der Kapitalbeschaffung **1, 1.**

Kapitalerhöhung aus Gesellschaftsmitteln (Entwicklung) **1,** 1; Ankündigung **1,** 3; ordentliche Kapitalerhöhung in einer Hauptversammlung **16;** Ausführung der Kapitalerhöhung **11,** 1; Ausführung bei A.G. und K.G.a.A. durch Ausgabe neuer Aktien **6,** 1; Ausführung der Kapitalerhöhung bei Vorhandensein von voll- und teileingezahlten Anteilen **12,** 2; Ausführung der Kapitalerhöhung durch Erhöhung des Nennbetrages **11,** 1; **2,** 6; Einfluß auf Nebenverpflichtungen der Aktionäre **13,** 7; Frist zur Anmeldung **1,** 5; Hinderungsgründe durch die Bilanz **2,** 5; der Mitteilungspflicht an das Finanzamt unterliegende Kapitalerhöhung **4,** 2 St; Reihenfolge der erforderlichen Beschlüsse **1,** 6; Schachtelvergünstigung für Vermögensteuer **3,** 4 St; steuerliche Auswirkung bei der Gesellschaft **1,** III, 5 b St; steuerliche Auswirkung beim Gesellschafter **1,** III, 5 a St; steuerliche Behandlung der Kapitalerhöhung bei einer Genossenschaft **1,** III, 1 St; steuerliche Vergünstigung bei Durchführung auf dem Wege der Doppelmaßnahme **1,** III, 5 b St; Stimmrecht der Aktionäre mit teileingezahlten Aktien bei der Kapitalerhöhung **13,** 3; Verwendung der Pensionsrückstellungen **2,** 9; Verwendung von Rücklagen, die erst bei der Auflösung zu versteuern sind **2,** 10; Verwendung von Rücklagen für Lastenausgleichsvermögensabgabe **2,** 8; Wirksamwerden der Kapitalerhöhung **8,** 1.

Kapitalerhöhungsbeschluß 1, 1; bei A.G. und K.G.a.A. **1,** 2 und 4; bei der GmbH **1,** 4, **2;** Angabe über die Art der Erhöhung **6,** 4; Anmeldung des Kapitalerhöhungsbeschlusses **1,** 7; **7,** 1; Anmeldung beim Handelsregister **1,** 5; Form und Inhalt der Anmeldung **7,** 1; Anmeldung der Durchführung **8,** 1; **9,** 1; Bekanntmachung **7,** 4; Bevollmächtigte bei der Anmeldung **7,** 1; Eintragung **7,** 4 — bei Anfechtbarkeit **7,** 3 — bei Nichtigkeit **7,** 3; Gültigkeitsvoraussetzungen **1,** 2; besondere Voraussetzungen **1,** 5; zeitliche Voraussetzungen **1,** 6.

Kapitalgesellschaft, ausländische **1,** III, 1 St; im Sinne dieses Gesetzes **1,** III, 1 St; inländische **1** III 1 St.

Kapitalherabsetzung **1,** 1; Anschaffungskosten **5,** 10 St; durch Einziehung eigener Anteile **5,** 3 St; Frist nach vorangegangener Kapitalerhöhung aus Gesellschaftsmitteln **5,** 2 St; Mitteilungspflicht einer Kapitalherabsetzung an das Finanzamt **5,** 8 St; steuerlich schädliche Kapitalherabsetzung **5,** 2 St; Steuerpflicht des Gesellschafters bei Kapitalherabsetzung **5,** 6 St.

Kapitalvermögen, Einkünfte aus Kapitalvermögen **5,** 6.

Kommanditgesellschaft a. A., Anmeldung des Erhöhungsbeschlusses **1,** 7; Ausführung der Kapitalerhöhung durch Ausgabe neuer Aktien **6,** 1; Feststellung des Jahresabschlusses **1,** 6; Kapitalerhöhung durch Erhöhung des Nennbetrages der Anteile **2,** 6; Kapitalerhöhungsbeschluß **1,** 2 und 4; Prüfung vor Kapitalerhöhung **1,** 6; Stückelung der neuen Aktien **6,** 2; Umwandlung des Gewinnvortrages in Nennkapital **2,** 1; Umwandlungsfreie Rücklagen in Nennkapital **2,** 1 und 2; Voraussetzung einer besonders aufgestellten Jahresbilanz **4,** 2.

Lastenausgleichsvermögensabgabe **2,** 8; bei Gewinn- und Verlustrechnung **19,** 35; Gegenwartswert, Vermerk außerhalb der Bilanz **2,** 5.

Liquidation von Gesellschaft mit teileingezahlten Anteilen nach durchgeführter Kapitalerhöhung **13,** 3.

Löschung der Eintragung von amtswegen, Voraussetzung und Folgen 7, 3; Anregung durch das Finanzamt **1,** III, 3 St.

Mehrstimmrechtsaktien **1,** 1; **6,** 3.

Mißbrauch von Formen und Gestaltungsmöglichkeiten in steuerlicher Hinsicht **5,** 1 St.

Mitteilungspflicht der Bank bei Entnahme von Belegschaftsaktien **6,** 7 St; des Erwerbes eigener Anteile an das Finanzamt **5,** 8 St; an das Finanzamt, Zweck **4,** 3 St; der Mitteilungspflicht an das Finanzamt unterliegende Kapitalerhöhungen **4,** 2 St; Folgen der unterlassenen Mitteilung an das Finanzamt **4,** 4 St; einer Kapitalherabsetzung an das Finanzamt **5,** 8 St; Folgen der unterlassenen Mitteilung einer Kapitalherabsetzung an das Finanzamt **5,** 8 St; des Vorstandes gegenüber dem Finanzamt **4,** 1.

Nebenverpflichtung, Einfluß der Kapitalerhöhung auf Nebenverpflichtungen der Aktionäre **13,** 7.

Nennkapital, Berichtigung des Nennkapitals **1,** 1; Erhöhung des Nennkapitals **1,** 1; Umwandlung stiller Rücklagen in Nennkapital **2,** 1 und 3.

Nichtigkeit, des Beschlusses, der neue Anteile nicht in der Person des bisherigen Aktionärs entstehen läßt **9,** 2; Einfluß auf die Eintragung des Erhöhungsbeschlusses **7,** 3; Heilung **7,** 3; Frage der Steuerpflicht bei Nichteintragung des Erhöhungsbeschlusses wegen Nichtigkeit **1,** III, 3 St; des Umwandlungsbeschlusses **2,** 7; Steuerfreiheit bei Eintragung eines nichtigen Erhöhungsbeschlusses **1,** III, 3 St.

Objektsteuer, 5, 6 St.

Öffentliche Bekanntmachung, siehe unter „Bekanntmachung“.

Pauschbesteuerung 5, 6 St.

Pauschsteuer, nicht abziehbar vom Einkommen der Gesellschaft **5,** 7.

Pauschsteuerbescheid 5, 9.

Pensionsrückstellungen, Verwendung der Pensionsrückstellungen zur Kapitalerhöhung **2,** 9; Pensionszahlungen **19,** 28.

Prokurist als Vertreter eines Vorstandsmitgliedes bei der Anmeldung des Erhöhungsbeschlusses **7,** 1.

Prüfungspflicht des Registerrichters **7,** 3.

Publizitätspflicht, gespaltene Publizitätspflicht bei Gewinn- und Verlustrechnungen, **19,** 8; bei Familiengesellschaften **19,** 8; verschärfte und eingeschränkte **19,** 8.

Registergericht, Prüfungspflicht **7,** 3.

Reingewinn, bilanzmäßiger der früheren Jahre **1,** 1; bei Gewinn- und Verlustrechnung **19,** 43; Umwandlung des Reingewinns in Nennkapital **2,** 1; Verteilungsbeschluß des Reingewinns **1,** 6.

Reinverlust in Gewinn- und Verlustrechnung **19,** 43.

Reserven 1, 1.

Rohertrag — Rohaufwand bei Gewinn- und Verlustrechnung **19,** 16.

Rücklagen 1, 1; **2;** gesetzliche Rücklagen **2,** 2 — bei der GmbH **2,** 4; Änderung der Satzungsbestimmung **2,** 2; stille Rücklagen aus Bestandsveränderungen **19,** 12; in besonders aufgestellter Jahresbilanz **4,** 1; anderweitige Verwendung **2,** 12; Entnahme aus Rücklagen in Gewinn- und Verlustrechnung **19,** 41; Einstellungen in Rücklagen bei Gewinn- und Verlustrechnung **19,** 42; für Lastenausgleichsvermögensabgabe **2,** 8; aus frei gewordenen Pensionsrückstellungen **2,** 9; Umwandlung stiller Rücklagen in Nennkapital **2,** 1; **2,** 3; Verwendung von Rücklagen zur Kapitalerhöhung, die erst bei ihrer Auflösung zu versteuern sind **2,** 10; Verwendung zur Volleinzahlung teileingezahlter Aktien **1,** III, 2 St; Zuführung der Rückstellungen in Rücklagen **2,** 1; zweckgebundene Rücklagen bei der A.G. **2,** 11 — bei der GmbH **2,** 4; zweckgebundene Rücklagen, die in Nennkapital umgewandelt werden können

2, 11; Aufhebung der Zweckgebundenheit 2, 11.
Rückstellungen, Erträge aus der Auflösung von Rückstellungen **19,** 23; Umwandlung der Rückstellungen in Nennkapital **2,** 1; Zuführen der Rückstellungen in Rücklagen **2,** 1.
Rückwirkung des Gesetzes auf früher durchgeführte Kapitalerhöhungen **1,** III, 5, c St.
Satzung, Änderung der Satzung **1,** 2 und 3; **2,** 2; Voraussetzungen einer Satzungsänderung **1,** 4.
Schachtelbeteiligung 5, 6 St; Anschaffungskosten neuer Anteile bei Schachtelbeteiligung **3,** 2 St.
Schachtelvergünstigung 1, III, 5 b St; für Vermögenssteuer bei Kapitalerhöhung **3,** 4 St.
Schaden, steuerlich unschädlicher Erwerb eigener Anteile zur Abwendung eines schweren Schadens **5,** 11 a St — beachte aber **5,** 11 e St.
Schadensersatzpflicht des Vorstandes und des Aufsichtsrats **19,** 3.
Schenkung, steuerrechtlich die Zuteilung der Anteile entgegen der bisherigen Beteiligung **1,** III, 4 St.
Sonderrücklagen können nach D-Mark-Bilanz-Gesetz in Kapital umgewandelt werden **2,** 4; für Wandelschuldverschreibungen **15,** 2.
Staffelform bei Gewinn- und Verlustrechnung **19,** 7, 10; Gesamtleistung **19,** 14.
Steuern bei Gewinn- und Verlustrechnung **19,** 34.
Steuerrechtliche Beurteilung siehe bei den einzelnen in Frage kommenden Vorgängen.
Steuerfreiheit des Arbeitnehmers bei Erwerb von Belegschaftsaktien **6,** 5 St; bei Eintragung des Erhöhungsbeschlusses trotz Nichtigkeit **1,** III, 3 St; siehe auch unter „Steuerpflicht".
Steuerpflicht des Arbeitnehmers bei Erwerb von Belegschaftsaktien **6,** 6 St; des Arbeitnehmers bei Erwerb von Belegschaftsaktien außerhalb des Gesetzes **6,** 9 St; des Arbeitnehmers bei vorzeitigem Verkauf von Belegschaftsaktien **6,** 7 St; Bedeutsamkeit der Besitzdauer der Anteile **3,** 4 St; beim Erwerb eigener Anteile **5,** 4 St; vom Gesetz erfaßte Steuerarten bei der Kapitalerhöhung **1,** III, 5, a St; des Gesellschafters beim Erwerb eigener Anteile der Gesellschaft **5,** 6 St; des Gesellschafters bei Gewinn aus Gewerbebetrieb **5,** 6 St; des Gesellschafters bei Gewinn aus der Veräußerung einer wesentlichen Beteiligung **5,** 6 St; des Gesellschafters bei Kapitalherabsetzung **5,** 6 St; bei Kapitelherabsetzung nach vorangegangener Kapitalerhöhung aus Gesellschaftsmitteln **5,** 2 St; bei Mißbrauch von Formen und Gestaltungsmöglichkeiten **5,** 1 St; bei Übernahme eigener Anteile der Gesellschaft bei Kapitalerhöhung **1,** III, 4 St; Umgehung **5,** 4 St; bei Volleinzahlung teileingezahlter Anteile **1,** III, 2 St.
Stimmrecht der Aktionäre mit teileingezahlten Aktien bei der Kapitalerhöhung **13,** 3.
Tantiemeansprüche 13, 5.

Teilrechte, Ausübung von Teilrechten **9,** 1; **10;** Handel von Teilrechten **10;** Zusammenschluß mehrerer Berechtigter zu einem Vollrecht **10.**

Umsatzerlöse 19, 11, 17; abzugsfähige und nicht abzugsfähige Preisnachlässe **19,** 11.

Umwandlung, Abhängigkeit von der Bilanz **2,** 5.

Umwandlungsbeschluß, Anfechtbarkeit **2,** 7; Anfechtungsberechtigter **2,** 7; Nichtigkeit **2,** 7; maßgebende Rechtslage für Zulässigkeit des Umwandlungsbeschlusses **2,** 2.

Unternehmen, steuerlicher Begriff eines abhängigen Unternehmens **5,** 11 e St.

Verhältnis der mit den Anteilen verbundenen Rechte zueinander, wenn sie anteilig im Verhältnis der Nennbeträge vorhanden sind **13,** 1 — wenn sie sich nicht anteilig auf den Nennbetrag beziehen **13,** 2.

Verluste aus dem Abgang von Gegenständen des Anlagevermögens **19,** 32.

Verlustübernahmeverträge 19, 25; Aufwendungen aus Verlustübernahmeverträgen bei Gewinn- und Verlustrechnung **19,** 36.

Verlustvortrag des Vorjahres **19,** 39 und 40.

Vermögensminderung, die nach zugrundegelegter Bilanz eingetreten ist **1,** 7; **7,** 1.

Verspätungszuschlag 5, 8 St.

Vertragliche Beziehungen zu Dritten **13,** 4; zu Dritten, die sich nach dem Nennbetrag ihrer Anteile richten **13,** 6.

Vertretung eines Vorstandsmitgliedes bei der Anmeldung des Erhöhungsbeschlusses durch einen Prokuristen **7,** 1.

Vorsitzer des Aufsichtsrats, Anmeldepflicht des Erhöhungsbeschlusses **1,** 7.

Vorstand, Anmeldepflicht des Erhöhungsbeschlusses **1,** 7; Entscheidung über Ausgabe von Belegschaftsaktien **19,** 3; Schadensersatzpflicht **19,** 3; Verpflichtung zur Mitteilung der Kapitalerhöhung an das Finanzamt **4,** 1 St.

Vorzugskurs für Belegschaftsaktien **6,** 4 St.

Wandelschuldverschreibungen mit Recht auf Umtausch in Aktien **13,** 6; Sonderrücklagen für Wandelschuldverschreibungen **15,** 2.

Wertberichtigung 19, 29; auf das Umlaufvermögen **19,** 31.

Wirkung der Mitteilung einer Kapitalherabsetzung an das Finanzamt **5,** 8 St.

Wirtschaftliche Betrachtungsweise 1, 1.

Zinsen bei Gewinn- und Verlustrechnung **19,** 20, 33.

Zuteilen der neuen Anteilsrechte **11,** 1.

Zwischenbilanz, Auslegung der Zwischenbilanz **5;** Einsichtnahme durch Aktionäre **5;** Frist zur Auslegung **5.**

FSC
www.fsc.org
MIX
Papier | Fördert gute Waldnutzung
FSC® C083411

Kolibri 360 GmbH
Ferdinand-Jühlke-Straße 7
99095 Erfurt, Deutschland
produktsicherheit@kolibri360.de